U0567621

权威·前沿·原创

皮书系列为

“十二五”“十三五”“十四五”时期国家重点出版物出版专项规划项目

智库成果出版与传播平台

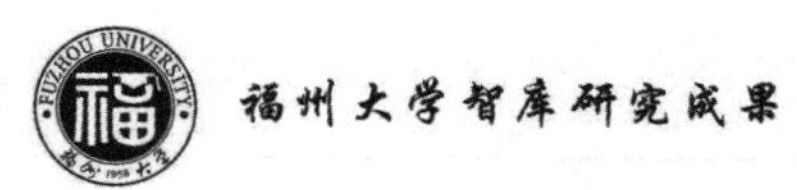

# 闽商发展报告（2023）

ANNUAL REPORT ON FUJIANESE ENTREPRENEURS (2023)

组织编写／福州大学
福建省闽商文化发展基金会
中国商业史学会

主　　编／苏文菁　徐德金

社会科学文献出版社
SOCIAL SCIENCES ACADEMIC PRESS (CHINA)

图书在版编目(CIP)数据

闽商发展报告.2023 / 苏文菁，徐德金主编.--北京：社会科学文献出版社，2023.11
（闽商蓝皮书）
ISBN 978-7-5228-2539-7

Ⅰ.①闽… Ⅱ.①苏… ②徐… Ⅲ.①地区贸易经济-经济发展-研究报告-福建-2023 Ⅳ.①F727.57

中国国家版本馆 CIP 数据核字（2023）第 184361 号

闽商蓝皮书
闽商发展报告（2023）

主　　编 / 苏文菁　徐德金

出 版 人 / 冀祥德
责任编辑 / 陈凤玲　武广汉
责任印制 / 王京美

出　　版 / 社会科学文献出版社 · 经济与管理分社（010）59367226
地址：北京市北三环中路甲 29 号院华龙大厦　邮编：100029
网址：www.ssap.com.cn
发　　行 / 社会科学文献出版社（010）59367028
印　　装 / 天津千鹤文化传播有限公司

规　　格 / 开 本：787mm × 1092mm　1/16
印 张：17.5　字 数：264 千字
版　　次 / 2023 年 11 月第 1 版　2023 年 11 月第 1 次印刷
书　　号 / ISBN 978-7-5228-2539-7
定　　价 / 158.00 元

读者服务电话：4008918866

# 《闽商发展报告（2023）》
# 编　委　会

主　编　苏文菁（福州大学教授、闽商文化研究院院长）

徐德金（中新社福建分社社长）

撰稿人　（按文序排列）

邹挺超　陈丽媛　杨宏云　屈　波　孙　虹

雷翔程　姜安燕　吴炳德　张少榕　章子豪

刘雨菁　赖金萍　李梅芳　王志龙　黄美仪

谢雨晗　王佳宁

学术支持单位

福州大学经济与管理学院

福州大学闽商文化研究院

《闽商文化研究》杂志社

中新社福建分社

# 主要编撰者简介

**苏文菁** 北京师范大学博士，福州大学教授，福州大学闽商文化研究院院长，“福建省重点智库培育单位”福建省海洋文化研究中心主任、首席专家。美国康奈尔大学亚洲系访问学者、讲座教授，北京大学特约研究员，全国海洋意识教育基地福州大学主任，中国商业史学会副会长，中国皮书研究院高级研究员，福建省海洋与渔业经济研究会理事会副会长。主要研究领域：区域文化与经济、海洋文化、文化创意产业。2016年，策划出版国家主题出版重点出版物“海上丝绸之路与中国海洋强国战略丛书”；2010~2016年策划出版“闽商发展史”丛书十五卷。另外，近年来，主编“闽商蓝皮书”“海洋文化蓝皮书”系列出版物，主编《闽商文化研究》杂志；出版专著《闽商文化论》《福建海洋文明发展史》《世界的海洋文明：起源、发展与融合》《海洋与人类文明的生产》《海上看中国》《文化创意产业：理论与实务》等；策划、主讲的“海洋与人类文明的生产”课程获评教育部首批精品在线开放课程，被“学习强国”首页多次推荐。

**徐德金** 中新社福建分社社长，高级记者；闽商杂志社社长、总编辑；享受国务院政府特殊津贴专家。福建省对外文化交流协会常务理事、福建省新闻工作者协会常务理事、福建省新闻学会第五届理事会副会长，华侨大学兼职教授。主编《跨越40年：闽商创业史》，该书获2019年“闽版好书”；

出版图书《宽阔的河流》。组织闽商论坛、闽商下南洋等大型学术、采访活动，参与“闽商蓝皮书”的出版撰写工作；为发展中国家青年创业研修班讲授“闽商在全球的事业版图”等专题课程数十场。曾获福建省首届双十佳新闻工作者荣誉称号。

# 摘　要

2022年，新冠疫情冲击渐趋走弱，“拼经济”成为时代主流。对于闽商来说，2022年是一个重整行装、向新时代再出发的节点。随着各行各业的加速复苏，闽商有优势的行业逐渐摆脱疫情影响，步入正轨。闽商恢复发展，迎来新的机遇。

值得注意的是，在2022年，“闽商制造”频频亮相北京冬奥会与冬残奥会，突出了闽商在困境之中的亮点，也表明闽商制造向数字化、智能化发展，进而打造“闽商智造”的未来趋势，这为闽商优势产业提供了转型发展的方向和路径。2022年，闽商不仅仅在国际体育赛事中表现抢眼。动力电池、消费类电池、珠光材料、灯用钨丝，以及不锈钢新材料、绿色建材、光电材料、办公软件等产品在国内乃至国际都占据了“一席之地”，表现出闽商日渐增强的国内国际影响力。就境外闽商而言，他们在2022年仍是所在国经济的强大驱动力。在非洲地区，闽商闽企成为推动福建外贸的新的增长极。就国内来说，闽商不仅在社会公益、慈善捐赠方面继续发力，而且正在努力提升企业发展的质量，推动福建从“民营经济大省”向“民营经济强省”加速前进。

2022年是习近平总书记提出“晋江经验”20周年，各界焦点也纷纷转向孕育了这一重要经验的泉州。作为中国民营经济强市，泉州的经济发展在中国十分耀眼。其中，晋江民营经济更是突出，打造了1个超2000亿元鞋服产业集群、1个超千亿元纺织产业集群，以及食品、建材两个超500亿元产业集群。中国“鞋都”“伞都”“体育之都”“拉链之都”等多个头衔加身，

50家上市公司、42个中国驰名商标，诸多行业龙头使泉商在闽商群体中卓尔不凡。当然，泉州其他地区的经济表现也不乏亮点。如惠安的达利园、南王科技，石狮的飞通科技、通达机械，以及德化的陶瓷、永春的醋、安溪的茶产业等，共同造就了泉州杰出的民营经济活力。

民营经济兴，则福建兴；民营经济强，则福建强。未来，把发展民营经济作为重中之重，大力支持民营企业阔步前行，推动民营经济实现跨越式发展已列为福建重大议程。展望2023年，闽商的新征途将更加辉煌灿烂！

**关键词：** 闽商　民营企业　非洲闽商　泉州产业发展

# 目 录

皮书数据库阅读**使用指南**

# 总报告

General Report

# B.1
# 2023年闽商发展报告

邹挺超 *

**摘　要：** 本报告对2022年闽商发展面临的宏观经济形势以及闽商在国际、国内的影响力进行了分析。2022年，中共二十大有关民营经济的新表述，增强了闽商发展的信心；当年年末，困扰中国经济三年的疫情终于结束，全民进入“拼经济”的状态。一些行业加速复苏，尤其是闽商有优势的行业，给闽商的进一步发展提供了机遇。此外，2022年还是“晋江经验”提出20周年，这一年县域经济也是经济关键词之一，由此催生的县域经济发展机遇，也是2023年以后闽商发展所面临的新课题。2022年，闽商发展值得注意的新动向是，智能制造已经在许多方面影响了闽商的产业，尤其是传统产业智能化改造，为闽商优势产业提供了转型发展的新路径。2022年，闽商在国际体育赛事中频频亮相，闽商的国际影响力日渐增强；就境外闽商而言，2022年他们在所在国的经济地位依然

* 邹挺超，闽商杂志社执行总编辑。

不可动摇。就国内来说，闽商不仅在社会慈善领域继续发力，而且正在努力提升企业发展质量，推动福建从“民营经济大省”向“民营经济强省”加速前进。

**关键词：** 闽商　民营企业　“拼经济”　县域经济　智能制造

## 一　中共二十大对民营经济做出新表述，坚定闽商发展信心

2022 年 10 月 16 日至 22 日，中国共产党第二十次全国代表大会在北京胜利召开。这是在全党全国各族人民迈上全面建设社会主义现代化国家新征程、向第二个百年奋斗目标进军的关键时刻召开的一次十分重要的大会。①

对于以闽商为代表的福建民营经济来说，大会带来的最大利好莫过于为民营经济的进一步发展指明了方向，开辟了更加广阔的空间。

大会重申坚持和完善社会主义基本经济制度、坚持“两个毫不动摇”；第一次明确提出“促进民营经济发展壮大”；强调优化民营企业发展环境，依法保护民营企业产权和企业家权益；强调完善中国特色现代企业制度，弘扬企业家精神，加快建设世界一流企业；支持中小微企业和“专精特新”企业发展、强化企业科技创新主体地位；强调依法规范和引导资本健康发展；强调全面构建亲清政商关系、促进“两个健康”等。②

对于闽商来说，2022 年也是一个重整行装再出发的新节点。

2022 年 6 月 18 日，第七届世界闽商大会在福州举行，海内外 1600 余名

① 《高举中国特色社会主义伟大旗帜　为全面建设社会主义现代化国家而团结奋斗》，人民网，http：//cpc. people. com. cn/20th/n1/2022/1026/c448334-32551867. html，2022 年 10 月 26 日。

② 《高举中国特色社会主义伟大旗帜　为全面建设社会主义现代化国家而团结奋斗》，人民网，http：//cpc. people. com. cn/20th/n1/2022/1026/c448334-32551867. html，2022 年 10 月 26 日。

闽商代表和各界人士在福州主会场和印度尼西亚、马来西亚、菲律宾等分会场相聚线上线下，共谋发展。①

以“同心向未来，建设新福建”为主题，本届大会旨在弘扬“晋江经验”，传承“闽商精神”，聚焦新时代新福建建设发展面临的宝贵历史机遇、强劲发展势头，汇聚海内外闽商力量，主动服务和融入新发展格局，推动更多高端要素汇聚福建、更多福建产品和服务走向世界，谱写全面建设社会主义现代化国家福建篇章。②

对闽商而言，本届大会最大的成果是提振了信心，鼓舞了士气，凝聚了“同心向未来，建功新时代，建设新福建”的共识与合力，彰显了福建省发展数字经济、绿色经济、海洋经济、文旅经济“四大经济”的底气和自信，③ 构建了福建省最强“朋友圈”。

同时，闽商大会也传递了福建省委、省政府尊企重企、爱护企业家的鲜明导向，体现了全省上下重视企业、支持企业、服务企业的信心和决心。

这一年还是福建省工商联换届的重要节点。自 2017 年举行福建省工商联（总商会）第十一次代表大会以来，福建省工商联有效引导广大民营企业家敢为人先、爱拼会赢，带领民营企业坚守实业、做精主业，为奋力谱写全面建设社会主义现代化国家福建篇章贡献闽商力量。④

2022 年 8 月 16 日，福建省工商联（总商会）举行了第十二次代表大会，福建省四套班子主要领导出席。⑤

2022 年，福建民营企业贡献了全省 70%的 GDP、税收和科技成果，吸

---

① 《第七届世界闽商大会在福州隆重举行　汇聚海内外闽商力量　建设新福建》，东南网，http：//money. fjsen. com/2022-06/20/content_ 31065478. htm，2022 年 6 月 20 日。

② 《第七届世界闽商大会在福州隆重举行　汇聚海内外闽商力量　建设新福建》，东南网，http：//money. fjsen. com/2022-06/20/content_ 31065478. htm，2022 年 6 月 20 日。

③ 《第七届世界闽商大会工作总结会举行》，东南网，https：//baijiahao. baidu. com/s? id = 1736565200257986206&wfr = spider&for = pc，2022 年 6 月 25 日。

④ 《护好“自家人”，福建省工商联助民营经济走向更广阔舞台》，闽商观察，https：//baijiahao. baidu. com/s? id = 1741554988290102508&wfr = spider&for = pc，2022 年 8 月 19 日。

⑤ 《护好“自家人”，福建省工商联助民营经济走向更广阔舞台》，闽商观察，https：//baijiahao. baidu. com/s? id = 1741554988290102508&wfr = spider&for = pc，2022 年 8 月 19 日。

纳80%的就业，企业数占90%以上。[①] 截至2021年底，全省民营企业和个体工商户达到662万家，民营经济市场主体五年间增长了1.5倍。民营经济已成为新福建发展的优势所在、潜力所在。[②]

福建省工商联换届，体现了新老交接，尤其是恒安国际集团有限公司总裁许清流、鸿星尔克实业有限公司董事长吴荣照、福耀玻璃工业集团股份有限公司（以下简称“福耀玻璃”）副董事长曹晖、福建圣农控股集团有限公司董事长傅芬芳等年轻一代企业家担任兼职副主席，表明闽商新一代生力军逐渐走到台前。面对新时代新征程，闽商新力量也做好了准备。

作为民营经济大省，福建民营力量的实力与优势不断增强，民营经济已然成为福建经济发展的重要支撑、科技创新的重要载体、国内国际双循环的重要主体、增进民生福祉的重要力量。[③]

福建民营企业行业分布范围广，涉及行业数量达38个，全面覆盖了第一、第二、第三产业。福建在全国具有影响力的纺织鞋服、食品、冶金、建材、工艺美术等产业集群，以及产量稳居全国第一位的动力电池、汽车玻璃、食材、锦纶等，均以民营企业为主。[④]

2022年，全省民营经济增加值3.69万亿元，增长5%、高于GDP增速0.3个百分点，占全省GDP的比重为69.4%，分别比2020年、2021年提高了1个和0.1个百分点。从企业角度看，民营企业数占90%以上，全省95%以上的高新技术企业是民营企业，80%的国家级和90%的省级企业技术中心设在民营企业。2022年，全省规上民营企业实现营业收入4.57万亿元，同比增长10%；实现利

① 《2022年我省民营经济增加值3.69万亿元，占全省GDP比重69.4%》，福建省工业和信息化厅，http://gxt.fujian.gov.cn/zwgk/xw/jxyw/202303/t20230320_6133646.htm，2023年3月20日。

② 《护好“自家人”，福建省工商联助民营经济走向更广阔舞台》，闽商观察，https://baijiahao.baidu.com/s?id=1741554988290102508&wfr=spider&for=pc，2022年8月19日。

③ 《护好“自家人”，福建省工商联助民营经济走向更广阔舞台》，闽商观察，https://baijiahao.baidu.com/s?id=1741554988290102508&wfr=spider&for=pc，2022年8月19日。

④ 《2022年我省民营经济增加值3.69万亿元，占全省GDP比重69.4%》，福建省工业和信息化厅，http://gxt.fujian.gov.cn/zwgk/xw/jxyw/202303/t20230320_6133646.htm，2023年3月20日。

润总额2780.82亿元，占全省规上工业企业利润总额的68.3%，同比增长0.5%。从工业方面来看，全省规模以上民营工业增加值增长9.3%，比规上工业增幅高3.6个百分点，民营工业增加值占规模以上工业增加值的比重达63.7%。[①]

从民间投资看，尽管受到疫情的影响，但2022年全省民间投资仍达到1.16万亿元，同比增长5.2%。市场主体活跃，截至2022年，全省民营企业达173.1万家，同比增长6.45%。[②]

可见，民营经济已经成为闽商的主力军。在这样的背景下，中共二十大有关民营经济的重要表述，无疑让闽商向新征程进发的信心更足、步子更加坚定。

## 二　全民“拼经济”给闽商带来新机遇

2022年末，随着防疫政策的调整，国家对于促经济、稳增长的决心进一步显现，中国进入全民“拼经济”的状态。过去三年受到疫情影响最大的餐饮、娱乐、旅游等行业，也开始蓄势待发。提升传统消费（食品饮料、纺织服装）、扩大服务消费（医疗保健、酒店、餐饮）、培育新型消费（互联网）等与扩大内需战略和新型消费相关的三大方向，将会迎来更大利好。[③]

如何面对防疫政策变化之后的新形势，如何抓住挑战中涌现出的新机遇，是2023年之后闽商需要面对的新的宏观经济形势。

## 三　“晋江经验”20周年，县域经济给闽商带来新课题

2022年是“晋江经验”提出20周年。

① 《2022年我省民营经济增加值3.69万亿元，占全省GDP比重69.4%》，福建省工业和信息化厅，http://gxt.fujian.gov.cn/zwgk/xw/jxyw/202303/t20230320_6133646.htm，2023年3月20日。

② 《2022年我省民营经济增加值3.69万亿元，占全省GDP比重69.4%》，福建省工业和信息化厅，http://gxt.fujian.gov.cn/zwgk/xw/jxyw/202303/t20230320_6133646.htm，2023年3月20日。

③ 《“乙类乙管”正式实施，这些行业率先强力复苏》，搜狐网，https://www.sohu.com/a/626971488_99992453，2023年1月9日。

习近平总书记在福建工作期间，曾经7次赴晋江进行深度调研，并撰写文章《研究借鉴晋江经验，加快县域经济发展》,[①] 总结出了以“六个始终坚持”和“正确处理好五大关系”为主要内容的“晋江经验”，先后刊登在2002年8月20日的《人民日报》和2002年10月4日的《福建日报》上。[②]

“晋江经验”在2002年总结出来，并非偶然。往前10年的1992年，对于晋江来说，是一个关键年份。1992年，中国社会科学院对全国105个县展开国情研究，“晋江模式”与“苏南模式”“温州模式”“珠三角模式”一同被列为当时中国经济发展的四大模式。也正是在1992年，晋江撤县设市，并被确定为福建省综合改革试验区。

2001年，晋江首次进入全国百强县市前十,[③] 区域经济发展格局初步显现。

截至2021年底，中国共有县域1866个，占全国国土面积的90%左右，占中国人口和GDP的比重分别为52.5%和38.3%。[④] 县域经济是国民经济的基本单元。所谓“郡县治，天下安”，自古以来就是一条颠扑不破的真理。在1992年总结的四大模式中，只有晋江是以县域经济为主体的模式。

作为中国唯一以县域经济为主体形成的发展模式，晋江可以说是中国县域城市化的一个重要样本。中央主流媒体也将晋江描述为“全国县域经济发展典范，中小城市建设样板”。[⑤]

1978年，晋江地区生产总值仅有1.45亿元，人均地区生产总值154元，低于全国平均水平，是典型的农业穷县。2021年，晋江地区生产总值

---

① 《“敢拼”晋江——“晋江经验”的探索与实践》，泉州网，https：//www.qzwb.com/gb/content/2018-07/11/content_ 5841264.htm，2018年7月11日。

② 《晋江经验：世纪之初的探索和总结》，人民网，http：//politics.people.com.cn/big5/n1/2018/0711/c1001-30141505.html，2018年7月11日。

③ 《晋江经验：世纪之初的探索和总结》，人民网，http：//politics.people.com.cn/big5/n1/2018/0711/c1001-30141505.html，2018年7月11日。

④ 《陈剑：县域经济基本数据——关于县域经济研究探讨（一）》，中国小康网，https：//baijiahao.baidu.com/s？id=1759639045190898714&wfr=spider&for=pc，2023年3月7日。

⑤ 《“法治内核”驱动“晋江经验”长盛不衰　福建晋江优化法治化营商环境打造县域经济发展典范》，澎湃新闻，https：//m.thepaper.cn/baijiahao_ 21957458，2023年2月18日。

达到改革开放初期的2059倍。[①] 2022年晋江GDP首次突破3000亿元大关，综合经济实力连续29年居福建省县域首位。[②] 陆域面积占地仅649平方公里的晋江，用福建省1/200的土地创造了全省1/16的地区生产总值。晋江县域基本竞争力在全国排名第四位，城市投资潜力、营商环境列全国县域第二位。[③]

如今的晋江，已经打造了1个超2000亿元鞋服产业集群、1个超千亿元纺织产业集群，以及食品、建材两个超500亿元产业集群，中国“鞋都”“伞都”“体育之都”“拉链之都”等多个头衔加身，拥有50家上市公司、42个中国驰名商标，以及安踏体育用品集团有限公司（以下简称“安踏体育”）、恒安国际集团有限公司、中国利郎有限公司、福建盼盼食品集团有限公司（以下简称“盼盼食品”）、福建七匹狼实业股份有限公司等一大批行业领军企业。[④]

数据显示，晋江运动鞋产量约占全球的20%，品牌男装产量约占全国的25%，休闲食品产量约占全国的20%，外墙陶瓷产量约占全国的60%。[⑤]

在晋江的带动下，福建县域经济蓬勃发展。2022年7月20日，工信部所属赛迪顾问县域经济研究中心发布了2022赛迪百强县榜单，福建7地上榜，其中晋江排名第5，福清、南安、惠安、石狮、闽侯、安溪分列第14、22、27、32、53、86位；[⑥] 而在11月25日，中国信息通信研究院发布了《中国县域工业经济发展报告（2022）》，揭晓2022全国工业百强县。福建有7地入选，除晋江排名第4外，南安排名第11，惠安排名第16，福清排

① 《连续28年保持福建县域经济首位，晋江凭什么?》，中新网福建，http：//www. fj. chinanews. com. cn/news/2023/2023-01-13/516800. html，2023年1月13日。

② 余军：《创新发展“晋江经验” 推动民营经济高质量发展》，光明网百度百家号，https：//baijiahao. baidu. com/s？ id=1778785541006272605&wfr=spider&for=pc，2023年10月4日。

③ 《连续28年保持福建县域经济首位，晋江凭什么?》，中新网福建，http：//www. fj. chinanews. com. cn/news/2023/2023-01-13/516800. html，2023年1月13日。

④ 《连续28年保持福建县域经济首位，晋江凭什么?》，中新网福建，http：//www. fj. chinanews. com. cn/news/2023/2023-01-13/516800. html，2023年1月13日。

⑤ 《连续28年保持福建县域经济首位，晋江凭什么?》，中新网福建，http：//www. fj. chinanews. com. cn/news/2023/2023-01-13/516800. html，2023年1月13日。

⑥ 《TOP100！赛迪发布〈2022中国县域经济百强研究〉》，赛迪研究院，https：//baijiahao. baidu. com/s？ id=1739394615764181928&wfr=spider&for=pc，2022年7月26日。

名第26，石狮排名第44，此外，还有排名第53的闽侯、第82的安溪。[①] 两份榜单的重合表明，福建这些县域已经成为公认的全国强县。

县域兴则经济兴，县域强则经济强。在中国政治经济体系中，县城处于承上启下的关键节点，无论是发展经济，还是保障民生、维持稳定，县城都是重要基础。就在2022年，《关于推进以县城为重要载体的城镇化建设的意见》发布，指出推进县城建设对促进新型城镇化建设、构建新型工农城乡关系具有重要意义。[②] 县域经济正在逐渐成长为中国国民经济发展的新动力。在此背景下，借着“晋江经验”提出20周年，重温“晋江经验”对于县域发展尤其是产业发展十分重要且必要。

如何抓住县域城市化的新一轮机遇，是2023年及以后一段时期闽商需要探索的新课题。

## 四　闽商“智造”彰显硬实力，智能制造引领产业发展

2022年2月，北京冬奥会与冬残奥会备受瞩目。在这场盛会中，闽商“智造”频频亮相，彰显了硬实力。

盘旋在延庆赛区的小海坨山区域的“雪游龙”（雪车雪橇赛道）是中国第一条、亚洲第三条雪车雪橇赛道，高速赛道需要达到毫米级的精准度，这就需要高精智能设备保障赛道冰层厚度。闽商福建雪人股份有限公司（以下简称“雪人股份”）制造的氨制冷系统为这条赛道的制冰提供支撑，该制冷系统充注80吨液氨，为历届雪车雪橇同类比赛项目最大的氨系统用设备。[③]

---

① 《2022年中国工业百强县、创新百强县、工业百强区揭晓》，新京报，https：//baijiahao.baidu.com/s？id=1750463583949922841&wfr=spider&for=pc，2022年11月25日。

② 《中共中央办公厅　国务院办公厅印发〈关于推进以县城为重要载体的城镇化建设的意见〉》，中央人民政府网，https：//www.gov.cn/zhengce/2022-05/06/content_5688895.htm，2022年5月6日。

③ 《彰显硬实力！“福建制造”出征北京冬奥会！》，福建日报，https：//baijiahao.baidu.com/s？id=1723155711481949987&wfr=spider&for=pc，2022年1月28日。

国家跳台滑雪中心“雪如意”是中国首座跳台滑雪场地，为“雪如意”提供内墙涂料系统解决方案、满足冬奥场馆的低温和绿色环保要求的，是闽商三棵树涂料股份有限公司（以下简称“三棵树”）。此外，三棵树也参与了张家口赛区冬奥村的内墙涂料工程项目。①

福建思嘉环保材料科技有限公司的新型环保篷房材料、建筑膜结构材料也在三个赛区的建筑中被大量使用，总面积超过 20 万平方米，让建筑物发挥更大的能源效应，助力冬奥会减少能源消耗，实现低碳排放。②

以保障和便利境内外消费者支付为主要目标，北京冬奥会相关的交通出行、餐饮住宿、购物消费、旅游观光、医疗卫生、通信、票务娱乐等七大类场景实现了数字人民币全覆盖。而北京冬奥会唯一的总行级支付受理系统建设外包服务商及核心智能 POS 提供商和运营商，是闽商新大陆科技集团有限公司。③

此外，北京广播电视台冬奥纪实 8K 试验频道制播系统建设，闽商福建帝视信息科技有限公司全程参与、提供支持。④

在冬奥会上的频频亮相，正是当下闽商“智造”蓬勃发展的缩影。

就战略性新兴产业而言，宁德时代新能源科技股份有限公司（以下简称“宁德时代”）正在带动福建汽车动力电池产业飞速发展。在 2022 年全年国内动力电池企业装车量排名中，宁德时代以极大的优势夺得第一名，占比达到 48%，⑤ 几乎达到了总量的一半。宁德时代也带动了福建锂电池行业的发展。2021 年，福建锂电池产能达 172.4GWh，居全国首位，宁德已成为全球最大的聚合物锂离子电池生产基地。⑥ 据不完全统计，目前福建有锂电

① 邹挺超：《北京冬奥与福建机遇：哪些产业最受益?》，《闽商》2022 年 2/3 合刊，第 23 页。
② 邹挺超：《北京冬奥与福建机遇：哪些产业最受益?》，《闽商》2022 年 2/3 合刊，第 23 页。
③ 邹挺超：《北京冬奥与福建机遇：哪些产业最受益?》，《闽商》2022 年 2/3 合刊，第 23 页。
④ 邹挺超：《北京冬奥与福建机遇：哪些产业最受益?》，《闽商》2022 年 2/3 合刊，第 24 页。
⑤ 《2022 年汽车动力电池数据出炉　宁德时代独吞半壁江山？》，腾讯网，https：//new.qq.com/rain/a/20230112A05RRR00？no-redirect=1，2023 年 1 月 12 日。
⑥ 《2023 年福建锂电池产业分布情况：宁德厦门成锂电产业重点集聚区（图）》，深圳市电子商会，https：//www.seccw.com/Document/detail/id/17567.html，2023 年 1 月 5 日。

池产业基地30个，其中，宁德市锂电池基地最多，达11个，厦门市7个，龙岩市4个，三明市3个，福州市2个，莆田市、泉州市、漳州市各1个。[①]

目前，福建以动力电池生产制造为核心，带动了钢铝铜等新材料、动力装置、装备制造等上下游产业，仅在宁德，围绕宁德时代就集聚了上汽大众汽车有限公司、邦普集团、宁波杉杉股份有限公司、中国第一汽车集团有限公司、厦门厦钨新能源材料股份有限公司、广州市天赐高新科技材料股份有限公司等行业巨头和一批围绕动力电池产业链的零部件生产、装备制造、产品检测的中小企业就近配套。[②] 福建已经形成新能源汽车产业生态圈，将打造万亿级产业集群。

作为闽商传统优势，包括纺织鞋服、工艺品、食品在内的消费品工业，也在进行智能制造转型。

基于5G和大数据技术的工业物联网已经融入晋江纺织企业的生产和经营之中。以福建百宏集团有限公司为例，该企业正在打造数字化生产线，建立5G智慧工厂，智能生产线的使用，能够减少用工60%，运营成本降低20%，产品研发周期缩短50%，生产效率提高40%。[③] 工业机器人、无人运输车、VR设备……类似的科技创新在晋江纺织工厂中已经十分常见，闽商纺织行业正在走向智能制造。

2022年2月15日，晋江新建兴机械设备有限公司与中国电信晋江分公司共同打造并孵化出晋江首个5G智能智造应用平台——陶瓷云。该平台充分结合晋江产业特色，以工业互联网为基础，构建推动上下游集聚的全产业生态链。[④]

2021年，晋江市90%以上的企业已经“触网”，有101家企业通过两化

---

① 《2023年福建锂电池产业分布情况：宁德厦门成锂电产业重点集聚区（图）》，深圳市电子商会，https：//www. seccw. com/Document/detail/id/17567. html，2023年1月5日。

② 《汇聚前行力量　挺起产业脊梁》，福建省工业和信息化厅，http：//gxt. fujian. gov. cn/zwgk/xw/hydt/snhydt/202208/t20220818_ 5977675. htm，2022年8月18日。

③ 《晋江企业家：聚焦实业坚持主业　抢抓机遇矢志发展》，闽南网，https：//baijiahao. baidu. com/s？id=1739377156913353782&wfr=spider&for=pc，2022年7月26日。

④ 《陶瓷行业深陷产品同质化困局？福建晋江走出了一条特色化道路！》，陶瓷信息网，https：//baijiahao. baidu. com/s？id=1761870030953599159&wfr=spider&for=pc，2023年3月31日。

融合管理体系贯标，超过1000家企业上云上平台，超过60%的规上工业企业应用“数控一代”智能装备技术。① 泉州超五成、2500多家规上企业参与智能化改造，建成超100个智能车间，有近1000条智能生产线、超1万台工业机器人，累计推动3500多家企业“上云上平台”。②

2022年，福建省数字经济增加值突破2.6万亿元，占全省经济总量的近50%，同比增长13%。③ 充分利用5G、大数据、人工智能等新一代信息技术优势，在闽商企业中已普遍流行。

抓住“智造”时代的机遇，是2023年以后闽商发展的新方向。

## 五　闽商国际影响力日益增加，国际竞争力日渐增强

多项“闽商制造”亮相北京冬奥会，也表明闽商制造业国际竞争力日渐增强，加速“走出去”。

2022年闽商在这方面的表现并未止步于冬奥会，在下半年举行的卡塔尔世界杯上，宁德时代为唯一电动客车供应商宇通客车提供动力电池，雪人股份为卡塔尔世界杯基础建设项目所用混凝土提供冷却方案，福州德塔电源技术有限公司承担应急电源保障任务，④ 盼盼食品成为阿根廷国家足球队中国区赞助商，⑤ 冠捷显示科技（厦门）有限公司借世界杯经济征战巴西市场⑥……

---

① 《晋江加快发展数字经济》，闽南网，https://baijiahao.baidu.com/s?id=1737382136369028301&wfr=spider&for=pc，2022年7月4日。

② 《产业数字化规模　泉州连续三年领跑全省》，泉州网，https://baijiahao.baidu.com/s?id=1738949523008645966&wfr=spider&for=pc，2022年7月21日。

③ 《福建数字经济增加值占全省经济总量近50%》，财联社，https://baijiahao.baidu.com/s?id=1764314478925886687&wfr=spider&for=pc，2023年4月27日。

④ 《福建多家科技制造企业，助力2022卡塔尔世界杯》，科视角，http://www.ksjiao.com/5276.html，2022年11月26日。

⑤ 《盼盼食品签约阿根廷国家足球队》，闽南网，https://baijiahao.baidu.com/s?id=1745356241850596119&wfr=spider&for=pc，2022年9月30日。

⑥ 《厦门制造，产业脉动强劲！》，腾讯网，https://mp.weixin.qq.com/s?__biz=MzI1MjAwMTE4Nw==&mid=2649865777&idx=2&sn=5237f0354f0dd8799541eaf4cdae9944&chksm=f1ef70fdc698f9ebb7cd1af34f35baa45679725c3f59743b6003b2b4c87acc58e98b231c91a0&scene=27，2022年12月26日。

作为中国东南沿海制造业强省，福建在动力电池、消费类电池、珠光材料、电容氧化锆、灯用钨丝、POS 机等方面出货量居全球首位；不锈钢新材料、绿色建材、光电材料、光学晶体、电子取证软件、办公软件等产品在国内乃至国际上占有“一席之地”。①

福建制造频频在国际顶级赛事亮相，表明福建制造的国际竞争力日益增强，在全球市场的影响力正在提升。

另一个可以说明闽商国际影响力和竞争力日渐提升的例子是，宁德时代引领中国新能源汽车产业优势辐射全球。

2022 年对于宁德时代来说，可谓“世界级”荣誉大丰收的年份。9 月 2 日，“2022 全球新能源企业 500 强排行榜”发布，宁德时代位列第一。② 10 月 11 日，世界经济论坛发布新一期全球制造业领域灯塔工厂名单，继福建宁德基地后，四川宜宾成为宁德时代第二家获评灯塔工厂的生产基地。目前全球锂电行业仅有 2 座灯塔工厂，均属于宁德时代。③

11 月 24 日，宁德时代官方微信公众号发布消息称，全球电池联盟（GBA）宣布其入选新一任董事会，任期为 2023 年 4 月至 2024 年 12 月。宁德时代是唯一入选全球电池联盟董事会的中国企业，同时也是该联盟监督委员会成员。④

年末，宁德时代麒麟电池又被美国《时代》周刊评为 2022 年度最佳发明。⑤

宁德时代获得众多国际认可，实际上是中国新能源汽车产业优势向全球

---

① 《从北京冬奥会到世界杯：“福建制造”闯全球》，台海网，https：//baijiahao. baidu. com/s? id=1751454457420675617&wfr=spider&for=pc，2022 年 12 月 6 日。

② 《2022 全球新能源企业 500 强，宁德时代、协鑫集团包揽前二》，澎湃新闻，https：//m. thepaper. cn/baijiahao_ 19803036，2022 年 9 月 7 日。

③ 《“灯塔工厂”名单公布：江苏、广东和山东在全国占比超四成》，澎湃新闻，https：//m. thepaper. cn/baijiahao_ 20268458，2022 年 10 月 13 日。

④ 《宁德时代入选全球电池联盟董事会　成为唯一入选中国企业》，中国证券网，https：//company. cnstock. com/company/scp_ gsxw/202211/4985138. htm，2022 年 11 月 24 日。

⑤ 《宁德时代：麒麟电池被〈时代〉周刊评为 2022 年度最佳发明》，财联社，https：//baijiahao. baidu. com/s? id=1753636680835972872&wfr=spider&for=pc，2022 年 12 月 30 日。

辐射的一个缩影。尤其在新能源汽车核心——动力电池方面，中国该领域产业链完整，在技术、制造、成本等方面均具有领先优势，走在世界前列。[①] 中国企业已然占据全球动力市场的半壁江山，其中宁德时代更是领跑者。

除了新兴产业外，2022 年，闽商体育品牌在全球的产业地位更加凸显。

2022 年，安踏体育的营收达到 536.5 亿元，首破 500 亿元大关。[②] 而在当年上半年，安踏体育营收 259.65 亿元，体量相当于同期 1.1 个耐克（中国）、2.1 个李宁和 2.13 个阿迪达斯（中国），[③] 在此之前的 2021 年上半年，安踏体育营收就已经超越阿迪达斯。自 2004 年以来，连续 17 年，耐克和阿迪达斯两大品牌在中国市场份额都位居前二，[④] 安踏体育 2021 年营收超过阿迪达斯，2022 年上半年营收超过耐克，是中国运动品牌首次打破国际品牌在中国市场份额第一的垄断。

《2022 年全球运动鞋行业技术全景图谱》显示，全球运动鞋行业专利申请数量前十名中，贵人鸟股份有限公司、泉州匹克鞋业有限公司、安踏体育、特步（中国）有限公司、福建鸿星尔克体育用品有限公司均在列，[⑤] 福建企业首次占据半壁江山，为国产运动品牌快速发展提供了动力。

就境外闽商而言，2022 年他们在所在国的经济地位依然不可动摇。

2022 年 6 月，福布斯发布 2022 年马来西亚富豪榜。榜单显示，和一年前相比，祖籍福建福州的郭鹤年的财富减少了 10%，不过他仍为马来西

---

① 《工信部：中国动力电池产业市场规模、技术水平及产业链完整度等进步显著》，新浪财经，https：//baijiahao. baidu. com/s？id = 1766742570975540332&wfr = spider&for = pc，2023 年 5 月 24 日。

② 《安踏集团 2022 年收入首超 500 亿元》，新华社体育，https：//baijiahao. baidu. com/s？id = 1760963760139405309&wfr = spider&for = pc，2023 年 3 月 21 日。

③ 《安踏发布 2022 年上半年收入，体量相当同期 1.1 个耐克（中国）》，一财网头条，https：//baijiahao. baidu. com/s？id = 1742483078633133987&wfr = spider&for = pc，2022 年 8 月 29 日。

④ 《安踏 21 年财报：净利增近 50%，终结行业“双超”格局，超越阿迪剑指耐克》，搜狐网，https：//www. sohu. com/a/531802345_ 674046，2022 年 3 月 22 日。

⑤ 《全球运动鞋行业专利　前十名福建首次居半》，泉州网，https：//baijiahao. baidu. com/s？id = 1745293037489316845&wfr = spider&for = pc，2022 年 9 月 29 日。

亚首富;[①] 12月，胡润研究院发布《2022家大业大酒·胡润全球富豪榜》，榜单显示，祖籍福建泉州的房地产和酒业大亨吴聪满（Andrew Tan）成为菲律宾新首富;[②] 12月，福布斯印度尼西亚富豪榜出炉，祖籍福建泉州晋江的黄惠祥、黄惠忠兄弟以477亿美元的身家成为印度尼西亚首富，兄弟二人已经连续14年成为印度尼西亚首富。[③]

值得一提的是，黄惠忠、黄惠祥兄弟分别以232亿美元、223亿美元的财富列“2022年福布斯全球亿万富豪榜”第64位、第69位，如果将两兄弟财富相加，他们将以455亿美元的财富超越财富为348亿美元的李嘉诚，成为境外华人首富。[④]

由此可见，尽管2022年境外闽商遭遇诸多挑战，但其实力和影响力依旧巨大。

## 六　闽商国内影响力仍在提升，福建加速向民营经济强省迈进

2022年，闽商国内影响力不断提升。

2022年12月12日，中华全国工商业联合会十三届执行委员会一次会议在北京召开。会议选举产生了新一届全国工商联领导机构和领导班子，高云龙当选全国工商联第十三届执行委员会主席，在新当选的副主席中，有安踏体育董事局主席兼CEO丁世忠、永同昌集团董事局主席张宗真、宁德时代董事长兼总经理曾毓群三位闽商。[⑤]

---

① 《〈福布斯〉发布2022年马来西亚富豪榜，50位上榜者财富降至805亿美元》，福布斯中国，https://baijiahao.baidu.com/s?id=1735124669465300703&wfr=spider&for=pc，2022年6月9日。

② 《2022年家大业大酒·胡润全球富豪榜》，胡润百富，https://www.hurun.net/zh-CN/Rank/HsRankDetails?pagetype=global&num=GJD3WF1Q。

③ 《2022福布斯印尼富豪榜》，福布斯中国，https://www.forbeschina.com/lists/1796。

④ 《2022年福布斯全球亿万富豪榜》，福布斯中国，https://www.forbeschina.com/lists/1781。

⑤ 《全国工商联十三届一次执委会议召开　选举产生新一届领导机构和领导班子》，中华工商网，http://www.cbt.com.cn/zggszz/zggsrw/zzfmrw/202302/t20230223_188038.html，2023年2月23日。

9月16日，2022年全国企业家活动日暨中国企业家年会在内蒙古包头举行，大会表彰了2021~2022年度全国优秀企业家，其中有盼盼食品董事长蔡金垵、福建大东海实业集团有限公司（以下简称“大东海”）董事长林国镜、厦门市美亚柏科信息股份有限公司董事长滕达等13位福建企业家。①

2022年，闽商继续在慈善公益领域发力。

2022年11月16日，胡润研究院发布《2022衡昌烧坊·胡润慈善榜》，从出生地来看，2022年上榜的闽商占比为24%，排名第二，仅次于占比30%的粤商。其中，美团创始人王兴一年共捐赠147亿元，位列第2；丁世忠家族一年共捐赠101亿元，位列第4；侯昌财一年共捐赠34亿元，位列第5；曾毓群一年共捐赠14亿元，位列第6。前十之中，闽商占据4席。②

2022年，福建省政府还设立了“福建慈善奖”，表彰慈善先进，引导、支持有意愿有能力的企业、社会组织和个人积极参与公益慈善事业，并组织开展首届“福建慈善奖”评选表彰活动。在表彰名单中，曹德旺、丁和木、傅光明等9位获评爱心慈善楷模奖；达利食品集团有限公司、厦门源昌集团有限公司等17家企业获评爱心捐赠企业（机构）奖；林国镜、许清流、洪忠信等17位企业家获评爱心捐赠个人奖。③

不过，对于闽商的国内影响力来说，最重要的莫过于福建正在加速由“民营经济大省”向“民营经济强省”迈进。

2022年9月6日，中国企业联合会、中国企业家协会发布“2022中国企业500强”榜单。厦门建发集团有限公司、厦门国贸控股集团有限公司、厦门象屿集团有限公司、兴业银行股份有限公司、紫金矿业集团股份有限公

① 《祝贺！福建13位企业家获评2021—2022年度“全国优秀企业家”》，福建企联，https：//mp. weixin. qq. com/s？_ _ biz=MzA4NzE3ODk4Mg==&mid=2648759975&idx=1&sn=71d0924160d87cdc9492d1fefc09fd32&chksm=8829152ebf5e9c3859515b448fd60f1058 f066acc231e7e21c79599eb240095d06f0ada595dc&scene=27，2022年9月19日。

② 《2022衡昌烧坊·胡润慈善榜》，胡润百富，https：//www. hurun. net/zh-CN/Info/Detail?num=8J2P1E7M36F9，2022年11月16日。

③ 《福建省人民政府关于表彰首届“福建慈善奖”获得者的决定》，福建省人民政府，https：//www. fujian. gov. cn/zwgk/zxwj/szfwj/202303/t20230321_ 6134538. htm，2023年3月21日。

司（以下简称“紫金矿业”）、宁德时代等19家福建企业进入500强。数量创下历史新高，入围企业数居全国第8位，其中有多家民营企业。[①] 有21家福建企业进入“中国制造业企业500强”，紫金矿业、宁德时代、大东海领衔福建制造业企业，其中也有多家民企。[②]

同样在9月，全国工商联发布“2022中国民营企业500强”，其中有15家福建企业入榜。宁德时代以1303.56亿元营收居第61位，大东海以1012.34亿元营收居第86位，永辉超市以910.62亿元营收居第92位，恒申控股集团有限公司以659.27亿元营收居第153位，永荣控股集团有限公司以650.59亿元营收居第157位，安踏体育以493.28亿元营收居第208位，福州中景石化集团有限公司以483.21亿元营收居第213位，福建省金纶高纤股份有限公司以469.57亿元营收居第221位，盛屯矿业集团股份有限公司以452.37亿元营收居第237位，三宝集团股份有限公司以402.40亿元营收居第282位，福建百宏聚纤科技实业有限公司以399.88亿元营收居第288位，名城控股集团有限公司以306.76亿元营收居第390位，福建圣农控股集团有限公司以291.24亿元营收居第428位，福信集团有限公司以291.02亿元营收居第429位，福建三安集团有限公司以273.71亿元营收居第477位。[③]

2023年1月13日，胡润研究院发布“2022胡润中国500强”，宁德时代、安踏体育、福耀玻璃、三安光电股份有限公司（以下简称“三安光电”）等15家总部在福建的企业上榜，这些企业大多是民营企业。其中，宁德时代以9680亿元的价值排在第6位，安踏体育以2240亿元的价值排在第34位，福耀玻璃以985亿元的价值排在第110位，三安光电以920亿元

---

① 《重磅发布！2022中国企业500强出炉（附完整榜单）》，新华网，https：//baijiahao.baidu.com/s？id=1743309587065382506&wfr=spider&for=pc，2022年9月7日。

② 《2022年“中国制造业企业500强”榜单》，人民融媒体，https：//baijiahao.baidu.com/s？id=1743203669856720733&wfr=spider&for=pc，2022年9月6日。

③ 《福建省15家民营企业入围2022中国民营企业500强》，搜狐网，https：//www.sohu.com/a/583476177_121106994，2022年9月8日。

的价值排在第 118 位。[①]

2022 年 8 月，福建出台 19 条措施推动民营经济创新发展。[②] 12 月，福建再度推出 24 条具体措施，聚焦减轻市场主体负担、激发市场主体活力。[③]

由“民营经济大省”向“民营经济强省”转变，福建正在加速，闽商也在发力。

---

① 《2022 年 · 胡润中国 500 强》，胡润百富，https：//www. hurun. net/zh－CN/Rank/HsRankDetails？ pagetype＝ctop500。

② 《推动民营经济创新发展，福建出台 19 条措施！》，福建日报，https：//baijiahao. baidu. com/s？ id＝1741210269359671489&wfr＝spider&for＝pc，2022 年 8 月 15 日。

③ 《锚定“民营经济强省” 福建优势足后劲强》，中国新闻网，https：//baijiahao. baidu. com/s？ id＝1754900273949622463&wfr＝spider&for＝pc，2023 年 1 月 13 日。

# 分报告

Sub Reports

## B.2
## 2023年福建省内闽商发展报告

陈丽媛*

**摘　要：** 本文围绕以福建省内大型民营企业、A股上市企业等为代表的闽商企业展开论述，分析福建各城市的民营经济和民营企业发展情况及其在资本市场的表现，阐述闽商企业的发展特点、产业态势，分析闽商企业发展过程中遇到的难题，如大部分中小企业闽商存在“创新能力不足、高素质人才短缺、融资困难、国际竞争力较弱”等问题。因此，本文结合产业环境和实际情况对未来闽商企业高质量发展给出了“加强创新引领、注重人才引进、强化金融支持、拓展国际市场”的建议。

**关键词：** 闽商　民营企业　福建省内闽商　实体经济

* 陈丽媛，闽商杂志社，编辑部主任。

2022年是“晋江经验”提出20周年。在“晋江经验”的引领下，闽商已然成为福建经济高质量发展的一支生力军，对福建的经济和社会事业发展有着重要的贡献。2022年福建全省地区生产总值突破5万亿元，居全国第8位，较上一年增长4.7%。①

## 一　福建省内闽商企业发展情况

头部企业永远是人们关注的重点。

尽管在过去三年，因为新冠疫情的影响，福建省内众多企业受损，但仍有不少大型企业承压前行，甚至逆势而上，展现了头部企业强大的发展韧性，这是福建发展的特色所在、活力所在、优势所在。

### （一）福建省内大型民企发展迅速

在福建的经济发展过程中，民营企业的数量越来越多，起到的作用越来越大。2022年，福建全省民营经济增加值3.69万亿元，同比增长了5%，占全省GDP的比重高达69.4%。②

2022年，福建省工商联对全省大型民营企业展开了调查和深入研究，从而形成了“2022福建省民营企业100强”榜单③。从这份榜单中，我们可以看到福建省内头部闽商的发展情况。

#### 1. 质量效益总体稳定

从营业收入来看，青拓集团有限公司（下称“青拓集团”）、宁德时代新能源科技股份有限公司（下称“宁德时代”）和福建大东海实业集团有限公司（下称“大东海集团”）在2022年领跑福建省内闽商企业。这

① 《2022年全省生产总值53109.85亿元》，福建省人民政府，http://www.fujian.gov.cn/xwdt/fjyw/202301/t20230121_6097959.htm，2023年1月21日。

② 《2022年我省民营经济增加值3.69万亿元，占全省GDP比重69.4%》，福建省工业和信息化厅，http://gxt.fujian.gov.cn/zwgk/xw/jxyw/202303/t20230320_6133646.htm，2023年3月20日。

③ 此榜单依据的是2021年的相关数据。

三家企业的营业收入均进入“千亿阵营”，分别达到 1606. 1 亿元、1303. 6 亿元和 1012. 3 亿元。[①] 营业收入迈入 500 亿元门槛的有永辉超市股份有限公司（下称“永辉超市”）、恒申控股集团有限公司（下称“恒申集团”）、永荣控股集团有限公司，分别是 910. 6 亿元、659. 3 亿元、650. 6 亿元。[②]

总体来看，这 100 家企业的营业收入总额与上一年基本持平，达 18510 亿元。其中，营业收入进入“百亿阵营”的企业达 46 家。[③] 这些企业进一步发挥龙头带动作用，为全省民营企业增强创新力和竞争力带来示范作用。

2. 福厦泉优势明显

综观福建各个城市的民营企业发展情况，厦门、福州和泉州三地最为活跃。在“2022 福建省民营企业 100 强榜单”中，不管是入围企业数量，抑或是营业收入和资产规模，厦门、福州和泉州的民营企业均有明显的领先优势。

在入围企业数量方面，厦门入围的企业最多，有 38 家。福州次之，有 31 家，泉州有 17 家。这三座城市的入围数量远超其余城市。

福州企业尽管在入围数量上略微少于厦门企业，但营业收入占据第一位，达 7410. 5 亿元，占比达到了 2/5；厦门入围企业营业收入总额为 4269. 2 亿元，占比为 23. 1%。[④]

而在资产总额方面，排在前两位的仍然是福州和厦门。福州入围企业的资产总额达 10204. 8 亿元，占比为 44. 4%，厦门入围企业的资产总额则为 5491. 2 亿元，占比为 23. 9%（见表 1）。[⑤]

---

① 《2022 福建省民营企业 100 强调研分析报告》，福建省工商联，未刊本。
② 《2022 福建省民营企业 100 强调研分析报告》，福建省工商联，未刊本。
③ 《2022 福建省民营企业 100 强调研分析报告》，福建省工商联，未刊本。
④ 《2022 福建省民营企业 100 强调研分析报告》，福建省工商联，未刊本。
⑤ 《2022 福建省民营企业 100 强调研分析报告》，福建省工商联，未刊本。

**表 1 “2022 福建省民营企业 100 强”营业收入和资产的地区分布情况**

| 地区 | 入围企业(家) | 营收总额(亿元) | 占比(%) | 资产总额(亿元) | 占比(%) |
|---|---|---|---|---|---|
| 厦门 | 38 | 4269.2 | 23.1 | 5491.2 | 23.9 |
| 福州 | 31 | 7410.5 | 40.0 | 10204.8 | 44.4 |
| 泉州 | 17 | 2249.1 | 12.2 | 2822.8 | 12.3 |
| 宁德 | 4 | 3200.0 | 17.3 | 3554.0 | 15.5 |
| 漳州 | 2 | 582.8 | 3.1 | 306.6 | 1.3 |
| 南平 | 2 | 403.5 | 2.2 | 243.6 | 1.1 |
| 莆田 | 2 | 197.8 | 1.1 | 149.8 | 0.7 |
| 龙岩 | 2 | 108.8 | 0.6 | 130.8 | 0.6 |
| 三明 | 2 | 88.8 | 0.5 | 82.4 | 0.4 |

数据来源：《2022 福建省民营企业 100 强调研分析报告》，福建省工商联，未刊本。

## （二）福建境内上市企业蓬勃发展

作为改革开放的先行省份，福建较早进入发展资本市场的行列。福建上市企业数量的多寡、规模的大小、质量的高低等指标在一定程度上能够反映地方经济的活跃度和发达程度。

1993 年，福建省福联股份有限公司、福耀玻璃工业集团股份有限公司（下称“福耀玻璃”）、厦门灿坤实业股份有限公司（下称“闽灿坤 B”）、厦海发（现“学大教育”）、厦门汽车（现“金龙汽车”）、福建东百集团股份有限公司、闽闽东（现“华映科技”）、厦门国泰、福建豪盛（现“岩石股份”）、闽福发（现“航天发展”）10 家福建企业，成为福建首批在国内资本市场登陆的上市公司。2022 年，福建企业登陆资本市场已有 30 年，资本市场的“福建板块”日益强大。

截至 2023 年 3 月 31 日，A 股上市的福建公司总共 171 家，其中归属福建证监局的有 107 家，归属厦门证监局的有 64 家（厦门证监局所汇总表格多计入一家 B 股上市公司闽灿坤 B，数量为 65 家）。[①] 此外，据不完全统

① 邹挺超：《闽商上市公司总览：百花齐放，实体为本》，《闽商》杂志 2023 年第 6~7 期，第 10 页。

计，截至2022年末，福建省还有境外上市公司99家。[①]

具体来看，A股福建上市公司在上交所上市的有69家，其中科创板8家；在深交所上市的福建企业共100家，其中57家主板、43家创业板。作为创新性、成长型企业的集中板块，登陆创业板的43家福建企业，有38家是民企，其中不乏宁德时代这样的行业巨头。[②]

2021年成立的北京证券交易所（简称“北交所”），也吸引了闽商企业的关注。目前在北交所上市的福建企业有2家：龙竹科技集团股份有限公司、福建国航远洋运输（集团）股份有限公司，它们都是民营企业。

在A股上市的福建企业中，民营企业的数量占据绝对优势，民企和国企分别是123家和48家。其中，宁德时代、永辉超市、阳光城集团股份有限公司（下称“阳光城”）在2022年保持着稳健发展，营业收入在上市民企中处于领先地位（见表2）。

**表2　2022年福建A股民企营收10强**

| 公司简称 | 营业收入(亿元) | 营收同比增幅(%) |
|---|---|---|
| 宁德时代 | 3285.94 | 152.07 |
| 永辉超市 | 900.91 | -1.07 |
| 阳光城 | 399.2 | -6.132 |
| 福耀玻璃 | 280.99 | 19.05 |
| 盛屯矿业 | 253.57 | -43.95 |
| 傲农生物 | 216.13 | 19.82 |
| 鹭燕医药 | 194.63 | 10.93 |
| 圣农发展 | 168.17 | 16.15 |
| 合兴包装 | 153.75 | -12.39 |
| 太阳电缆 | 131.03 | 16.74 |

① 《多层次资本市场显效　助推福建高质量发展》，新浪财经，https://baijiahao.baidu.com/s?id=1749776147475004574&wfr=spider&for=pc，2022年11月18日。

② 邹挺超：《闽商上市公司总览：百花齐放，实体为本》，《闽商》杂志2023年第6~7期，第10页。

而厦门建发股份有限公司（下称“建发股份”）、厦门象屿股份有限公司（下称“厦门象屿”）、厦门国贸集团股份有限公司（下称“厦门国贸”）则是A股上市国企2022年营业收入前三名（见表3）。

**表3　2022年福建A股国企营收10强**

| 公司简称 | 营业收入(亿元) | 净利润(亿元) |
|---|---|---|
| 建发股份 | 8328.12 | 62.82 |
| 厦门象屿 | 5381.48 | 26.37 |
| 厦门国贸 | 5219.18 | 35.89 |
| 紫金矿业 | 2703.29 | 200.42 |
| 兴业银行 | 2223.74 | 913.77 |
| 厦门信达 | 940.00 | 0.51 |
| 三钢闽光 | 516.58 | 1.39 |
| 厦门钨业 | 482.23 | 14.46 |
| 厦钨新能 | 287.51 | 11.21 |
| 厦门港务 | 219.96 | 2.46 |

从体量上看，国企远超民企，兴业银行股份有限公司（下称“兴业银行”）2022年总资产高达9.27万亿元。但民企中也有宁德时代这样2022年总资产超过6000亿元的庞然大物（接近建发股份的6600多亿元），宁德时代的市值更是在深交所上市企业市值排名中高居第一位。另外，阳光城、泰禾集团股份有限公司等房企虽然在过去一年中面临着较大的困境，但依旧保持着巨大的体量，2022年总资产均超过2000亿元，阳光城接近3000亿元。①

从福建各地区来看，厦门、福州、泉州上市公司数量居前三位，分别有64家、52家、19家，分析这三个地区的行业龙头企业，可从侧面反映该地资本市场的成长性、行业的特色和前景，以及闽商的发展特点。此外，南平和龙岩各8家，漳州6家，宁德和三明各4家，莆田和平潭各3家。

① 邹挺超：《闽商上市公司总览：百花齐放，实体为本》，《闽商》杂志2023年第6~7期，第10页。

1. 福州 A 股上市公司情况

继泉州之后，福州成为福建第二个进入 GDP 万亿俱乐部的城市。福州第一家 A 股上市企业是福清人曹德旺创办的福耀玻璃，于 1993 年 6 月在上交所上市。

截至 2022 年，福州共有 52 家 A 股上市公司，仅次于厦门。作为省会城市，福州上市的国企也是全省最多的，共 17 家，占福建上市国企的 35.4%。①

从成长性来看，福州 A 股上市企业中有 12 家 2022 年营收超百亿元，绝大多数是国企（6 家）。其中，营收超千亿元的仅兴业银行一家。兴业银行也是福州 A 股上市公司净利润最高的企业，同时也是 2022 年唯一净利润超百亿元的福州上市公司（913.77 亿元）。民营企业方面，营收以永辉超市领衔（2022 年营收 900.91 亿元），净利润则以福耀玻璃为最（47.56 亿元）。

从行业分布上看，按照证监会行业分类，福州 A 股上市公司分布于 21 个行业。其中，制造业 26 家，占一半。其次是信息传输、软件和信息技术服务业，10 家。

通过梳理上市公司的行业分布可以发现，福州已形成龙头凸显、专业性强、门类较为齐全的电子信息制造业体系，较具优势的平板显示产业、通信及网络终端产业、光电产业，在上市公司中均有体现，如通信及网络终端产业的福建星网锐捷通讯股份有限公司、新大陆数字技术股份有限公司（下称“新大陆集团”），平板显示产业的华映科技，光电产业的福建福光股份有限公司（下称“福光股份”）等。

福州也是福建省内行业龙头较为集中的城市。在 52 家 A 股上市公司中，许多企业都是各行业尤其是细分领域的龙头，数量近半。处于全球领先地位的企业有 6 家：新大陆集团、福耀玻璃、福建福晶科技股份有限公司（下称“福晶科技”）、福光股份、福建福昕软件开发股份有限公司（下称

① 邹挺超：《A 股福州力量：行业龙头集中，制造业占半数》，《闽商》杂志 2023 年第 6~7 期，第 60 页。

“福昕软件”）、福建坤彩材料科技股份有限公司（下称“坤彩科技”）。新大陆集团是全球领先的 POS 设备及解决方案提供商，POS 设备出货量占全球第三；福耀玻璃在业内长期保持第一，全球市场占有率超过 30%，国内市场占有率超过 68%；[①] 福晶科技是全球规模最大的 LBO、BBO 晶体及元器件生产企业；福光股份是全球光学镜头的重要制造商；福昕软件是在全球范围内具有较高知名度的国产软件品牌；坤彩科技的产销量居全球第一位。值得注意的是，除福晶科技外，均为民营企业。

此外，鸿博股份有限公司、永辉超市、福建天马科技集团股份有限公司（下称“天马科技”）分别是中国彩票印刷行业、超市类零售业、特种水产饲料行业的龙头企业之一；与坤彩科技一同列入工信部“专精特新”小巨人企业的福建星云电子股份有限公司、福建阿石创新材料股份有限公司也是各自领域的领军企业。

2. 厦门 A 股上市公司情况

1980 年 10 月，厦门经济特区正式成立，由此拉开中国东南沿海对外开放的序幕。1993 年，厦海发（现“学大教育”）和厦门汽车（现“金龙汽车”）先后在 A 股登陆，成为厦门第一批上市的两家企业。自此，A 股市场迎来了一批又一批的厦门企业。截至 2023 年 3 月 31 日，A 股资本市场集聚了 64 家厦门公司，数量居福建第一位。

通达信数据显示，2022 年，64 家厦门 A 股上市企业总营收 22951. 64 亿元，净利润 301. 69 亿元。其中营收实现增长的企业有 31 家，净利润实现增长的有 33 家。[②] 值得注意的是，2022 年总营收和净利润前三名为建发股份、厦门象屿、厦门国贸这三家国企，其营收均突破千亿元，分别为 8328. 12 亿元、5381. 48 亿元、5219. 18 亿元，同比增长率分别为 17. 65%、16%、12. 3%。

从净利润上看，在厦门 64 家 A 股上市公司中，净利润超过 1 亿元的公

---

① 福耀集团官网全球布局板块（https：//www. fuyaogroup. com/global. html，最后访问日期：2023 年 7 月 10 日）。

② 《营收 2. 3 万亿元净赚 301 亿元　厦门 64 家 A 股上市公司 2022 年成绩单出炉》，闽南网，https：//baijiahao. baidu. com/s？ id=1764925193244071159&wfr=spider&for=pc，2023 年 5 月 4 日。

司有 42 家。

建发股份净利润最高，为 62.82 亿元，同比增长 2.3%。[①] 紧随其后的是厦门国贸，净利润为 35.89 亿元，同比增长 4.41%。厦门象屿则以 26.37 亿元净利润排在第三位。

从净利润增幅上看，新华都科技股份有限公司遥遥领先，增幅高达 973.11%；厦门厦工机械股份有限公司（下称“厦工股份”）和清源科技股份有限公司净利润增幅则分别是 314.37%、130.90%，居第二、第三位。值得一提的是，红相股份有限公司和学大教育的净利润均实现了 100%以上的增长，分别为 110.7%、102.03%。

从研发投入上看，厦门钨业股份有限公司（下称“厦门钨业”）投入最多，在众多上市厦企中一马当先，费用达到 17.29 亿元。厦门厦钨新能源材料股份有限公司、金龙汽车、厦门吉比特网络技术股份有限公司（下称“吉比特”）紧随其后。

厦门在经济发展模式转型过程中，也培育出一批行业细分龙头。经过梳理，2022 年上市厦企分别来自 33 个细分领域。其中，上市厦企涉足最多的领域是元器件，有 6 家；电气设备领域次之，有 5 家。此外，家居用品和医疗保健等 2 个细分领域各有 4 家公司。

3. 泉州 A 股上市公司情况

泉州经济总量曾经持续 22 年领跑全省，并在 2020 年 GDP 首次迈入万亿元门槛。2022 年，泉州 GDP 达 12102.97 亿元，比上年增长 3.5%。[②]

泉州第一家上市公司是 1993 年在上交所上市的福建豪盛（现“岩石股份”），但由于业绩亏损，2001 年福建豪盛被收购后，注册地及办公地迁到了上海。目前，泉州在 A 股最早的企业是福建省燕京惠泉啤酒股份有限公司（下称“惠泉啤酒”）。

---

① 《营收 2.3 万亿元净赚 301 亿元　厦门 64 家 A 股上市公司 2022 年成绩单出炉》，闽南网，https://baijiahao.baidu.com/s?id=1764925193244071159&wfr=spider&for=pc，2023 年 5 月 4 日。

② 《曾经领跑福建的泉州怎么了？》，华博社，https://baijiahao.baidu.com/s?id=1766560098405228892&wfr=spider&for=pc，2023 年 5 月 22 日。

截至 2023 年 3 月，泉州在 A 股资本市场登陆的企业有 19 家。其中，民企最多，有 16 家，占比达到 84%。另外，上市国企有 3 家，分别是冠福控股股份有限公司（下称“冠福股份”）、福建省闽发铝业股份有限公司和惠泉啤酒。

在 19 家上市泉企中，有 15 家在 2022 年实现盈利。其中，有 9 家净利润超过 1 亿元。2022 年最赚钱的上市泉企仍属于互联网行业，聚集游戏主业的恺英网络股份有限公司（下称“恺英网络”）净利润雄踞第一，达到 10.25 亿元。

从过去三年的数据来看，恺英网络无论是营收还是净利润均实现了高速增长。虽然近两年游戏行业整体增速放缓，但恺英网络仍能够保持增长，是因为其做出了一系列改变。例如，投入数亿元建立研发体系；引进头部和潜力 IP，丰富产品品类；将游戏产品推向海外；探索游戏与文化、公益、科技的边界等。此外，福建火炬电子科技股份有限公司（下称“火炬电子”）2022 年净利润为 8.01 亿元，排在第二位。排在第三位的冠福股份，净利润为 4.44 亿元。

营收方面，19 家 A 股上市泉企 2022 年总营收为 453.45 亿元。其中，排在第一位的是冠福股份，2022 年营收达到 122.6 亿元，也是唯一一家营收超过百亿元的企业。冠福股份有两家核心子公司，一家是以生产、研发、销售医药中间体及精细化工产品为主的能特科技有限公司，另一家是上海塑米信息科技有限公司。

作为一座民营经济发达的城市，泉州的发展离不开轻工业和纺织产业等传统制造行业。截至 2021 年，泉州规模以上工业企业有 6016 家，其中，纺织鞋服领域企业 2347 家，建材企业 1898 家。2022 年，泉州规模以上工业企业实现利润总额 1298.68 亿元。①

泉州也因此孕育出一批细分领域龙头企业，在这 19 家上市泉企中，属

---

① 《曾经领跑福建的泉州怎么了？》，华博社，https：//baijiahao.baidu.com/s？id=1766560098405228892&wfr=spider&for=pc，2023 年 5 月 22 日。

于各个行业细分领域龙头企业的至少有 12 家。比如，火炬电子是国内首家能生产宇航级电容器，以及将“湿法淋幕工艺”产业化应用的企业；南威软件股份有限公司是数字政府软件龙头企业，具备了以公安大数据与视频视觉智能化建设应用为核心的能力。此外，恺英网络、九牧王股份有限公司（下称“九牧王”）、福建七匹狼实业股份有限公司（下称“七匹狼”）、安记食品股份有限公司、福建浔兴拉链科技股份有限公司、福建凤竹纺织科技股份有限公司（下称“凤竹纺织”）等也是各自行业细分领域的龙头企业。

改革开放以来，泉州民营经济历经 40 多年的发展，上市企业数量居于福建省前列，除了在 A 股上市外，还有很多在香港上市的企业，如安踏体育用品集团有限公司（下称“安踏体育”）、福建恒安集团有限公司（下称“恒安集团”）和达利食品集团有限公司（下称“达利食品”）等。但从总体上看，泉州上市企业体量偏小，业绩成长性表现尚有所欠缺。

## 二　福建省内闽商发展特点

总体来看，福建省内闽商呈现实体经济为主、加大研发投入、社会贡献增强、国际化进程加速等特点。

### （一）实体经济富有活力

实体经济是福建省经济发展的基础，闽商企业是其中的重要力量，制造业企业占据主体。数据显示，2022 年福建全省规上工业企业实现营业收入 70367.52 亿元，比上年增长 7.0%。其中，营收占比达 94%的制造业企业增长 6.6%。[①]

闽商制造业涉及的范围非常广泛，涵盖纺织、服装、鞋业、家电、机械等多个领域，涌现出福耀玻璃、恒申集团、青拓集团、宁德时代、大东海集团等诸多龙头企业。

---

① 《2022 年福建省规上工业营业收入超 7 万亿元》，闽南网百度，https：//baijiahao. baidu. com/s？ id＝1756801375867908856&wfr＝spider&for＝pc，2023 年 2 月 3 日。

2022 年，制造业民营企业的龙头企业队伍持续壮大。在“2022 中国制造业民营企业 500 强”榜单中，有 19 家福建制造业民营企业上榜，入围企业数量居全国第 6 位。在“2022 福建省制造业民营企业 50 强”榜单中，50 强企业营业收入较上年增加 3216.2 亿元，达到 11575.6 亿元。① 榜单前三名，青拓集团、宁德时代、大东海集团进入“千亿阵营”。

这 50 家制造业民营企业（见表 4）涉及 19 个行业，与上年相比增加有色金属冶炼和压延加工业，以及家具制造业 2 个行业，② 减少了石油、煤炭及其他燃料加工业。

**表 4　“2022 福建省制造业民营企业 50 强”行业分布情况**

| 所属行业 | 入围企业数量(家) | 营业收入均值(亿元) |
| --- | --- | --- |
| 化学纤维制造业 | 8 | 303.6 |
| 电气机械和器材制造业 | 5 | 341.5 |
| 黑色金属冶炼和压延加工业 | 4 | 793.5 |
| 皮革、毛皮、羽毛及其制品和制鞋业 | 4 | 175.1 |
| 非金属矿物制品业 | 3 | 125.5 |
| 化学原料和化学制品制造业 | 3 | 236.2 |
| 农副食品加工业 | 3 | 175.3 |
| 计算机、通信和其他电子设备制造业 | 3 | 47.1 |
| 食品制造业 | 2 | 157.8 |
| 造纸和纸制品业 | 2 | 191.7 |
| 其他制造业 | 2 | 102.0 |
| 纺织服装、服饰业 | 2 | 75.5 |
| 专用设备制造业 | 2 | 68.1 |
| 有色金属冶炼和压延加工业 | 2 | 57.6 |
| 医药制造业 | 1 | 154.9 |
| 金属制品业 | 1 | 137.2 |
| 纺织业 | 1 | 107.6 |
| 家具制造业 | 1 | 60.0 |
| 橡胶和塑料制品业 | 1 | 47.1 |

① 《2022 福建省民营企业 100 强调研分析报告》，福建省工商联，未刊本。

② 《2022 福建省民营企业 100 强调研分析报告》，福建省工商联，未刊本。

从分布区域来看，福州、厦门和泉州入围“2022 福建省制造业民营企业 50 强”榜单的总数逾七成。福州以 16 家入围企业占据首位，厦门和泉州次之。

值得关注的是，化学纤维制造业，计算机、通信和其他电子设备制造业、电气机械和器材制造业等先进制造业的分布比较集中，主要在福州、厦门和泉州。

而在福建 A 股上市企业中，制造业也占据上市福建民企的绝大多数，在 123 家民企中，制造业 81 家，约占 66%。其中，计算机、通信和其他电子设备制造业最多，有 15 家，其次是橡胶和塑料制品业（8 家），再次则是电气机械和器材制造业（7 家），非金属矿物制品业（5 家）、化学原料和化学制品制造业（5 家）、专用设备制造业（5 家）数量也较多。[①]

将国企与民企合计，制造业企业数量达 104 家，占 171 家 A 股上市企业的 60.8%。数据表明，在 A 股上市的福建公司中，实体经济占据绝对优势。而制造业及服务业中涉及电子信息的企业数量合计达 44 家，约占 171 家 A 股上市公司的 1/4，[②] 福建在电子信息行业的优势充分显现。这也是近几年来福建在数字经济方面发力的底气。

## （二）研发投入不断加大

福建的高新技术企业近年来不断增加，截至 2022 年底，福建已有 8941 家国家高新技术企业。[③] 值得一提的是，民营企业占据全省高新技术企业的 95%，且创造了 70%的科技成果。[④]

---

① 邹挺超：《闽商上市公司总览：百花齐放，实体为本》，《闽商》杂志 2023 年第 6~7 期，第 10 页。

② 邹挺超：《闽商上市公司总览：百花齐放，实体为本》，《闽商》杂志 2023 年第 6~7 期，第 10 页。

③ 《2022 年福建省国民经济和社会发展统计公报》，福建省统计局官网，http：//tjj. fujian. gov. cn/xxgk/tjgb/202303/t20230313_ 6130081. htm？ eqid＝a01c5fb80000746000000002647daf09，2023 年 3 月 14 日。

④ 《陈剑：爱拼才会赢——福建经济高速增长原因分析》，中国小康网，https：//baijiahao. baidu. com/s？ id＝1766162221018069276&wfr＝spider&for＝pc，2023 年 5 月 18 日。

近年来，随着科技创新和数字化转型的推动，福建省民营企业家的创新意识不断增强，闽商的研发经费不断增加，由此加速了企业的转型升级。特别是龙头民营企业，更加注重技术创新和产品创新，研发费用维持着较高的增长速度。以“2022 福建省民营企业 100 强”为例，这 100 家企业总共投入研发费用 429.7 亿元，比上年增加 266.4 亿元。研发费用排在前十名的企业，共计投入 116.3 亿元。此外，龙头企业也在不断加强人才队伍建设，“2022 福建省民营企业 100 强”的研发人员达到 50059 人。①

在“2022 福建创新型民营企业 100 强”榜单中，专业从事电力电子核心技术的科华数据股份有限公司（下称“科华数据”）占据第一位的宝座，九牧集团有限公司（下称“九牧集团”）、恒安集团分列榜单第二、第三位。

科华数据承担国家级火炬计划、国家 863 课题、国家重大专项课题等 30 余项，获得 1400 多项国家专利、软件著作权，主导或参与了 190 多项国家、行业及团体标准制定。

九牧集团在全球首创 5G 云制造灯塔工厂，有 15 家高端灯塔工厂，60 多个实验室，16 个全球研发中心，5000 多个技术创新团队，12000 多项先进专利。

恒安集团依托国家级工业设计中心和国家认定企业技术中心两个技术平台，立足行业技术创新制高点，被评为企业标准领跑者、造纸行业创新企业、造纸行业十大领军品牌。

从城市分布情况上看，福州、厦门、泉州民企创新贡献突出。三市入围“2022 福建创新型民营企业 100 强”企业的占比达 90%。厦门入围企业数量位居榜首，为 62 家；福州和泉州入围企业数量居第二和第三位，分别为 15 家、13 家；漳州、三明、宁德、南平入围企业数均为 2 家，龙岩、莆田入围企业数各 1 家。②

---

① 《2022 福建省民营企业 100 强调研分析报告》，福建省工商联，未刊本。

② 《2022 福建省民营企业 100 强调研分析报告》，福建省工商联，未刊本。

当下，闽商将越来越多的资金布局到智能化、高端化、信息化等新兴产业和高科技产业中，同时也有许多传统行业的闽商愈发注重技术创新和研发投入，不断提升产品质量和市场竞争力。

## （三）社会贡献持续增强

当前，福建省全省70%以上的税收、约70%的地区生产总值、80%的就业、90%以上的企业数由民营经济贡献。[①] 截至2022年全省民营企业达173.1万户，同比增长6.45%。[②]

在民间投资方面，民营企业仍然较为活跃，2022年即使受到疫情的影响，福建省民间投资依旧实现了5.2%的增长，达到1.16万亿元。[③]

在吸纳就业方面，民营企业仍旧是主力军。“2022福建省民营企业100强”对社会就业的贡献程度显著增强，其员工总数达到81万人。[④] 永辉超市、宁德时代、安踏体育、福龙马集团股份有限公司和达利食品的员工人数都超过4万人。

新冠疫情以来，永辉超市坚持不裁员、不降薪，共有员工12.4万人，带动上下游就业超过数十万人。宁德时代为员工提供优质的福利保障和可观的薪资待遇，以此大量吸收各类型高层次人才，员工人数超过8.3万人。

在纳税方面，民营企业也是贡献颇多。“2022福建省民营企业100强”榜单显示，青拓集团、禹洲集团、安踏体育的纳税额均超过50亿元，100强企业的纳税总额达669.4亿元。

---

① 《陈剑：爱拼才会赢——福建经济高速增长原因分析》，中国小康网，https://baijiahao.baidu.com/s?id=1766162221018069276&wfr=spider&for=pc，2023年5月18日。

② 《2022年我省民营经济增加值3.69万亿元，占全省GDP比重69.4%》，福建省工业和信息化厅官网，http://gxt.fujian.gov.cn/zwgk/xw/jxyw/202303/t20230320_6133646.htm，2023年3月20日。

③ 《2022年我省民营经济增加值3.69万亿元，占全省GDP比重69.4%》，福建省工业和信息化厅官网，http://gxt.fujian.gov.cn/zwgk/xw/jxyw/202303/t20230320_6133646.htm，2023年3月20日。

④ 《2022福建省民营企业100强调研分析报告》，福建省工商联，未刊本。

## （四）国际化进程持续加速

当前，福建省内众多闽商企业注重品牌建设和市场拓展，积极参与国际经贸合作，提升企业的国际竞争力，国际化进程呈现持续加速态势。

厦门宝太生物科技股份有限公司（下称“宝太生物”）高度重视产品研发及技术创新，在上海、深圳、杭州、重庆及美国、新加坡等地均设立研发中心，技术平台涵盖荧光免疫、化学发光、胶体金、分子诊断、色谱、质谱、干化学、电化学等；同时，公司自主搭建原材料开发平台，控制诊断试剂开发的核心原料来源，确保材料的稳定性，提升产品质量，不断增强企业市场竞争力。自公司成立以来，企业营收一直保持高速增长，在立足国内市场的同时积极开拓国际市场，产品远销60余个国家和地区，得到全球用户的青睐和认可。[①]新冠疫情以来，在董事长张国锋的带领下，宝太生物迅速占领市场，相关检测试剂取得了美国FDA、欧盟CE、俄罗斯、巴西、智利、洪都拉斯等数十个国家和地区的准入许可，出口量居全国前列。

厦门盈趣科技股份有限公司（下称“盈趣科技”）是一家高新技术企业，正式将触角伸向海外市场是在2016年，目前已在马来西亚、匈牙利等国家建设了智能制造产业园。当前，盈趣科技控股或参股了23家境外公司，在中国、欧洲、北美等国家（地区）均设有研发和市场中心，海外营收占其总营收的90%以上。[②]

此外，福耀玻璃、青拓集团、福建省金纶高纤股份有限公司（下称“金纶高纤”）、厦门市嘉晟对外贸易有限公司（下称“嘉晟集团”）、立达信物联科技股份有限公司（下称“立达信”）、奥佳华智能健康科技集团股份有限公司等闽商企业在2022年也都积极布局海外市场，参与国际化经贸合作。

---

① 厦门宝太生物科技股份有限公司（xmbtsw.com），http：//www.xmbtsw.com/Ab_index_gci_9.html。

② 《盈趣科技研究报告：UDM践行者，借下游东风、扬中国制造之帆》，东方财富网，https：//caifuhao.eastmoney.com/news/20230523140802460724110，2023年5月23日。

## 三　福建省内闽商产业态势

作为东南沿海省份，福建聚焦数字经济、海洋经济、绿色经济、文旅经济等重点产业领域，推动传统产业转型升级，培育壮大新能源、新材料、生物医药等新兴产业、未来产业。

2022 年全年，福建第一产业增加值为 3076. 20 亿元，同比增长 3. 7%；第二产业增加值为 25078. 20 亿元，同比增长 5. 4%；第三产业增加值为 24955. 45 亿元，同比增长 4. 0%。①

通过分析资本市场上的福建企业行业分布，对于闽商涉足的领域和感兴趣的方向可以做出大致的判断。在 A 股上市的福建国企主要集中在 11 个行业（见表 5）。可以看出，在 48 家 A 股上市国企中，制造业企业有 23 家，接近半数。其中，有 8 家企业涉足计算机、通信和其他电子设备制造业，显示出福建在电子信息行业的优势。

**表 5　A 股上市福建国企所属行业**

| 行　业 | 数量 |
|---|---|
| 采矿业 | 2 |
| 电力、热力、燃气及水生产和供应业 | 4 |
| 房地产业 | 1 |
| 交通运输、仓储和邮政业 | 4 |
| 金融业 | 3 |
| 科学研究和技术服务业 | 2 |
| 农、林、牧、渔业 | 1 |
| 批发和零售业 | 5 |
| 信息传输、软件和信息技术服务业 | 2 |
| 制造业 | 23 |
| 租赁和商务服务业 | 1 |

① 《2022 年全省生产总值 53109. 85 亿元》，福建省人民政府官网，http：//www. fujian. gov. cn/xwdt/fjyw/202301/t20230121_ 6097959. htm，2023 年 1 月 21 日。

在A股上市的福建民企主要集中在13个行业（见表6）。福建地域不大，但“十里不同风，五里不同俗”，不仅乡音不同、文化迥异，产业类型和商业模式也各具特色。值得一提的是，汽车玻璃、纺织鞋服、动力电池、休闲食品等领域的闽商企业在全国乃至全球范围内都颇具影响力。

**表6　A股上市福建民企所属行业**

| 行　业 | 数量 |
| --- | --- |
| 采矿业 | 1 |
| 房地产业 | 3 |
| 建筑业 | 1 |
| 交通运输、仓储和邮政业 | 3 |
| 教育 | 1 |
| 金融业 | 1 |
| 农、林、牧、渔业 | 3 |
| 批发和零售业 | 6 |
| 水利、环境和公共设施管理业 | 2 |
| 卫生和社会工作 | 1 |
| 信息传输、软件和信息技术服务业 | 19 |
| 制造业 | 81 |
| 租赁和商务服务业 | 1 |

## （一）助力“四大经济”

数字经济、绿色经济、海洋经济、文旅经济四大经济是福建当前发展的重点。福建省内闽商企业积极参与“四大经济”的发展进程，“2022福建省民营企业100强”中业务涉及“四大经济”的企业有57家。

### 1. 数字经济

2022年，福建加快实施做大做强做优数字经济行动，不断激活数字生态，全省数字基础设施更加夯实，数字经济核心产业加快壮大，产业数字化转型持续深化。2022年福建全省数字经济增加值突破2.6万亿元，占全省经济总量的近50%，同比增长13%。数字经济核心产业更加壮大，已有5

个省级数字经济核心产业集聚区、316 家数字经济核心产业领域创新企业，大数据互联产业进入全国第一梯队。①

2022 年，福建省产业数字化转型步伐进一步加快。福州已打造 10 个省级以上工业互联网示范平台，传统产业也积极进行数字化转型。例如，福州的纺织化纤产业通过平台接入了 600 多家企业，打通了产业链、供应链、操作链，2022 年纺织化纤行业的规上工业总产值突破 3400 亿元，成为福州最大的一条产业链。②

福建省内闽商企业更是积极布局集成电路和光电、软件和信息技术服务、物联网、大数据、虚拟现实、人工智能、5G 等产业。在数字核心产业中，厦门宏发电声股份有限公司和新大陆集团入选“2021 年中国电子信息百强企业”。福建网龙计算机网络信息技术有限公司（下称“网龙”）、四三九九网络股份有限公司和吉比特入围“中国互联网综合实力百强”。

2. 绿色经济

当前，福建正在推进国家首个生态文明试验区建设，不断培育绿色经济发展新动能，十大乡村特色产业全产业链总产值达 2. 3 万亿元，环保产业总产值达 2267 亿元，清洁能源装机比重超过 60%。绿水青山实现“颜”“值”同升，森林覆盖率连续 44 年保持全国第一。③ 绿色发展也成为闽商近几年来的趋势。

在节能环保企业中，以宁德时代、三棵树涂料股份有限公司（下称“三棵树”）及福建新华源科技集团有限公司（下称“新华源”）为主要代表，从事资源节约和循环利用、生态环境保护的装备制造和生产活动。

在清洁生产企业中，以嘉晟集团和福建龙麟集团有限公司为主要代表，专注于产业园区绿色升级和生产过程中的资源化综合利用。

---

① 《福建数字经济增加值占全省经济总量近 50%》，财联社，https：//baijiahao. baidu. com/s? id = 1764314478925886687&wfr = spider&for = pc，2023 年 4 月 27 日。

② 《数字福建走在全国数字化发展前列》，光明网，https：//baijiahao. baidu. com/s? id = 1762761870722559966&wfr = spider&for = pc，2023 年 4 月 10 日。

③ 《投资福建》，福建省商务厅，未刊本。

在生态环境企业中，以福建傲农生物科技集团股份有限公司、厦门银祥集团有限公司和福建圣农控股集团有限公司为主要代表，发展生态农业、现代农业以及生态保护和生态修复产业等。

在清洁能源企业中，固美金属股份有限公司做得较为出色，它 2013 年开始涉猎太阳能业务，并在十年内迅速发展崛起，成功入围“2020 福建省民营企业 100 强”名单。

在基础设施绿色升级企业中，厦门建霖健康家居股份有限公司走在前列，其立足健康家居产业，致力于提高人民群众的绿色生活水平。

3. 海洋经济

福建海域面积为陆域面积的 1. 1 倍，海洋资源得天独厚。

2022 年，福建省政府审议通过了《福建省海洋经济促进条例（草案）》［2023 年 9 月 20 日，《福建省海洋经济促进条例（草案修改稿）》提交省人大常委会会议二审］，提出加快培育海洋生物医药、海洋工程装备、智慧海洋等新兴产业，① 2022 年全省海洋生产总值近 1. 2 万亿元，连续 8 年保持全国前列，海洋重点产业发展取得显著成效。② 此外，福建的大黄鱼、鲍鱼、牡蛎、海带、紫菜、鳗鲡等多个水产品的产量居全国第一位。

海洋运输业以福建好运联联信息科技有限公司和物泊科技有限公司为代表，主营业务涵盖国内船舶运输、海上国际货物运输代理、无船承运、多式联运等。主营业务为海洋运输业的安通控股有限公司，自主设计和改良船舶，先后获得两项国家专利，努力实现先进海洋装备制造的创新突破。

海洋船舶工业仍以盈众控股集团有限公司为代表，业务涉及批发零售船舶及器材。

海洋渔业则以安井食品集团股份有限公司（下称“安井食品”）和天马科技为代表，安井食品作为国家鱼糜及鱼糜制品加工技术研发中心联合单

① 《加快“海上福建”崛起》，福建省人民政府官网，http：//www. fujian. gov. cn/zwgk/ztzl/sxzygwzxsgzx/sdjj/hyjj/202306/t20230616_ 6188264. htm，2023 年 6 月 16 日。

② 《整“装”待发，海上福建驶向星辰大海》，福建新闻网，https：//news. fznews. com. cn/dsxw/20231013/75HS10k263. shtml，2023 年 10 月 13 日。

位，获“福建省海洋产业龙头企业”称号。天马科技在发展智慧渔业的同时，实现海洋渔业和海洋药物与生物制品业的齐头并进。

4. 文旅经济

当下，福建加快建设全域生态旅游省，发展红色、生态、工业、乡村、海洋、康养等文旅新业态，丰富全域生态旅游产品供给，打响“清新福建”“福文化”等品牌。

安踏体育与鸿星尔克实业有限公司致力于推广体育文化和奥运文化，带动全民运动。网龙是在线教育的主要参与者，不断探索数字技术对教育的赋能，带动数字教育产业集群，网龙的教育版图已在全球 192 个国家和地区铺开，触达 200 万间教室、惠及超 1. 5 亿用户。[①] 福信集团通过旗下的海峡两岸文化艺术品投资运营中心、海峡工艺美术博物馆等机构，推广海西文化。

近年来，福建民营企业纷纷发力文旅产业，不断提升服务水准，迎合年轻群体的市场需求，但文旅产业具有资源导向、供给驱动、成本刚性等特点，闽商企业特别是龙头企业中缺少专注文旅、实现规模化的民营企业。

## （二）发力“四大支柱产业”

作为福建四大支柱产业，电子信息、先进装备、石油化工、现代纺织服装的营业收入占据了福建全省规模以上工业营业收入的半壁江山，达到 59. 4%。[②]

2022 年，福建规模以上电子信息企业共实现营业收入 10145 亿元，同比增长 16. 3%，规模居全国第五位。[③] 三安光电股份有限公司（下称“三安光电”）在集成电路领域表现抢眼，2022 年实现销售收入 30. 47 亿元；新型显示领域有厦门天马微电子有限公司等龙头企业；LED 领域以福州、厦

① 《先进技术赋能数字教育　网龙多点布局全线开花》，福建新消费，https：//baijiahao. baidu. com/s？ id = 1759796599782950717&wfr = spider&for = pc，2023 年 3 月 8 日。

② 《四大支柱产业稳住经济大盘　福建持续发力提升制造业竞争力》，中国新闻网，http：//www. chinanews. com. cn/cj/2023/03-03/9964742. shtml，2023 年 3 月 3 日。

③ 《投资福建》，福建省商务厅，未刊本。

门、泉州、漳州、龙岩等地为重点，有三安光电、厦门乾照光电有限公司、立达信等龙头企业；计算机和网络通信领域则以福州、厦门、莆田等地为重点，福建升腾资讯有限公司、新大陆集团等是该领域的领军企业。

截至2022年底，福建规模以上机械工业（含汽车、船舶）企业有4434家。[①] 在智能制造装备方面，福建龙净环保股份有限公司、厦门扬森数控设备有限公司等走在前列。在汽车制造业方面，重点加快新能源汽车发展，推进“电动福建”建设，涌现出东南汽车、金龙汽车等龙头企业；在船舶和海工装备业方面，则有马尾造船、厦船重工、东南造船等龙头企业；在工程机械业方面，中国龙工控股有限公司、福建晋工机械有限公司、福建泉工股份有限公司等龙头企业起到了引领作用；在电工电器业方面，科华数据、冠城大通股份有限公司、福建南平太阳电缆股份有限公司等企业有着良好的发展态势。

石油化工产业主要分布在泉州、漳州、福州、莆田等地的“两基地一专区”和可门化工新材料产业园。2022年，福建全省1055家规模以上石化企业实现营业收入6199亿元，同比增长14.1%，[②] 涌现出福建漳平金鑫硫酸化工有限公司、厦门厦化实业有限公司等基础化学原料制造龙头企业，福建联合石油化工有限公司、福建福海创石油化工有限公司、福建百宏石化有限公司等合成材料制造龙头企业，三棵树、信和新材料股份有限公司、福建青松股份有限公司等精细化工业龙头企业，茶花现代家居用品股份有限公司、福建纳川管材科技股份有限公司等塑料制品业龙头，金纶高纤、恒申集团、永荣科技有限公司等化学纤维制造龙头企业。

福建还是纺织鞋服产业大省，2022年全省纺织鞋服产业营收12635亿元、同比增长5.9%。其中纺织服装产业营业收入8820亿元、同比增长6.1%；制鞋业营业收入3816亿元、同比增长5.7%。[③] 目前，福建省内有福建长源纺织有限公司、福建经纬集团有限公司、福建新华源纺织集团有限公司等棉纺制造龙头，有福建凤竹纺织科技股份有限公司、福建省宏港纺织科

① 《投资福建》，福建省商务厅，未刊本。
② 《投资福建》，福建省商务厅，未刊本。
③ 《投资福建》，福建省商务厅，未刊本。

技有限公司等染整龙头，有九牧王、七匹狼等服装龙头，有厦门三维丝环保股份有限公司、天守（福建）超纤科技股份有限公司等产业用纺织产品龙头企业，有安踏体育、特步集团、361°集团、匹克等鞋业龙头。

### （三）布局“五大新兴产业”

近年来，新材料、新能源、节能环保、生物与新医药、海洋高新五大新兴产业受到闽商的高度重视。

“2022福建省民营企业100强”中有12家主营业务为新兴产业的企业，营业收入总额近2800亿元，利润总额超400亿元，缴税额达到90亿元，就业人数达到19万人，人均净利润达到21.1万元。[①] 其中，规模最大的是宁德时代，其主营业务是新能源电池，宁德时代带动建立了新能源电池产业链。

12家主营业务为新兴产业的民企，有一半选择了新材料赛道。近年来，福建新材料产业发展步伐不断加快，产业集聚效应不断增强，创新体系逐渐完善，新材料品种不断丰富，培育了厦门钨业、青拓集团、三安光电等一批在国内外具有知名度的企业，稀土稀有材料、钨钼新材料、锂电新能源材料、不锈钢新材料、先进纺织材料、先进化工材料等一批新材料产品在国内乃至国际上都具有较大影响力。

在新能源行业，福建坚持清洁、低碳的发展方向，重视可再生能源产业，推进建设东南沿海重要能源基地。截至2022年底，全省电力装机量达到7530万千瓦，清洁能源装机占比达52.6%。[②] 福建钧石能源有限公司、福建钜能电力有限公司等企业发挥着龙头作用。

福建生物与新医药产业呈逐步壮大趋势，全省基本形成以厦门、福州、三明为主要支撑、重点区域协同推进的产业发展格局，涌现出福州江阴工业园、福州高新区生物医药产业园、厦门生物医药港、三明生物医药产业园等一批医药产业园区，孕育了漳州片仔癀药业股份有限公司、力品药业（厦

① 《2022福建省民营企业100强调研分析报告》，福建省工商联，未刊本。

② 《投资福建》，福建省商务厅，未刊本。

门）股份有限公司、福建广生堂药业股份有限公司、厦门特宝生物工程股份有限公司、宝太生物等一批龙头企业。

## 四　福建省内闽商未来发展建议

福建的发展成就，闽商企业和企业家功不可没，但在高质量发展的进程中，闽商企业依旧存在“创新能力不足、高素质人才短缺、融资困难、国际竞争力较弱”等方面的不足，针对企业发展中存在的问题，本文提出以下建议。

### （一）加强创新引领

闽商企业要想实现可持续发展，就需要创新这个动力源泉。企业需要不断夯实创新基础，提升创新能力，增强竞争实力，以便更好地融入“双循环”新发展格局。首先，政府要为企业营造有利于创新的技术生态环境，促成鼓励创新的法治环境。其次，民营企业家自身要加强创新意识，提高创新能力和管理水平，加大研发投入，壮大研发人才队伍，加快布局海内外研发中心，加强与科技企业等的研发合作。同时，企业也要推进产学研结合，着力搭建产学研协作平台，打通与高等院校、科研院所等研究力量的合作渠道。最后，民企与国企还要加强在创新领域的联动，实现优势互补。

### （二）注重人才引进

人才和团队是企业发展的有力支撑，因此企业需要有长期、稳定、可持续的人才支撑机制。一方面，应加大人才的引进力度，从政府层面来讲，可整合现有各类别人才计划，充分考虑民营企业的实际需求，将民营企业所需要的人才建设纳入各级政府人才发展规划中，并对民营企业所需人才落地地方提供必要的支持，加强对民营企业创新人才的引进；另一方面，企业要积极与高校、科研院所建立合作机制，根据企业所需人才要求，与相关院校合作开设相关专业，构建人才培养机制，为企业输送对口的人才。同时，企业也可以引进、聘用国外专业技术人才，保障企业高素质人才所需。

### （三）强化金融支持

当前倡导民营企业走“专精特新”之路，就应强化对民营企业的资金支持，有效缓解其融资约束问题，助力其持续发展。当前民营企业融资难题依然存在，因此要完善支持企业发展的融资体系，拓展民营企业的融资渠道。如恒安集团引入阿米巴变革，充分激发销售终端积极性。同时，创新金融衍生产品，实现企业全生命周期产品覆盖体系。此外，应进一步降低民营企业尤其是中小企业的融资风险和成本，进一步完善融资服务。

### （四）拓展国际市场

当前国际经济与政治环境复杂多变，民营企业海外业务也面临较多风险。在这种背景下，民营企业更要提升应对国际市场风险的能力。一是要科学认识全球市场不断融合发展的趋势与规律。福建广大民营企业长期以来深耕国际市场，在许多国家都有深厚的发展基础，不能为了规避一时的风险而远离国际市场，那样无异于因噎废食。民营企业可以通过“借船出海”“搭船出海”，积极参与海外工程项目建设。二是要加大专业化综合服务体系建设，龙头企业要充分发挥行业引领示范作用，形成民营企业境外投资的“雁阵模式”，同时也可与金融机构、行业协会、服务中介合作，以“抱团模式”设立境外经贸园区，形成福建特色突出、产业链完整、配套服务完善的境外经贸园区发展模式。三是要增强“走出去”的信心，闽商企业之间可以加强合作，搭建企业间海外业务合作与互助平台，促成团结协作局面，还可以发挥国际商会及行业协会的功能与作用，整合海外资源，同时加强企业培训工作，聚焦国际市场经贸规则、法律风险防范、企业合规经营管理、跨国投资与市场拓展以及经贸摩擦应对等主题开展培训。

# B.3

# 2023年福建省外闽商发展报告：以A股、H股上市的省外闽商企业为例

邹挺超 *

**摘　要：** 福建省外闽商创立的上市公司，是出省创业闽商中的优秀代表。本报告探讨了A股上市的7家、H股上市的34家省外闽商上市公司的基本概况，并重点对闽系地产、信义玻璃等省外闽商上市公司进行了分析。从地域而言，省外闽商上市公司经营活动较为集中的区域是长三角、粤港澳大湾区，也有一些企业关注西北地区；就产业而言，省外闽商A股上市公司较多分布在制造业，同时有多家在规模和成长性方面位居行业前十，H股上市的省外闽商企业虽然多属于地产业，但也有一些闽商在新能源等新兴领域开拓。

**关键词：** 闽商　民营企业　福建省外闽商　上市公司

上市公司素来被视为国民经济的重要支柱、中国经济增长的"动力源"，也被视为优秀企业的代表、推动中国经济增长的重要力量。[①] 福建省外闽商创立的上市公司，更是出省创业闽商中的优秀代表。

本报告涉及的在A股、H股上市的福建省外闽商企业，指的是福建籍人士在省外创立的，在上海证券交易所（以下简称"上交所"）、深圳证券

* 邹挺超，闽商杂志社执行总编辑。

① 《重磅解读：上市公司是推动中国经济增长的重要力量——A股上市公司（2021年）年报解读》，新华网，https://www.xinhuanet.com/2022-05/24/c_1211649888.htm，2022年5月24日。

交易所（以下简称“深交所”）、北京证券交易所（以下简称“北交所”）以及香港交易所（以下简称“港交所”）上市的公司。此外，在上述交易所上市的、由福建籍人士实控的、目前注册地址在省外且主要经营活动也在省外的企业，也归入探讨范围。

## 一　总体概况

实控人的出生省份或籍贯等信息，并非上市公司必须披露的内容，因此，在确认哪些企业属于闽商在省外的上市公司方面存在一定的困难。

就 A 股来说，根据注册地址将企业归入不同省份的地域板块是常见的分析维度。结合这一点，并参照实控人籍贯信息或祖籍信息的新闻报道，目前可以确认的 A 股上市的省外闽商企业共有 7 家，如表 1 所示。

**表 1　A 股上市的省外闽商企业**

| 公司名称 | 简称 | 注册地址 | 办公地址 | 上市时间 | 实控人 | 实控人籍贯或祖籍 | 行业（申万） | 行业（证监会） |
|---|---|---|---|---|---|---|---|---|
| 首航高科能源技术股份有限公司 | 首航高科 | 甘肃酒泉 | 北京丰台 | 2012/3/27 | 黄卿乐<br>黄文佳<br>黄文博 | 泉州 | 电力设备——其他电源设备Ⅱ——其他电源设备Ⅲ | 制造业——电气机械和器材制造业 |
| 海能达通信股份有限公司 | 海能达 | 广东深圳 | 广东深圳 | 2011/5/27 | 陈清州 | 泉州 | 通信——通信设备——通信网络设备及器件 | 制造业——计算机、通信和其他电子设备制造业 |
| 江苏华绿生物科技股份有限公司 | 华绿生物 | 江苏泗阳 | 江苏泗阳 | 2021/4/12 | 余养朝 | 福州 | 农林牧渔业——种植业——食用菌 | 农、林、牧、渔业——农业 |
| 周大生珠宝股份有限公司 | 周大生 | 广东深圳 | 广东深圳 | 2017/4/27 | 周宗文<br>周华珍 | 福州 | 纺织服饰——饰品——钟表珠宝 | 制造业——其他制造业 |

续表

| 公司名称 | 简称 | 注册地址 | 办公地址 | 上市时间 | 实控人 | 实控人籍贯或祖籍 | 行业（申万） | 行业（证监会） |
|---|---|---|---|---|---|---|---|---|
| 美年大健康产业控股股份有限公司 | 美年健康 | 江苏南通 | 上海静安 | 2005/5/18 | 俞熔 | 福州 | 医药生物——医疗服务——医院 | 卫生和社会工作——卫生 |
| 上海世茂股份有限公司 | ST 世茂 | 上海黄浦 | 上海浦东 | 1994/2/4 | 许荣茂 | 泉州 | 房地产——房地产开发——住宅开发 | 房地产业——房地产业 |
| 上海大名城企业股份有限公司 | 大名城 | 上海闵行 | 上海长宁 | 1997/7/3 | 俞培俤 | 福州 | 房地产——房地产开发——住宅开发 | 房地产业——房地产业 |

需要注意的是，有三家闽商创立的企业虽然注册地址在省外，却未列入表 1，分别是林秀成创立的三安光电股份有限公司（简称“三安光电”，注册地址湖北武汉）、蓝伟光创立的三达膜环境技术股份有限公司（简称“三达膜”，注册地址陕西延安）、郭鹤年家族创立的益海嘉里金龙鱼粮油食品股份有限公司（简称“金龙鱼”，注册地址上海自贸区）。这是因为三安光电在省内创立，此后借湖北天颐科技的壳得以上市，但其办公地址和总部仍在厦门，且与砷化镓等 5G 通信芯片相关的核心技术优势和业务仍主要在全资子公司厦门市三安集成电路有限公司，因此一般归入省内闽商；三达膜、金龙鱼则是境外闽商实控的企业，因此应归入境外闽商。①

相较 A 股，H 股上市的省外闽商企业更难确认。除了上述的信息披露难题外，H 股上市的公司注册地址往往是开曼群岛或百慕大，办公地址也多标注香港的地址，从这些信息推测实控人的籍贯信息更加困难。比照以往新闻报道，能够确认目前仍是闽商实控的 H 股上市省外企业如表 2 所示。

① 三安光电创始人林秀成从钢铁行业起家，2004 年将总部从安溪搬到厦门，正式进军电子行业。三达膜创始人蓝伟光祖籍福建龙岩，后加入新加坡国籍，回到厦门后创办三达膜科技公司。金龙鱼创始人为福州籍著名爱国华侨郭鹤年和他的侄子郭孔丰。

**表 2　H 股上市的省外闽商企业**

| 公司名称 | 公司简称 | 董事长 | 上市时间 | 恒生行业 |
|---|---|---|---|---|
| 都市丽人(中国)控股有限公司 | 都市丽人 | 郑耀南 | 2014/6/26 | 非必需性消费——纺织及服饰——服装 |
| 卡宾服饰有限公司 | 卡宾 | 杨紫明 | 2013/10/28 | 非必需性消费——纺织及服饰——服装 |
| 美团 | 美团-W | 王　兴 | 2018/9/20 | 资讯科技业——软件服务——电子商贸及互联网服务 |
| 世茂集团控股有限公司 | 世茂集团 | 许荣茂 | 2006/7/5 | 地产建筑业——地产——地产发展商 |
| 旭辉控股(集团)有限公司 | 旭辉控股集团 | 林　中 | 2012/11/23 | 地产建筑业——地产——地产发展商 |
| 融信中国控股有限公司 | 融信中国 | 欧宗洪 | 2016/1/13 | 地产建筑业——地产——地产发展商 |
| 禹洲集团控股有限公司 | 禹洲集团 | 林龙安 | 2009/11/2 | 地产建筑业——地产——地产发展商 |
| 正荣地产集团有限公司 | 正荣地产 | 刘伟亮 | 2018/1/16 | 地产建筑业——地产——地产发展商 |
| 中骏集团控股有限公司 | 中骏集团控股 | 黄朝阳 | 2010/2/5 | 地产建筑业——地产——地产发展商 |
| 宝龙地产控股有限公司 | 宝龙地产 | 许健康 | 2009/10/14 | 地产建筑业——地产——地产发展商 |
| 金辉控股(集团)有限公司 | 金辉控股 | 林定强 | 2020/10/29 | 地产建筑业——地产——地产发展商 |
| 福晟国际控股集团有限公司 | 福晟国际 | 潘浩然 | 2000/11/13 | 地产建筑业——地产——地产发展商 |
| 三盛控股(集团)有限公司 | 三盛控股 | 林荣滨 | 2000/6/27 | 地产建筑业——地产——地产发展商 |
| 力高地产集团有限公司 | 力高集团 | 黄若虹 | 2014/1/30 | 地产建筑业——地产——地产发展商 |
| 明发集团(国际)有限公司 | 明发集团 | 林家礼 | 2009/11/13 | 地产建筑业——地产——地产发展商 |
| 中国三迪控股有限公司 | 中国三迪 | 郭加迪 | 1998/12/1 | 地产建筑业——地产——地产发展商 |
| 港龙中国地产集团有限公司 | 港龙中国地产 | 吕　明 | 2020/7/15 | 地产建筑业——地产——地产发展商 |
| 弘阳地产集团有限公司 | 弘阳地产 | 曾焕沙 | 2018/7/12 | 地产建筑业——地产——地产发展商 |

续表

| 公司名称 | 公司简称 | 董事长 | 上市时间 | 恒生行业 |
|---|---|---|---|---|
| 信义玻璃控股有限公司 | 信义玻璃 | 李贤义 | 2005/2/3 | 工业——工业工程——工业零件及器材 |
| 信义光能控股有限公司 | 信义光能 | 李贤义 | 2013/12/12 | 工业——工业工程——新能源物料 |
| 信义能源控股有限公司 | 信义能源 | 李圣泼 | 2019/5/28 | 公用事业——公用事业——非传统/可再生能源 |
| 信义储电控股有限公司 | 信义储电 | 董清世 | 2016/7/11 | 工业——工业工程——新能源物料 |
| 中国龙工控股有限公司 | 中国龙工 | 李新炎 | 2005/11/17 | 工业——工业工程——重机械 |
| 敏华控股有限公司 | 敏华控股 | 黄敏利 | 2010/4/9 | 非必需性消费——家庭电器及用品——家具 |
| 冠城钟表珠宝集团有限公司 | 冠城钟表珠宝 | 韩国龙 | 1991/12/10 | 非必需性消费——纺织及服饰——珠宝钟表 |
| 中怡国际集团有限公司 | 中怡国际 | 杨毅融 | 2004/3/9 | 原材料业——原材料——特殊化工用品 |
| 世茂服务控股有限公司 | 世茂服务 | 许世坛 | 2020/10/30 | 地产建筑业——地产——物业服务及管理 |
| 融信服务集团股份有限公司 | 融信服务 | 欧宗洪 | 2021/7/16 | 地产建筑业——地产——物业服务及管理 |
| 正荣服务集团有限公司 | 正荣服务 | 刘伟亮 | 2020/7/10 | 地产建筑业——地产——物业服务及管理 |
| 中骏商管智慧服务控股有限公司 | 中骏商管 | 黄　伦 | 2021/7/2 | 地产建筑业——地产——物业服务及管理 |
| 宝龙商业管理控股有限公司 | 宝龙商业 | 许华芳 | 2019/12/30 | 地产建筑业——地产——物业服务及管理 |
| 力高健康生活有限公司 | 力高健康生活 | 黄若青 | 2022/3/31 | 地产建筑业——地产——物业服务及管理 |
| 弘阳服务集团有限公司 | 弘阳服务 | 曾俊凯 | 2020/7/7 | 地产建筑业——地产——物业服务及管理 |
| 中国金属资源利用有限公司 | 中国金属利用 | 俞建秋 | 2014/2/21 | 原材料业——一般金属及矿石——铜 |

注：港股采用的是恒生行业分类，与国内通行的行业分类不同，但其分类逻辑和申万行业分类相似，也主要根据各家企业的营收主要来源等确定其分类。

需要说明的是，旭辉控股集团、融信中国、禹洲集团、正荣地产、中骏集团控股等多家地产企业虽然创业起家都在福建，但目前总部大多在上海或深圳，其主要经营活动也遍布全国各地，因此仍列入表2。

由于A股及H股在行业分类、经营数据等口径方面存在诸多不同，因此，我们将分为两大类进行讨论。

## 二　A股上市的省外闽商企业发展状况及产业地位

从注册地址来看，A股上市的7家省外闽商企业，以长三角（江苏2家、上海2家）和粤港澳大湾区（广东深圳2家）企业为多。但若从办公地址来看，选择上海的企业偏多（3家）。

按照证监会行业分类（详见表1），属于制造业的企业更多（3家），房地产业有2家。

由于证监会行业分类主要从监管角度出发，有时不免笼统，难以反映企业的实际主营业务等。从产业分析角度说，由上海申银万国证券研究所有限公司提出的行业分类方法（简称“申万行业分类”），主要参照上市公司收入与利润的行业来源结构，较贴近产业实际，因此下文进行产业地位分析时，将以申万行业分类为基准。

首航高科实控人中的两位，即黄卿乐、黄文佳曾见于南安市慈善总会2015年的一篇题为《本会6人登上2015胡润百富榜》的报道。[①] 该篇报道显示，黄文佳是南安美林人，1997年12月创办首航波纹管企业，当时是北京南安企业商会会长。黄卿乐也是南安美林人，当时是内蒙古南安商会常务副会长。[②] 公开资料显示，首航高科创建于2001年，总部位于甘肃省

---

① 《本会6人登上2015胡润百富榜》，南安市慈善总会，http：//www. nacszh. org. cn/Show-289-16. html，2015年11月9日。

② 《本会6人登上2015胡润百富榜》，南安市慈善总会，http：//www. nacszh. org. cn/Show-289-16. html，2015年11月9日。

兰州市，主要聚焦清洁能源和节能环保，致力于光热发电系统的研究与开发。[①] 在 A 股上市企业中，属于申万二级行业分类“电力设备——其他电源设备Ⅱ”的企业共有 26 家，以 2022 年数据排序，首航高科以 76.43 亿元总资产列第 9 位，以 6.52 亿元营收列第 19 位。若按照三级行业分类计，属于“电力设备——其他电源设备Ⅱ——其他电源设备Ⅲ”的共有 20 家，首航高科列总资产第 5 位、营收第 13 位。[②]

海能达的创始人陈清州，曾经见于《深圳晚报》2021 年刊发的“深圳口述史”第 4 季。该报道显示，陈清州是泉州南安人，1992 年开始在深圳华强北从事对讲机销售工作。1993 年创立好易通科技有限公司，也就是海能达的前身。[③] 该报道还提及，全球对讲机市场基本被海能达、摩托罗拉、Sepura 三分天下，而 Sepura 是海能达旗下的欧洲子公司。[④] 公开资料显示，海能达是中国首个专用通信数字集群标准的核心起草单位，是全球极少数全面掌握 TETRA、DMR、PDT、LTE、5G 等领先技术并实现成熟应用的高科技企业。[⑤] 归属“通信——通信设备”这一二级行业分类的 A 股上市公司共有 86 家，以 2022 年数据排序，海能达以 115.1 亿元总资产居第 9 位，以 56.53 亿元营收列第 14 位。按照三级行业分类，属于“通信——通信设备——通信网络设备及器件”的共有 35 家，海能达列总资产第 6 位、营收第 9 位。[⑥]

华绿生物则是闽商食用菌产业在省外的代表。实控人余养朝是福州罗源

---

① 《公司概况》，东方财富网，https：//emweb.securities.eastmoney.com/PC_ HSF10/CompanySurvey/Index？type=web&code=sz002665，2023 年 7 月 10 日。

② 《行业分析——行业地位》，同花顺财经，http：//stockpage.10jqka.com.cn/002665/field/，2023 年 7 月 10 日。

③ 《陈清州：扎根实体经济引领深圳对讲机产业走向世界》，政协深圳市委员会，https：//www.szzx.gov.cn/content/2021-08/24/content_ 24509403.htm，2021 年 8 月 24 日。

④ 《陈清州：扎根实体经济引领深圳对讲机产业走向世界》，政协深圳市委员会，https：//www.szzx.gov.cn/content/2021-08/24/content_ 24509403.htm，2021 年 8 月 24 日。

⑤ 《公司概况》，东方财富网，https：//emweb.securities.eastmoney.com/PC_ HSF10/CompanySurvey/Index？type=web&code=sz002583，2023 年 7 月 10 日。

⑥ 《行业分析——行业地位》，同花顺财经，http：//stockpage.10jqka.com.cn/002583/field/，2023 年 7 月 10 日。

人。公开资料显示，华绿生物成立于2010年6月，是致力于食用菌工厂化栽培的高科技企业，2019年12月入选农业产业化国家重点龙头企业名单。[①]属于二级行业分类“农林牧渔业——种植业”A股上市公司的企业共19家，以2022年数据排序，华绿生物以19.8亿元列总资产第13位，以7.516亿元营收列第14位。属于“农林牧渔业——种植业——食用菌”的企业有5家，华绿生物列总资产和营收第3位。[②]

周大生实控人周宗文的报道较多，其老家是福州福清，学的是地质，1987年下海后，曾在一家珠宝工厂担任宝石厂厂长。1992年，周宗文创建了周大生钻石首饰有限公司。[③]公开资料显示，周大生珠宝股份有限公司成立于1999年，目前，周大生品牌价值列中国珠宝品牌第一位、大中华区第二位。[④]“纺织服饰——饰品”类别共有16家A股上市公司，以2022年数据排序，周大生以76.07亿元列总资产第4位，以111.2亿元营收列第3位。在“纺织服饰——饰品——钟表珠宝”类别的14家企业中，周大生仍然列总资产第4位，营收第3位。[⑤]

美年健康创始人俞熔以房地产起家，后来入局医疗服务领域。[⑥]资料显示，美年健康拥有“美年大健康”“慈铭”“慈铭奥亚”“美兆”四大健康体检品牌。截至2021年底，美年健康在全国近300座城市布局600多家体检中心。[⑦]在属于“医药生物——医疗服务”分类下的51家A股上市公司

① 《公司概况》，东方财富网，https：//emweb.securities.eastmoney.com/PC_HSF10/CompanySurvey/Index？type=web&code=sz300970，2023年7月10日。

② 《行业分析——行业地位》，同花顺财经，http：//stockpage.10jqka.com.cn/300970/field/，2023年7月10日。

③ 《周宗文：下海30年如今让周大生市值达137亿》，创业家，https：//baijiahao.baidu.com/s？id=1614647581149143091&wfr=spider&for=pc，2018年10月18日。

④ 《公司概况》，东方财富网，https：//emweb.securities.eastmoney.com/PC_HSF10/CompanySurvey/Index？type=web&code=sz002867，2023年7月10日。

⑤ 《行业分析——行业地位》，同花顺财经，http：//stockpage.10jqka.com.cn/002867/field/，2023年7月10日。

⑥ 《“体检大佬”俞熔：做健康预防事业的“领跑者”》，网易，https：//www.163.com/dy/article/GHBRE6D10519CQ3E.html，2021年8月14日。

⑦ 《公司概况》，东方财富网，https：//emweb.securities.eastmoney.com/PC_HSF10/CompanySurvey/Index？type=web&code=SZ002044#，2023年7月10日。

中，以 2022 年数据排序，美年健康以 182.8 亿元总资产列第 6 位，以 85.33 亿元营收列第 7 位。在“医药生物——医疗服务——医院”分类的 17 家公司中，美年健康列总资产、营收第 2 位。

在 A 股上市的 ST 世茂，与 H 股上市的世茂集团均为许荣茂家族实控企业。1999 年，许荣茂进军上海市场，以世茂滨江花园首创“滨江模式”，开创“世茂”品牌。[①] ST 世茂更偏重商业地产，而世茂集团更偏重地产开发。

另一家地产企业大名城，其创始人俞培俤以家电业起家，后来在中国香港从事投资，因招商引资回归福州后，进军房地产业。[②]

以 2022 年数据排序，ST 世茂在 A 股 106 家“房地产——房地产开发”企业中以 1304 亿元总资产列第 21 位，以 57.47 亿元营收列第 49 位；大名城则以 346.3 亿元总资产列第 47 位，以 73.61 亿元营收列第 41 位。在 86 家“房地产——房地产开发——住宅开发”企业中，ST 世茂列总资产第 16 位、营收第 40 位；大名城列总资产第 38 位、营收第 33 位。[③]

已知的 A 股上市的省外闽商企业样本较少，因此难以总结出太多规律，但从上述数据看，在规模（大致由总资产反映）和成长性（部分由营收反映）方面占据 A 股上市企业行业前 10 的省外闽商企业仍有一些，如海能达、周大生、美年健康等，它们属于行业内的头部企业。其中海能达还在国际市场拥有较高地位。此外，就细分领域而言，如华绿生物在食用菌领域、首航高科在电源设备领域拥有一定的产业地位。

## 三　H 股上市的省外闽商企业概况

相较而言，目前能确认的在 H 股上市的省外闽商公司数量较多。其中

① 《世茂大事记》，世茂集团官网，https：//www.shimaogroup.com/html/zjsm/smdjs/，2023 年 7 月 10 日。

② 《俞培俤：经营家电起家，到今日地产“巨无霸”，他打造了“名城”帝国》，网易，https：//www.163.com/dy/article/GHU476LG0519CQ3E_pdya11y.html，2021 年 8 月 21 日。

③ 《行业分析——行业地位》，同花顺财经，http：//stockpage.10jqka.com.cn/600823/field/，2023 年 7 月 10 日。

有两个值得关注的群体。

闽系地产作为中国地产企业中有代表性的一大群体，多数在 H 股上市。从表 2 可以看出，在 H 股上市的属于地产行业的省外闽商公司有 15 家。此外，由于分拆旗下物业服务业务上市是近几年地产领域的潮流，因此，也有不少闽系地产企业分拆其物业服务公司上市。两者合计，与地产相关的企业达 22 家。

另外一个值得关注的群体，则是闽商李贤义家族实控的“信义”系，包括信义玻璃、信义光能、信义能源、信义储电 4 家企业。

除了这两个群体外，在 H 股上市的省外闽商企业中，还有一些知名的、行业内属于头部企业的公司，如美团-W、中国龙工。

美团-W 是中国互联网行业的巨头之一，由福建龙岩人王兴创立。依照其简介，美团是中国领先的生活服务电子商务平台，提供使用科技连接消费者与商家的平台和多样化的日常服务，包括餐饮外卖、到店、酒店及旅游预订以及其他服务及销售业务。[①] 根据其 2022 年年报，美团-W 实现营收 2199.55 亿元，主要来自餐饮外卖配送服务、其他服务及销售业务、佣金、在线营销服务等。2022 年，其核心本地商业经营利润达 295 亿元，同比增长 57%。新业务（美团优选、快驴、网约车、共享单车、充电宝、餐厅管理系统等）在调整后亏损逐渐缩窄。[②]

中国龙工由龙岩上杭人李新炎于 1993 年创立于福建，于 1999 年进军上海，建立龙工（上海）工业园。在英国 KHL 集团发布的 2023 全球工程机械制造商 50 强排行榜中，中国龙工列第 30 位。[③] 根据其 2022 年年报，其市场地位仍然稳固，装载机国内产销量继续保持行业第一位，叉车进一步巩固了

---

① 《公司概况》，同花顺财经，http://stockpage.10jqka.com.cn/HK3690/company/，2023 年 7 月 10 日。

② 《美团-W2022 年年报》，同花顺财经，https://news.10jqka.com.cn/field/sn/20230424/42142777.shtml，2023 年 4 月 24 日。

③ 《Mysteel：2023 全球工程机械 50 强排名出炉，中国 10 家企业上榜》，新浪财经，https://finance.sina.com.cn/money/future/roll/2023-06-02/doc-imyvwrxf1745635.shtml，2023 年 6 月 2 日。

行业前三名的地位，出口业务发展迅猛，同比增长70.14%，连续三年实现大幅增长，创历史最佳业绩。[①]

总体而言，尽管已知的H股上市的省外闽商企业以地产业为最多，但仍有一些制造业企业，除了中国龙工外，在服装领域内有以内衣为主营业务的都市丽人、以男装为主的卡宾，“信义”系4家企业则显示了其从玻璃行业起步向新能源扩展的产业路径。

## 四　福建省外闽商案例分析

### （一）闽系地产公司发展情况分析

闽系地产是闽商在省外发展的群体中具有鲜明特色的群体。

有说法将闽系地产分为“南派”和“北派”，南派诞生于厦门或以厦门为主战场崛起，北派则以福州为大本营。在A股、H股上市的省外闽商企业中，被列入南派的有ST世茂、世茂集团、旭辉控股集团、中骏集团控股、禹洲集团、宝龙地产，大多是祖籍泉州的闽商创立的企业；而被列入北派的则有正荣地产、融信中国、福晟国际、金辉控股、三盛控股，除了正荣地产、融信中国这两家实控人来自莆田欧氏兄弟的企业外，其余企业大多是福州籍商人创立的。

就其风格来说，南派一般被认为是稳健派，北派则被认为是激进派。人们对闽系地产的主要印象——“高杠杆、高周转”主要指北派。

世茂集团创始人许荣茂出生于石狮，1975年闯荡香港，从证券经纪业务中掘得第一桶金，1989年在兰州投下第一个地产项目——东方红商业城。当时中国地产刚萌芽不久，国企与外商还是房地产企业的主角。

1990年，做过服装业、开过制伞厂的许健康在澳门进入地产业；1994

① 《中国龙工2022年年报》，同花顺财经，https：//news.10jqka.com.cn/field/sn/20230427/42384961.shtml，2023年4月27日。

年，林龙安在厦门创立了禹洲；1996 年，林定强从香港回福州创立了金辉；早在 1987 年由南安人黄朝阳成立的中骏集团，也在 1996 年进入地产业，成立了中骏置业；莆田欧氏兄弟中的欧宗荣，1996 年也在江西打下“赣西第一街”的基础，两年之后，正荣成立。①

与这些早期进入地产业的前辈相比，林中创办上海永升置业有限公司（后来的旭辉控股集团）则在 2000 年，此前他在物业服务领域摸爬滚打了 8 年的时间；同样在 2000 年，从塑料、化工等行业起家的三盛进入房地产业；2003 年，国家将房地产业确定为国民经济的支柱性产业，而欧宗荣的弟弟欧宗洪也进入地产界，成立了融信。

总结来说，闽系地产的创始人大多从其他行业起步，而从地产相关的行业起家的只是其中的少数。其中许多地产企业从福建起步，但最终多以上海作为跳板（少数企业如金辉控股以北京为跳板）走向全国。

闽系地产大多专注于房地产开发与销售业务，以住宅项目为主，许多企业扩张集中在 2008 ~ 2018 年，② 其中“北派”形成了“高杠杆、高周转”的扩张模式。多数闽系房企在 2014 ~ 2018 年的全口径销售金额复合增长率超过 40%，其中旭辉控股集团、融信中国、正荣地产复合增长率超过 60%。

2020 年以后，随着国内楼市调控及监管政策持续出台，房企销售额整体失速。“降杠杆、降负债”成为主旋律，闽系地产原先的模式不再可持续。③

除了这些全国性的地产巨头外，还有两家闽商在江苏创立的房企，即弘阳地产和港龙中国地产。

弘阳地产由福建南安人曾焕沙创立。1996 年，他带着自己在海南买卖瓷砖赚到的第一桶金，在南京建了一座红太阳装饰城。从家居装饰业跨界地

① 因难以确定这些公司成立时的名称，此处用了当前名称；后同。

② 《2022 年房地产行业闽系房企专题分析　闽系房企大多专注于房地产开发与销售业务》，未来智库，https：//www. vzkoo. com/read/20220614f3abe738e3f01496e549ecc7. html，2022 年 6 月 14 日。

③ 《2022 年房地产行业闽系房企专题分析　闽系房企大多专注于房地产开发与销售业务》，未来智库，https：//www. vzkoo. com/read/20220614f3abe738e3f01496e549ecc7. html，2022 年 6 月 14 日。

产业，弘阳地产成为区域性地产企业。2018 年，弘阳地产为了做大规模，从江苏走向全国。①

而港龙中国地产则起于江苏常州，创始人吕永怀老家福建，以纺织业起家，2007 年到常州经营地产业。在筹备上市前后，港龙中国地产也向其他城市布局，不过仍以江苏为主。②

从 2022 年数据来看，一些闽系地产资产额仍然在千亿元以上，其中，旭辉控股集团资产总计 4355. 97 亿元，在 H 股上市的 136 家房企中居第 15 位。此外，宝龙地产资产总计 2636. 95 亿元、正荣地产 2193. 77 亿元、中骏集团控股 2188. 11 亿元、融信中国 2134. 73 亿元、金辉控股 1823. 87 亿元、禹洲集团 1618. 30 亿元、弘阳地产 1147. 65 亿元，均在前 50 位。③

就营收来说，进入前 50 的有旭辉控股集团（535. 17 亿元，第 18 位）、金辉控股（398. 42 亿元，第 23 位）、宝龙地产（353. 98 亿元，第 25 位）、融信中国（339. 10 亿元，第 26 位）、禹洲集团（301. 62 亿元，第 29 位）、中骏集团控股（301. 26 亿元，第 30 位）、正荣地产（292. 12 亿元，第 32 位）、弘阳地产（225. 77 亿元，第 39 位）。④

从业务布局来看（详见表 3），长三角无疑是出现频率最高的地方，其次是海峡西岸以及粤港澳大湾区，这些都是闽系地产最关注的区域。实际上，综合 A 股、H 股上市的企业来说，长三角和粤港澳大湾区也是福建省外闽商上市公司较为集中的投资区域。这表明这些区域的经济发展，不仅吸引了房地产企业，也吸引了其他产业的创业者。此外，值得注意的是，一些地产企业也开始关注西北、中西部地区。

---

① 《弘阳千亿梦远，父子兵上阵自救》，21 世纪商业评论，https：//baijiahao. baidu. com/s? id = 1741300890641539890&wfr = spider&for = pc，2022 年 8 月 16 日。

② 《融资成本超高的小房企港龙急需上市解渴》，界面新闻，https：//baijiahao. baidu. com/s? id = 1650803841739543080&wfr = spider&for = pc，2019 年 11 月 21 日。

③ 《行业对比——行业地位》，同花顺金融服务网，https：//basic. 10jqka. com. cn/new/HK0813/field. html，2023 年 7 月 10 日。

④ 《行业对比——行业地位》，同花顺金融服务网，https：//basic. 10jqka. com. cn/new/HK0813/field. html，2023 年 7 月 10 日。

**表 3　闽系地产企业布局重点区域**[①]

| 公司简称 | 业务分布重点区域 |
|---|---|
| 世茂集团 | 粤港澳大湾区及长三角 |
| 旭辉控股集团 | 长三角、环渤海、中西部及华南地区 |
| 融信中国 | 长三角、海峡西岸 |
| 禹洲集团 | 长三角、海峡西岸、华中、环渤海、粤港澳大湾区、西南 |
| 正荣地产 | 长三角、海峡西岸、环渤海、华中、华西、珠三角 |
| 中骏集团控股 | 长三角、海峡西岸、中西部、粤港澳大湾区 |
| 宝龙地产 | 长三角、海南、粤港澳大湾区 |
| 金辉控股 | 长三角、西北、西南、东南、华中、华东、环渤海、深惠[②] |
| 福晟国际 | 华中、福建、长三角、广东、香港 |
| 三盛控股 | 海峡西岸、长三角、环渤海、粤港澳大湾区 |
| 力高集团 | 长三角、粤港澳大湾区、长江中游城市群、环渤海 |
| 明发集团 | 长三角 |
| 中国三迪 | 长三角、海峡西岸、西北 |
| 港龙中国地产 | 江苏、广东、安徽、浙江、贵州、河南、四川、上海 |
| 弘阳地产 | 江苏、安徽、四川、广东、浙江、湖南、河南、重庆 |

①表格整理自各家企业年报，如年报未发布则取自新闻报道等其他数据来源。年报有提供区域名称的直接使用，一些企业提供的项目列表较为零散，只能据此确定省份。

②依照该公司年报，深惠主要指佛山和惠州的项目。

## （二）“信义”系公司发展情况分析

“信义”系的“核心”是信义玻璃。信义玻璃也是常常被拿来跟另一家闽商创立的玻璃行业企业福耀玻璃工业集团股份有限公司（以下简称“福耀玻璃”）做比较。

与福耀玻璃专注汽车玻璃相比，信义玻璃的布局更加多元化。按照恒生行业分类，信义玻璃属于“工业——工业工程——工业零件及器材”，其 2022 年年报则如是表述其主业：从事多种玻璃产品的制造及销售，其中包括汽车玻璃、节能建筑玻璃、优质浮法玻璃以及不同商业及工业用途的玻璃产品。[①]

① 《信义玻璃 2022 年年报》，同花顺财经，https：//news. 10jqka. com. cn/field/sn/20230428/42532301. shtml，2023 年 4 月 28 日。

在国内，信义玻璃的工厂主要位于广东省的深圳、东莞、江门，安徽省的芜湖，天津市，辽宁省的营口，四川省的德阳，江苏省的张家港，广西壮族自治区的北海以及海南省的澄迈县。在国外，信义玻璃在马来西亚马六甲也有工厂。除了生产玻璃外，还生产制造汽车用的橡胶和塑胶元件。①

根据年报，信义玻璃在2022年实现营业收入257.46亿港元（约合人民币230亿元），同比下降15.47%，归属母公司净利润51.27亿港元（约合人民币46亿元），同比下降55.63%。其收入主要来自浮法玻璃产品，占64.4%，其次是汽车玻璃产品，占23.6%，最后则是建筑玻璃产品，占12%。从地区上看，大中华区占68.2%，北美洲占9.8%，其他区域占22%。②

由于浮法玻璃受到下游房地产不景气的影响，2022年信义玻璃的主营收入及利润下降。③ 但是在汽车玻璃方面有了新增长。与福耀玻璃主要面向整车市场不同，信义玻璃主要面向汽车玻璃更换市场，占全球汽车玻璃更换市场的25%以上。2022年汽车玻璃业务毛利增长18.9%至30.6亿港元（约合人民币28亿元），毛利率为50.3%。④

以信义玻璃为基础，信义光能、信义储电、信义能源等企业相继成立，组成了“信义”系。其中，信义玻璃上市时间最早——2005年，其次是信义光能——2013年，信义储电于2016年上市，信义能源于2019年上市。信义玻璃、信义光能董事长为李贤义，而信义能源董事长李圣泼为李贤义之子，信义储电董事长董清世则是李圣泼的舅舅。

除了信义玻璃外，其余三家的业务各有侧重，但布局重点是新能源，尤其是太阳能。

---

① 《信义玻璃2022年年报》，同花顺财经，https://news.10jqka.com.cn/field/sn/20230428/42532301.shtml，2023年4月28日。

② 《信义玻璃2022年年报》，同花顺财经，https://news.10jqka.com.cn/field/sn/20230428/42532301.shtml，2023年4月28日。

③ 《信义玻璃2022年年报》，同花顺财经，https://news.10jqka.com.cn/field/sn/20230428/42532301.shtml，2023年4月28日。

④ 《信义玻璃2022年年报》，同花顺财经，https://news.10jqka.com.cn/field/sn/20230428/42532301.shtml，2023年4月28日。

公开资料显示，信义光能是全球最大的光伏玻璃制造商。目前，信义光能共拥有六大光伏玻璃生产基地，分别位于安徽芜湖、广西北海、天津和马来西亚马六甲等地。[①] 信义能源为中国领先的太阳能电站运营商，截至 2021 年 6 月 30 日，公司旗下运营 20 个大型集中式太阳能发电站，总装机容量达 1834 兆瓦，每年可提供超过 18 亿度的清洁能源，其运营的太阳能电站遍布华中、华东、华南等经济发达地区，位于安徽、湖北、河南、福建、天津、广东等地。[②] 而信义储电则主要提供综合性的新能源系统解决方案，在江苏张家港设有锂电池及储能产品生产和销售生产设施，此外还聚焦用于调峰调频及稳定供电的储能系统，以及微型储能产品和便携式电动车充电桩等。[③]

可以说，通过 4 家相互关联的上市公司，“信义”系在新能源领域已经形成较为完整的产业链布局。信义玻璃可以作为信义光能的上游，而信义光能可以为信义能源的太阳能电站提供产品，而信义储电可以为太阳能发电提供一系列保障，并且延伸产品线。

截至 2022 年底，中国太阳能发电装机容量为 3.93 亿千瓦。[④] 2023 年 2 月底，中国太阳能发电装机约 4.1 亿千瓦，已经站上 4 亿千瓦的新台阶，与水电装机容量十分接近。[⑤] 中国是全球最大的光伏市场，占据了全球光伏市场的一半以上。[⑥]“信义”系在这方面的发展潜力巨大。

---

① 《信义光能 2022 年年报》，同花顺财经，https：//news.10jqka.com.cn/field/sn/20230428/42527713.shtml，2023 年 4 月 28 日。

② 《信义能源 2022 年年报》，同花顺财经，https：//news.10jqka.com.cn/field/sn/20230428/42520065.shtml，2023 年 4 月 28 日。

③ 《信义储电 2022 年年报》，同花顺财经，https：//news.10jqka.com.cn/field/sn/20230331/41562181.shtml，2023 年 3 月 31 日。

④ 《2022 年我国可再生能源发展情况》，国家发展和改革委员会，https：//www.ndrc.gov.cn/fggz/hjyzy/jnhnx/202302/t20230215_1348799_ext.html，2023 年 2 月 15 日。

⑤ 《全国太阳能发电累计装机容量超 4 亿千瓦》，光明网，https：//baijiahao.baidu.com/s?id=1761029739399554894&wfr=spider&for=pc，2023 年 3 月 22 日。

⑥ 《中国是全球最大的光伏市场，占据了全球光伏市场的一半以上》，贝哲斯咨询，https：//baijiahao.baidu.com/s?id=1766016403968513626&wfr=spider&for=pc，2023 年 5 月 16 日。

B.4

# 2023年境外闽商发展报告：以非洲为中心*

杨宏云**

**摘　要：** 非洲国家是我国“一带一路”倡议的重要伙伴，且与福建历史渊源深厚，经贸往来密切。近年来，面对复杂严峻的国内外形势和新冠疫情冲击，福建与非洲经贸合作稳步推进，呈良好发展态势。自2020年以来，福建与非洲贸易总额保持着平均21%左右的年增长率，并在2022年达到881亿元人民币，规模居全国第7位。非洲已经成为福建经贸发展的重要增长极。这显然离不开扎根非洲或与非洲开展积极经贸往来的闽商。他们在非洲以超市和传统贸易立业，积极拓展渔业、农业等行业，成就斐然。然而，闽商在非洲面临的问题也十分明显，如在安全、发展和数字化转型方面仍存在不足。因此，本报告提出了可作为未来发力点的领域和相应对策，希望借此彰显闽商在非洲的价值，促进福建与非洲经贸互动的进一步发展。

**关键词：** 闽商　境外闽商　非洲　民营企业　经贸合作

非洲国家是“一带一路”倡议的重要合作伙伴，且与福建历史渊源深厚，经贸往来密切。近年来，面对复杂严峻的国内外形势和新冠疫情冲击，福建

* 注：因新冠疫情影响，各种近期数据样本量不足。本报告以2022年为截止时间，追溯之前3年数据，作为分析依据。

** 杨宏云，福州大学副教授，硕士生导师，主要研究领域为闽商文化与企业管理研究、服务营销。

与非洲经贸合作稳步推进，呈良好发展态势。2020 年，福建对非贸易总额 602 亿元，其中出口额 399.8 亿元、进口额 202.2 亿元。① 2021 年，福建对非贸易总额 767.2 亿元，同比增长 27.4%，其中出口规模创历史新高；经备案的闽商对非投资额累计 35.4 亿美元。② 2022 年，福建对非贸易总额持续增长，达到 881 亿元人民币，规模居全国第 7 位，同比增长 15%。福建企业经备案（核准）在非洲设立 180 个项目，福建企业协议投资额 35.5 亿美元。闽商在非洲承包工程项目遍及 20 多个国家，2022 年实现营业收入 2.7 亿美元。③ 非洲已经成为福建经贸发展的重要增长极。其中，民营企业是福建对非贸易主力军。南非、尼日利亚、加纳等国家则是福建对非主要贸易伙伴。④ 这些成就显然离不开扎根非洲或与非洲积极开展经贸往来的闽商。闽商立足国内与非洲两地发展，对推动福建与非洲经贸互动贡献卓著。虽受新冠疫情以及全球经济衰退的影响和冲击，但他们仍勠力经营，在非洲大陆寻找商业机会。本报告梳理了闽商在非洲发展的最新动态，以便为闽商在境外发展提供参考。

## 一　闽商在非洲的现状

当前世界经济正经历深刻调整，相对而言，非洲经济具有较大增长潜力；而且非洲自然资源、人力资源等都十分丰富，迫切需要引进资金、技术和经验，将资源优势转化为发展优势。非洲已成为闽商投资发展的重要目的地，众多闽商纷纷扎根非洲或投资非洲，取得了非凡的成绩。总的来说，闽商在非发展有下述特点。

---

① 《海丝辟新篇 携手正当时 闽非经贸合作扬帆致远》，福建投资促进网，https：//fdi.swt.fujian.gov.cn/show-11904.html，2021 年 9 月 30 日。

② 《非洲成福建对外经贸合作新增长极》，今日头条，https：//www.toutiao.com/article/7171438518894330400/? channel=&source=search_ tab，2022 年 11 月 29 日。

③ 《福建省将组团参加第三届中国——非洲经贸博览会》，搜狐网，https：//www.sohu.com/a/692143375_ 121106994，2023 年 6 月 28 日。

④ 《前 5 月福建对非洲进出口增长 12.5%》，福建省人民政府，https：//www.fujian.gov.cn/zwgk/ghjh/gzjzqk/202306/t20230614_ 6186586.htm，2023 年 6 月 14 日。

## （一）在人口分布与行业集聚上，闽商存在大分散、小集聚现象

笔者跟踪发现，在非闽商有明显的“大分散，小集聚”现象。这与闽商的历史文化有关，如福建人移民创业，往往是一人带一家、一家带一村的连带移民方式。

大分散、小集聚主要体现在人口、行业等方面。从人口分布来说，闽商主要分布在非洲南部和西非，如南非、莱索托、斯威士兰（未与中国建交）、加纳、纳米比亚、毛里塔尼亚、肯尼亚、马拉维等。在马拉维的约2000名华人中有不少闽商；在刚果（金）有6000多福清人，他们不仅在贫民窟开商店，还在雨林里不分昼夜地销售中国商品。[①] 南非的约30万华人中，福建籍华侨华人占比超过1/3，其中，福清人较多，其次为平潭人、莆田人。闽商行业分布也较为集中，最主要的是零售行业。一般模式是在外闽商负责开超市，留守福建的亲朋负责采购与供货。当前，福建人在非洲开超市已经形成了产业链，且对超市上下游行业多有涉足。在非闽商从事的其他行业还有餐饮、渔业、服装鞋帽贸易等。在肯尼亚，福建商会吸纳有企业会员65家、福建同乡1000多人。这些企业会员和个人会员的业务领域涵盖了各行各业。[②]

“小集聚”最集中地体现在超市经营中。祖籍福清籍闽商在超市行业中居主导地位。

此外，依托所在国和中国两地资源发展的闽商也颇多。如在尼日利亚，福建民企投资兴业的已超过200家，总投资额超过300亿元，其中尤以福州的20多家实体企业最为突出，其在尼投资规模已达220亿元，涵盖了钢铁、玻璃、陶瓷、铝业、木业、造纸、纺织、鞋业、食品、饮料、矿业、物流、生态农业等，并涌现出一批较为成功的企业，如星中源集团、永星钢铁集

① 《刚果（金）到底有多少福建人？》，搜狐网，https：//www.sohu.com/a/125207198_117959，2017年1月27日。

② 《肯尼亚福建商会成立　使馆钟星祥主任到场祝贺》，中国日报网，http：//cn.chinadaily.com.cn/2018-05/23/content_36252460.htm，2018年5月23日。

团、万泽禾集团、荣盛玻璃集团、荣泰铝业、荣泰木业、启航纸业、时代陶瓷集团、金星矿业集团、金帝鞋业集团、华尼实业集团、创鑫物流、维银投资集团、中牧生态、菲尼诗工业、意达利陶瓷等标杆企业，成为闽商在尼日利亚成功投资的典范和骄傲。[①] 在纳米比亚投资兴业的闽商有数千人，业务涉及矿产资源、地产、电子机械、传媒、酒店餐饮、鞋服贸易等多个领域，为纳米比亚创造了数万个就业岗位，成为活跃在当地经济舞台上的一支重要力量。[②] 在博茨瓦纳，闽商从事纸巾、拖鞋等生活用品制造，开百货超市，还在全国各地从事服装、家具、电视机、收音机、手机和摩托车等产品的销售。[③] 截至 2020 年 12 月，在科特迪瓦有 4 家经备案（核准）的福建企业与企业分支机构，协议投资额累计 5461 万美元，主要从事建材批发零售、农产品批发，调味品贸易，胶合板、木制品加工等业务。[④] 此外，北非的埃及与福建经贸往来密切。埃及不仅是福建在非洲的第三大贸易伙伴和第三大出口市场，双方在数字产业等新领域以及汽车制造等领域的合作也在快速发展。

### （二）部分闽商已取得较大成就

经过多年的努力经营，并利用市场空白机会，部分较早来到非洲发展的闽商已取得较大成就。如在南非发展的李新铸，现任南非喜彩飞临钻石公司董事长、南非康格拉钻石矿有限公司董事长、南非运盛鞋业工贸有限公司董事长。经商成功后，他积极投身社会公益事业，担任南非中华福建同乡会会长、南非华人警民合作中心主任、非洲时报社社长，成为南非华侨的领头人。

---

① 《“侨联五洲 · 福泽四海”大型华侨歌舞汇尼日利亚专场，9 月 17 日直播》，华人号，https：//www. 52hrtt. com/ar/n/w/info/A1663036823883，2022 年 9 月 14 日。

② 《杰出闽商陈观节：稳扎实业　笃行长远》，搜狐网，https：//www. sohu. com/a/674703186_ 121055610，2023 年 5 月 11 日。

③ 《在博茨瓦纳边境城市弗朗西斯敦奋勇淘金创业的中国商人们》，今日头条，https：//www. toutiao. com/article/7147927147062182400/？channel = &source = search_ tab，2022 年 9 月 27 日。

④ 《科特迪瓦工业园推介会在福州举行　助力企业开拓西非市场》，搜狐网，https：//www. sohu. com/a/477167413_ 99957155，2021 年 7 月 13 日。

2011 年，福建平潭的高建凭着对企业发展大方向的把握和对市场的敏锐感知，在立足国内的基础上，顺利将业务拓展到加纳。在多方考察后，他与合伙人在加纳注册成立了格林豪斯国际置业（加纳）集团公司，并担任总经理。集团总部设在加纳最大的港口城市特马，占地面积约为 16000 平方米。公司业务涵盖建筑路桥、农林牧渔、房产置业、产业园区等。陈克辉家族在莱索托的事业版图涵盖了房地产开发、液化天然气、运输、服装鞋帽进出口、批发、连锁超市、塑胶制品、彩钢镀锌板、造纸、食品等诸多领域：公司服务范围延伸到南非及周边国家，并将业务中心逐渐转移到南非。经过 20 多年的打拼，陈克辉家族积累了数十亿元的资产，在莱索托、南非几乎家喻户晓。[①]

在纳米比亚，陈观节勤劳肯干，务实打拼，从居无定所摆地摊，到开店搞批发，再到转战地产行业并设立纳米比亚海沧房地产公司。目前，他在纳米比亚拥有 5 家大型商场、30 多套房产，持有近 14 万平方米土地，可用于开发 200 多套房产。[②] 郭栋健于 2006 年在坦桑尼亚开办了第一家“华人超市”，从开始的 50 平方米场地，扩展到现在面积合计 5000 多平方米的超市，商品从几百种扩展到 5000 多种。华人超市从国内引进最先进的软件，对超市运营进行系统的管理，实现了管理智能化。依托超市业务，郭栋健于 2014 年兴建工厂，引进国内先进的纸巾生产流水线，打造“Shwari”品牌，填补了坦桑尼亚本土纸币生产的空白。此外，华人超市酱油品牌“美英”牌也深受坦桑尼亚人的喜爱。在郭栋健的精心经营下，华人超市已发展成多元化的大集团。随着经济的发展，郭栋健还将家族经营的摩托车产业引入坦桑尼亚。随着摩托车普及率越来越高，需求不断增加，郭栋健在坦桑尼亚建起了 5000 平方米厂房，打造出“飞肯”“豪爵”两种摩托车品牌。如今，生产基地年产 3 万多辆摩托车，在坦桑尼亚全国 50 个

① 《非洲淘金记：福建海边的穷小子，通过 20 多年的打拼，成为亿万富豪》，今日头条，https://www.toutiao.com/article/7018529968304947719/? channel = &source = search_ tab，2021 年 10 月 13 日。

② 《杰出闽商陈观节：稳扎实业　笃行长远》，搜狐网，https://www.sohu.com/a/674703186_121055610，2023 年 5 月 11 日。

销售点销售。①

在马达加斯加，天球集团董事长、马达加斯加华商总会会长蔡国伟从服装贸易起步，从在农村市场一件一件推销衣服开始创业，生意版图越来越大。2009 年，蔡国伟在马达加斯加首都投资兴建了一个大型物流中心，面积达 16000 多平方米，专门服务当地华商。第二年，他又在服装贸易的基础上发展电子产品贸易。之后，蔡国伟又抓住机遇，在当地发展酒店、旅游等服务业。② 疫情期间，蔡国伟在马达加斯加投资设立了一个手套厂，目前已经投入生产，产品主要销往欧美。③ 他的皮革生产厂也在建设中。此外，他还计划在毛里求斯再设立一个公司，除经营集团原有业务外，也会进行一些新的尝试。

长期以来，在非洲大陆创业或投资的闽商兢兢业业、多元化布局，成就斐然。他们的成功为广大在非同胞赢得了众多荣誉，展现了新一代闽商的良好形象与奋斗精神，为所在国和福建建设做出了巨大贡献。

### （三）服务所在国与中国两地市场需求

#### 1. 努力发展渔业

随着人民生活水平提高和膳食结构优化，对水产品的总体需求和进口量快速增长，其中，海洋捕捞和海水养殖是水产品的重要来源。由于中国近海的渔业资源相对匮乏，远洋养殖、捕捞和进口成为中国海水产品的主要来源。

非洲大陆沿海和岛屿国家渔业资源丰富，是我国重要的进口目的地。近年来，一艘艘装载着海产品的集装箱船，从毛里塔尼亚综合远洋渔业基地出发，跨越大洋，抵达福州马尾港。经过加工后，这些海产品销往中国各地以

---

① 《郭栋健：积极融入中非经贸合作　开创多元化超市集团》，今日头条，https：//www.toutiao.com/article/6598078420981121549/？channel=&source=search_ tab，2018 年 9 月 6 日。

② 《马达加斯加蔡国伟的非洲“生意经”》，今日头条，https：//www.toutiao.com/article/6645192455698252296/？channel=&source=search_ tab，2019 年 1 月 11 日。

③ 《马达加斯加华商总会会长蔡国伟：华人华侨架起沟通桥梁　推动“一带一路”建设》，今日头条，https：//www.toutiao.com/article/6669713020542779918/？channel=&source=search_ tab，2019 年 3 月 18 日。

及巴西、澳大利亚、日本等国家。闽商在其中发挥了重要作用。例如，宏东渔业在毛里塔尼亚的养殖与捕捞投资带动了当地渔业发展。公司专门造了 100 艘近海捕捞船，手把手教当地渔民捕捞技术，解决了 2000 多人的就业问题。[①] 当地华人商会为促进中毛（塔）交往，特别设立海产品交易协会、中毛咨询交流合作中心，把大西洋的龙虾、石斑鱼销到中国。闽商林文才创建的林氏企业则承建了毛里塔尼亚首都 4 号、5 号泊位的万吨集装箱码头工程，成为努瓦克肖特唯一的渔码头[②]，保障了当地渔业的发展。此外，林文才等华人企业家还聘请 30 多名曾在中国留学的毛里塔尼亚青年才俊参与企业管理工作。

在加纳，福建福清人郑祥明的格林豪斯国际置业（加纳）集团公司于 2011 年 11 月成立。公司成立以来，聚焦道路桥梁建设、工程建筑、房地产开发、农业、渔业等领域，还参与建设了光明国际自由贸易区。[③] 此外，公司还在加纳养殖罗非鱼和鲶鱼，满足当地人的饮食喜好。目前，公司罗非鱼养殖项目不断升级，已形成加纳最大的养殖产业链。同时，公司还建设了榨油厂，榨完油之后的豆粕可以用来做饲料，养殖和农产品加工形成良好生态。

2. 积极发展生态农业

中非农业、渔业合作受到中国政府高度重视和非洲国家政府及人民的广泛支持。越来越多的非洲国家农业、渔业、产品被允许进入中国市场。与此同时，中国的技术和投资也源源不断地为中非农业、渔业合作提供支持。

在肯尼亚，何钦文是第一个涉足生态农业、休闲观光农场的闽商。当然，何钦文的成功离不开其身后强大的中国技术团队支持。他在肯尼亚的农场是中国科学院中-非联合研究中心示范基地，并有中国农业专家定期提供

① 《兰平勇：远航者的“海洋寻梦记”》，今日头条，https：//www. toutiao. com/article/7011340011295490599/？channel=&source=search_ tab，2021 年 9 月 24 日。

② 《闽商风采丨“沙漠之国”建奇功——记毛里塔尼亚华人商会会长、世界福建青年联合会副会长林文才》，华人号，https：//www. 52hrtt. com/ar/n/w/info/G1559808115650，2019 年 6 月 9 日。

③ 《安哥拉福建总商会商务考察团参观光明国际自贸区》，今日头条，https：//www. toutiao. com/article/6755640416759972360/？channel=&source=search_ tab，2019 年 11 月 5 日。

技术指导；同时也是福建省农科院在非洲的第一个农业科技海外示范合作基地。他也和肯尼亚多所农业大学合作共建实习基地。[①] 此外，肯尼亚福建商会首任会长、肯尼亚秦亚茶叶发展有限公司董事长高远江从茶叶贸易开始，一直努力在肯尼亚发展茶叶种植与加工。为此，秦亚茶叶与福建省农科院茶叶研究所签订农业科技合作框架协议，约定双方充分发挥各自优势，共同在肯尼亚建立农业科技合作基地，开展农作物新品种培育、新技术筛选与示范推广等工作。[②] 福建宁德茶商、北京绿山九保健茶有限公司董事长高程奇于2019年到摩洛哥开拓茶叶市场，成立了摩洛哥春季投资公司拓展茶叶业务。经过筹备，他创立的坦洋工夫红茶推广中心及体验店如期开业。开业当天，福安市农垦集团和福建林鸿茂茶业有限公司负责人先后与当地茶商签订了茶叶购销协议。[③] 乌干达福建商会成立后，也积极联系中国国内相关机构，推动乌干达农业、工业的现代化和高科技发展。

中非农业、渔业合作，无论是生产还是贸易，都给非洲国家农业、渔业生产与消费带来积极影响，不仅有助于提高农村收入、促进减贫，也为非洲农业、渔业发展指明了方向。中非农业、渔业合作能取得今天的成就，离不开闽商的奋斗。

### 3. 推动跨境电商发展

据德国斯塔蒂斯塔调查公司估计，2022年，非洲网购人数已从2017年的约1.39亿增至3.875亿。到2027年，这一数字或将达到6亿，年营收将达到824.9亿美元。另据联合国非洲经济委员会预测，非洲电子商务规模到2025年将增长50%。[④] 截至2022年，中国与非洲跨境电商“双向奔赴”，持续保持

---

① 《肯尼亚中华总商会何钦文：“爱折腾”的创业家》，中国侨网，http：//www.chinaqw.com/jjkj/2020/05-09/256083.shtml，2020年5月9日。

② 《我院与肯尼亚秦亚发展有限公司签订农业科技合作框架协议》，福建省农科院网站，https：//www.faas.cn/cms/html/fjsnykxy/2019-06-05/536945570.html，2019年6月5日。

③ 《摩洛哥卡萨布兰卡坦洋工夫红茶推广中心挂牌运营》，今日头条，https：//www.toutiao.com/article/7236207755525538336/？channel=&source=search_ tab，2023年5月23日。

④ 《“跨”越万里的中非经贸之“链”》，网易，https：//www.163.com/dy/article/I8V9Q4HA0550TYQ0.html，2023年7月6日。

高速增长。各类非洲特产走入中国的同时，更多国货走进非洲也有了新渠道。跨境电商为稳定中非贸易提供了有力支撑，也为中非经贸合作带来新机遇。

对福建来说，2022 年，经海关监管的跨境电商规模各月均实现 20%以上的增长，始终高于全国增速。其中，出口 1286.4 亿元，同比增长 21.1%，进口 72.1 亿元，同比增长 43.3%。进出口 1358.5 亿元，同比增长 22.1%。[①] 跨境电商已成为中非经贸合作的重要渠道。中国消费者通过电商平台，能买到来自埃塞俄比亚的咖啡、肯尼亚的红茶和皂石、南非的红酒等众多非洲热销特色产品，直播电商也为贸易搭建了新场景。在跨境电商带动下，仅 2021 年，福建石狮面向非洲的出口企业达 222 家，主要出口国家为尼日利亚、南非、阿尔及利亚、利比亚等，年出口金额逾 20 亿元。[②] 2022 年以来，福建省举办“外贸云展会”活动，吸引了非洲 6 万多家次专业采购商上线；为支持企业在非洲布局海外仓，举办了“非洲好物”网购节等活动，促进对非电商合作；指导企业加快探索新型对非易货贸易模式，挖掘贸易增长潜力。[③]

此外，中国武夷充分利用扎根非洲十余年的优势，在肯尼亚设立中武（福建）跨境电子商务有限责任公司，在东非建设约 3 万平方米的线下一站式建材泛家居展销中心，并搭建了线上跨境电商平台。展销中心建筑是东非最大的一站式建材家居卖场。除自营外，卖场通过合作、特许经营、入驻等多种方式，为中国和其他国家的建材家居企业提供进入非洲市场的平台。此外，卖场还积极面向吉布提、埃塞俄比亚、莫桑比克等国家构建跨境贸易网络，业务覆盖东非 4.5 亿人口的市场。这大大促进了福建与非洲大陆各国的贸易调整升级。[④]

---

① 《2022 年福建跨境电商增速超 20%，出口规模超 1200 亿》，百家号，https://baijiahao.baidu.com/s?id=1755370711949456521&wfr=spider&for=pc，2023 年 1 月 18 日。

② 《非洲成福建对外经贸合作新增长极》，中国新闻网，https://www.toutiao.com/article/7171438518894330400/?channel=&source=search_tab，2022 年 11 月 29 日。

③ 《非洲成福建对外经贸合作新增长极》，中国新闻网，https://www.toutiao.com/article/7171438518894330400/?channel=&source=search_tab，2022 年 11 月 29 日。

④ 《中国武夷深耕非洲 打造精品工程》，福建省商务厅，https://swt.fujian.gov.cn/xxgk/jgzn/jgcs/xyfzc/tpxw_535/202109/t20210930_5699547.htm，2021 年 9 月 30 日。

## （四）协助闽企“走出去”

近年来，随着非洲经济的快速发展，闽企“走出去”、到非洲发展的步伐加快。如中国武夷、紫金矿业、盛屯矿业、宏东渔业等福建企业不断拓展对非业务，并取得耀眼成绩。中国武夷是深耕非洲的领军型企业。公司积极实施“走出去”战略，先后承揽肯尼亚基塞沙公路、赤道几内亚巴塔—涅方段公路等36个海外公路、市政公用工程项目，总造价共计69.84亿元，赢得“最值得向非洲推荐的百家中国企业”称号。三江世侨与央企合作走进非洲，经营木材资源开发。金龙汽车集团深耕非洲多年，在埃及开设组装厂，带动了当地的经济发展和人民就业。以厦门延江新材料股份有限公司为代表的生产型企业，在埃及苏伊士经贸合作区建设卫生用品材料及相关制品的加工厂，致力于为当地消费者提供高品质、高性价比的产品和服务。厦门新迪集团进军非洲家具市场，并与知名电商企业深圳同乐居合资在赞比亚建设“家世界贸易中心”。

随着新能源汽车和锂电池市场持续火爆，锂电池上游原材料价格快速攀升。全球动力电池龙头宁德时代旗下子公司出资2.4亿美元入股非洲锂矿项目。[①] 紫金矿业投资的刚果（金）卡莫阿-卡库拉铜矿一期第一序列已建成投产，有望成为全球品位最高在产超大型铜矿。与此同时，为缓解运输压力，紫金矿业收购了嘉友国际在刚果（金）的项目，以提升物流效率。[②]

近年来，福建省扎实开展“中非合作八大行动”，积极开拓非洲市场，不断深化同非洲国家各领域的务实合作，取得了良好成效。这些“走出去”的福建企业技术水平、环保水准都在世界前列，真正通过市场化的行为践行了“一带一路”的共赢梦想，也带动了非洲经济发展。但因非洲市场的不成熟、治理能力的缺失，要实现企业与当地社会的共赢，需要借助扎根当地

① 《持续布局全球锂资源　宁德时代入股非洲巨型锂矿》，闽商网，https://www.mszz.cn/news/msgc/104385.html，2021年9月29日。

② 《逾12亿入股嘉友国际　紫金矿业布局物流》，搜狐网，http://news.sohu.com/a/510716164_802100，2021年12月22日。

的闽商发挥桥梁作用。

总之，闽商在推动非洲经济发展的同时，践行慈善公益，贯彻共同富裕精神，一直在行动中。许多在非洲大陆居住或投资的闽商、闽企，大多能够在创业致富同时，积极开展社会公益活动，为非洲大陆、非洲华人社区做出力所能及的贡献，增进了中非友谊。例如，群峰集团和尼日利亚永星钢铁集团董事长林千淘共向社会捐赠近 2000 万元。① 在津巴布韦，福建总商会向大学奖学金项目捐赠 100 万津元。② 福建建工集团承接中国武夷埃塞俄比亚公路项目后，助力企业所在地学校建设，获得学校师生和当地民众的诚挚感谢和高度赞赏。新冠疫情期间，生活在非洲各地的闽商自发地捐赠善款，筹集医疗物资，和非洲人民站在一起，肩并肩共同战斗，增进了中非友谊。

## 二　存在的问题

### （一）闽商面临政治动荡、法律不完善、治理失能等问题

闽商在非洲经营的安全问题始终存在。在非洲各地谋生的新闽商不仅正常的经济活动无法保证，人身安全也常常受到侵害。在南非，福清籍新闽商经常会遭到抢劫，危及人身安全的事件也时有发生。最近几年，受疫情影响，非洲经济受到冲击，各国频繁发生抢劫华人企业的现象；甚至在一些国家还发生针对中资民营企业的武装袭击事件。这使得闽商经营甚为艰难。此外，法律不健全也是影响闽商经营的因素。例如，肯尼亚强制中国商城关门事件，反映了一些国家对中国商人活动的忌惮，也反映了中国商人在经营中存在一些合规性问题。

虽然华人社会联合起来抵御风险，但问题仍然存在。西方国家最近一系

① 《尼日利亚福建同乡总会举行聘任仪式，著名企业家林千淘、张霖霜受聘》，华人号，https：//www. 52hrtt. com/ar/n/w/info/F1673861000582，2023 年 1 月 19 日。

② 《津巴布韦福建总商会第一届常务委员会议召开》，华人号，https：//www. 52hrtt. com/ar/n/w/info/F1639729448068，2021 年 12 月 20 日。

列污名化中国的案例，更是严重影响和干扰了闽商、闽企的自我防御。闽商闽企在非洲的正常生活、商业经营和生命财产安全始终受到威胁。

### （二）非洲经济整体较为落后，传统贸易增长空间有限

非洲幅员辽阔、资源丰富，人口超12亿，消费市场潜力较大。但因工业基础弱，目前经济仍相对落后，物资也比较匮乏，工业原料、生产设备、民生物资均需要大量进口，特别是对钢材、服装、鞋类、建材、箱包、机械、电子产品等的需求巨大。闽商大多从事相关行业的贸易或初级加工。肯尼亚福建商会会员企业有100多家，主要从事矿产、通信、房地产、基建工程、商超、农业、制造业、餐饮业、贸易等行业。[①] 在纳米比亚，闽商也多从事贸易行业，少量企业转型从事房地产开发、矿业、旅游业、农业投资、能源等行业。

尽管闽商进入非洲市场较早，但大多闽商仍停留在传统贸易行业。闽商贸易产品多来自中国优势产地。随着全球供应链调整，中国作为世界制造业中心的地位难免受到一定冲击，且非洲各国工业化势在必行。这使得闽商过去依托中国制造的商业模式必须转型，以适应全球供应链调整和非洲工业化进程。否则，闽商在非洲的未来发展空间受到挤压在所难免。

### （三）跨境电商发展红火，但障碍也十分明显

随着智能手机普及率的提升，非洲电商用户数快速增长，迎来巨大的跨境电商发展机遇，但非洲市场跨境电商发展的客观障碍也十分明显。第一是物流问题。非洲国家基础设施还不够完善，道路体系尚未建成，物流配送问题较大。最后一公里的运费价格高，且可靠性较低。第二是支付难题。非洲人大多还是习惯货到付款或者用现金支付，线上付款的习惯还未养成，这对卖家的收款会构成比较大的阻碍。第三是电商人才匮乏。上述因素严重制约

---

① 《肯尼亚福建商会换届　推动中肯经贸合作》，中国日报网，http：//cn. chinadaily. com. cn/a/202306/07/WS64804263a310dbde06d225cd. html，2023年6月7日。

了闽商发展跨境电商的空间。闽商在传统行业有优势，面对非洲数字经济的迅速发展，一时难以适应，转型也不太积极，无论是搭建电商平台还是参与平台线上销售，需求和动力都不足。

### （四）中非农业、渔业合作潜力大，但闽商桥梁优势仍未充分发挥

非洲大陆有着丰富的农业资源，气候适宜，能够实现每年三季的粮食播种。非洲大陆还拥有丰富的渔业和畜牧业资源。然而，因长期缺乏人才、技术和资金，非洲农业发展始终受到阻碍。尤其是近几年来，全球气候变暖以及俄乌冲突带来的粮食安全隐患，不仅对非洲有直接影响，也给中国敲响了警钟。

为支持非洲经济发展、消除贫困，满足非洲人民对农业、渔业消费的更高需求，中国在人才、资金和技术方面大力支持非洲发展，并逐步扩大放开对非洲农业、渔业商品的进口。这为闽商在当地发展农业、渔业提供了契机。但目前除了菌草种植、渔业养殖已经取得一定成绩外，福建更具优势的茶叶、花果苗木、海鲜加工等，尚缺少落地的契机。非洲许多农业资源与福建具有互补性，但因信息互通不够，许多非洲优质农产品在福建的接受度不高，如非洲的辣椒、咖啡豆、鲜花等。闽商的中介桥梁作用仍未得到彰显。

上述问题之外，在非洲的闽商的经营决策以及企业传承发展问题也需要引起重视。

## 三　对策建议与未来前瞻

### （一）对策建议

#### 1. 建立在非华人风险应对机制以实现为侨服务在地化

为支持闽商在非洲的可持续发展，应秉持习近平总书记“为侨服务”理念，充分调动使领馆、政府、学术研究机构和相关侨社的积极性，实现“四位一体”的联动机制，为非洲闽商服务。具体有如下建议。

（1）依托在地闽商经验和学术研究机构，不间断地开展对非洲闽商闽企的教育培训。内容以风险规避机制以及投资经营对策为主，以便提升闽商闽企应对危机的能力。（2）在使领馆协助下，华人社区联合所在地政府，建立警民合作机制与闽侨应急管理机制，建立志愿者线上服务队等，全天候保障闽商闽企安全。（3）福建省政府职能部门可与使领馆合作，联合在非福建同乡会，利用互联网技术打造闽商闽企交流互助平台，积极链接当地政府，以服务好乡亲、服务好企业，帮助在非闽商闽企解决实际困难。（4）闽商闽企在非洲经营投资存在信息不畅、沟通渠道闭塞等现实问题。为提供安全、高效、便捷的侨务服务，应发挥学界和政府力量，搭建更多的经贸活动平台和项目信息平台，资助学术研究，提供非洲投资指南；应构建渠道、机制帮助闽商闽企项目在非洲落地，对项目选址、对接洽谈等给予帮助指导。

**2. 让闽商成为福建企业“走出去”“走进去”的桥梁，助力福建对外经济发展**

非洲各国政府为吸引外国投资，不断改善营商环境，加强基础设施投入，出台税收减免等诸多优惠政策，为推动当地产业发展、带动就业创造了积极条件。一些非洲国家经济快速发展，居民收入不断提升，消费需求也在不断扩大。

同时，福建的服装、鞋、箱包、机电等劳动密集型产业经过多年发展，技术、管理、产业配套等相对成熟。这些产业十分契合当前非洲经济发展需要。而且随着国内的生产成本不断上升，产业需要转型升级，加工环节需要向外转移，而非洲丰富的劳动力资源可提供发展机会。部分非洲国家还享有向欧美出口关税减免等贸易优惠。这对于企业开拓多元化市场、有效应对市场变化具有较大吸引力。可以说，福建与非洲发展阶段的差异性与经济结构的互补性，为双边贸易和投资合作提供了较大的拓展空间。①

为适应这种趋势、继续推动闽商闽企走进非洲，亟须发挥在地闽商的桥梁作用，推动福建与非洲经贸深入互动，具体建议如下。（1）邀请在非经商

① 《抓机遇　迎挑战　助力闽企掘金非洲新兴市场》，《福建日报》2020 年 4 月 17 日第 3 版。

的闽籍企业家参与，并与所在国工商协会或政府部门强力合作，打造常态化的中国（福建）-非洲经贸合作对接会，以推动福建与非洲国家的深度合作。（2）举办非洲专题博览会，吸引非洲产品进入福建，同时举办投资洽谈会，促进对非投资。（3）利用新媒体加强福建美誉度宣传，强化闽商闽企品牌形象，从而推动闽商闽企走进非洲，实现可持续发展。（4）充分发挥商会的纽带作用，促进供应链和生产链双向延伸，实现优势互补、资源共享，从而把更多资金、项目、人才和技术引入非洲，推动更多“福建制造”走向非洲、走向世界。（5）成立相应综合学术研究机构，开展对非洲政治、经济、文化等的研究，增强对非洲经商环境、法律政策等的研究，以支持闽商闽企在非洲的发展，实现合作共赢。

3. 积极参与改善跨境电商的经营环境

非洲为数众多的年轻人对电商接受程度高，跨境电商成为蓝海市场。这对想要开拓非洲市场的中国卖家而言是极为有利的条件，而且电商平台数据有助于闽商了解应在非洲建什么工厂、生产何种产品等，从而精准把握非洲市场。

多重优势之下，闽商闽企应积极发展跨境电商，并协助改善经营环境，具体建议如下。（1）利用福建省农产品加工、纺织、汽车制造等特色优势产业，创建从中国境内卖家到非洲消费者的一站式跨境电商平台，全面打开非洲跨境电商市场。（2）采取从点到面的发展策略，先从发展潜力大、物流交通优势明显、市场完善且有规模优势的单个经济体开始，逐步建立面向全非洲的跨境电商平台。（3）在靠近资源的福建各地建立企业总部，连接国内各类服务商，依托境外闽商长期掌握的社会资源，做好面向非洲发展的境外物流、仓储、培训、电商、金融等本地化服务，提升运营效率。（4）利用企业总部资源，加强对非洲本土跨境电商和物流人才的培养。（5）重视和加大对非洲电商和基础设施的投资，加强中非电商和数字经济基础设施方面的合作。

## （二）未来前瞻

闽商闽企针对非洲的发展机遇，利用已有基础，可做一些深远布局和谋划，为未来发展赢得先机。

**1. 依托福建网龙网络公司，全面深入地面向非洲开展线上教育，为非洲发展培养人才**

针对非洲人才不足的问题，福建可以以数字教育为基础，为非洲教育高质量发展注入新动能，为构建中非命运共同体做出贡献。福建网龙网络公司的数字教育网络，目前已经覆盖全球 192 个国家和地区，触达 200 万间教室，惠及超 1.5 亿用户，与埃及、尼日利亚、肯尼亚等 20 多个共建“一带一路”国家建立了深度教育合作，参与了多个国家级教育改革项目。多款教育产品、平台已投入应用，实现了数字教育的“民心相通”。[①] 其中，网龙公司以技术赋能的方式与埃及教育部深入全面合作，通过智能空间解决方案、普罗米修斯互动大屏、Edmodo 等产品，助力埃及数字教育发展。与埃及达成的国家级教育合作，成为网龙公司教育业务出海的标志性项目。[②]

未来，福建可依托网龙公司数字教育方面的优势和经验，尽快因地制宜地复制，面向非洲开展线上教育，为非洲发展培养人才，既可实现企业市场目标，又能推动非洲人才发展，直接或间接助益福建与非洲的经贸合作。

**2. 发挥闽商全球网络优势，完善新型易货贸易，助力外贸新发展**

2022 年，在新冠疫情冲击和其他综合因素的叠加影响下，尼日利亚等非洲国家普遍出现外汇短缺，影响了各国对进口商品的需求，导致中国出口商现金无法回笼，流动资金不足。美元汇率波动一定程度上影响了中国与非洲国家的贸易往来。为此，福州市进出口商会大胆尝试创新性的易货贸易。新型易货贸易凭借国际互联网特有的技术与平台优势，突破了传统易货贸易的时空界限，实现贸易渠道全球日夜畅通，不仅可以解决国内出口企业获取订单难、流动资金不足的难题，也让国外优势商品更多地进入中国市场，成

---

① 《创新技术赋能数字教育，网龙“教育出海”再结硕果》，新浪财经，https：//finance.sina.cn/2023-03-09/detail-imykhrws9924954.d.html，2023 年 3 月 9 日。

② 《福建省商务厅举办“非洲市场推介会——埃及专场” 促进双方经贸合作》，腾讯网，https：//new.qq.com/rain/a/20210617A0E99100，2021 年 6 月 17 日。

为推动福建外贸增长的重要发力点。目前成功的案例包括通过福州市海关将福建卫浴产品出口，换取尼日利亚粗铅锭等。①

这种新型易货贸易方式，助力境外优质资源兑换福建优质商品，缓解了进口国流动资金短缺问题，促进了中国外贸出口，实现了双赢。在美元升值等大背景下，这种新型模式可在有条件、有意愿的非洲地区大力推广。同时，可利用闽商网络实现资源信息的共享，采用两国双向或多国多向的易货贸易，建立国际贸易新通道。

**3. 建设“鲁班工坊”，为非洲农业渔业合作培养技能型人才，闽商应有可为**

中非农业渔业合作是“一带一路”倡议的重要组成部分，也是缓解非洲国家粮食安全问题、消除贫困的有力举措。这需要中国加强与非洲国家的政策协调，在贸易、投资、税收等方面提供便利和优惠政策。未来中非农业、渔业合作更需要建立长效机制，以推动科技创新、生产管理改进、降低风险等，从而提高农业渔业生产效率和产量。此外，加强中非农业渔业基础设施建设，建立中非农业渔业信息化体系，为农业渔业发展提供更多支持也是双方进一步努力的方向。② 更重要的是，加强中非农业渔业科技人才培养和交流、提高双方的技术和管理水平需要有效途径。

本报告建议，可以在大力建设“鲁班工坊”的基础上，积极为所在国培养熟悉养殖、种植技术，了解中国工艺，熟悉中国产品的当地技能型人才③，进而提升非洲农业、渔业人才的技术和技艺。闽商可在其中发挥教育培训的推手、投资方和产业市场化的支撑等重要作用。目前，福建应在政府主导、企业深度参与下加强海洋养殖、菌草种植技术在非洲的推广，并进一步推动福建特色、优势农业技术向非洲拓展，助力闽商闽企在非发展。

---

① 《全省首单新型易货贸易在榕通关》，中国（福建）自由贸易试验区福州片区管理委员会，http://fzftz.fuzhou.gov.cn/zz/xwzx/qydt/202207/t20220729_4406521.htm，2022年7月29日。

② 《中非农业合作助力全球共同发展》，环球网，https://oversea.huanqiu.com/article/4DShOIY54gk，2023年6月26日。

③ 吕景泉、李力：《亚洲鲁班工坊项目建设、品牌创建及推广应用研究》，《职业教育研究》2021年第10期，第4~12页。

# 专题篇

Special Topics

## B.5
## 2023年泉州纺织服装产业发展报告

屈 波*

**摘 要：** 本报告以石狮和晋江为重点，回顾了泉州现代纺织服装产业的发展历程，分析后疫情时代的行业现状和面临的挑战，同时探讨未来发展的机遇和趋势。泉州纺织服装产业作为福建省的重要支柱产业，在过去几十年里取得了显著的发展，逐步走向国际市场，并在国内外市场上占有一席之地。然而，当前泉州纺织服装产业面临着产业升级、环保要求以及国际贸易形势复杂等挑战。为了实现可持续发展和持续增长，泉州纺织服装产业需要制定战略，提高技术水平，增强品牌竞争力，并积极应对市场变化。

**关键词：** 闽商 纺织服装产业 泉州 晋江 石狮

* 屈波，蓝狮子签约财经作家。

## 一　泉州纺织服装产业发展回顾

改革开放以来，泉州地区逐渐成为中国纺织服装产业的重要基地之一，也是全球纺织服装制造业的关键参与者。以石狮和晋江为代表的泉州纺织服装产业积累了雄厚的产业链基础，从棉纺、化纤、织造、染整、成衣加工到纺织服装原辅材料生产、配套服饰、市场营销和品牌经营等众多领域，形成了以中国体育服装品牌和中国男装商务休闲品牌为龙头的产业集群。在此过程中，安踏、七匹狼、九牧王、特步、利郎、凤竹、海天、柒牌、劲霸、卡宾、361°等一大批知名企业崛起，泉州尤其是晋江纺织服装产业成为中国民营经济服装品牌的摇篮。

实际上，泉州现代纺织服装产业的兴起有着久远的历史基因。

### （一）石狮纺织服装全产业链的形成与发展

20 世纪 40 年代，第二次世界大战的战火阻断了石狮与海外的经济往来，在石狮这个地图上几乎找不到的小县城街头开始出现小商品的摊位，当地人亲切地称之为“估衣摊”或“故衣摊”。为了生计，留守的女性开始卖起了亲友寄回的小洋货，包括写满洋文的手表、怀表、皮鞋、梳子、领带、香水、痱子粉、皮箱和各种西式衣服等。改革开放后，卖服装逐渐成为石狮人的首选行业。

石狮是著名的侨乡，几乎家家户户都有海外亲友，因此石狮人从小对时尚和新潮并不陌生。然而，在封闭的计划经济时期，他们的商业天赋并没有得到发挥。1978 年改革开放后，石狮人迅速嗅到了发财致富的机会，并怀着热情踏上了创业之路。

“估衣摊”重新繁荣起来，资料显示，1982 年石狮的旧衣摊已发展到 300 多个。由于采用进口布料，款式新颖，价格便宜，石狮很快成为全国闻名的服装市场，形成了“全国跑石狮”的热潮。短短几年时间里，只有几平方公里的石狮老城区涌现出 18 条商业街、8000 多家商铺。同时，在巨大的财富效应下，许多人开始拿出家里的旧缝纫机，学着做衣服，第一批本土服装品牌迅速崛起。1983 年，石狮人宋太平推出了“爱花”牌胸罩，在全国订购会上多年来连续位列前三，一度占据大半个全国市场，还成功进军国际，布局欧洲。随后，更多知名品牌如“斯特兰”牛仔裤、“高尔普”牛仔裤、“野豹”牌童装等应运而生。石狮货之所以吸引全国经销商，是因为多样化的服装选择以及高效的物流系统。①

20 世纪 80 年代前后，石狮的纺织服装企业以火爆的商贸为起点，迅速向全产业链进军。各村镇相继涉足服装原辅料、纽扣、拉链、针织、漂染、布行交易等领域。到 2008 年前后，以石狮为中心的纺织服装板块聚集服装企业 7000 多家、纺织企业 1000 多家、漂染和整理企业 100 多家、辅料企业 1000 多家，从压铸成型、抛光、电镀、点漆到成品等，加工工艺一应俱全，从电脑绣花到印刷包装，一条龙供应。石狮的休闲面料占据全国 50%以上的市场份额，辅料产品在全国市场上的占有率接近 40%，其中五金配件更是占据绝对优势，高峰年份的市场份额甚至达到了 90%。纺织服装产业的产值占全市工业产值的 60%，对 GDP 的贡献率更是超过 65%。

石狮的漂染行业发展是一个典型。祥芝镇大堡村的村民原本世代以打鱼为生。1992 年，当地政府有意搬迁市中心的小漂染厂，并决定建立一个新的工业区。选址竞争中，大堡村村支书抓住了机遇，利用该地区相对偏远、沿海的优势，争取工业区落户大堡村。集中污水处理设施的建设吸引了附近的漂染企业纷纷进驻，最终发展成为一个拥有 30 多家企业的工业区，采用先进设备，成为福建省最大、亚洲第一家高标准处理污水的企业园区。这一经验体现了石狮人敢于创新的精神。

然而，进入 21 世纪，许多城市开始拥有规模和档次不断升级的“商城式”服装专业市场，给石狮带来了新的竞争压力。为了应对这些挑战，石狮决定定位为中国休闲服装名城，并相继建设了总投资 17 亿元的石狮服装城和总投资 43.5 亿元的石狮国际轻纺城。这些投资使石狮迅速跻身中国十

---

① 《石狮改革发展三十年（1988~2018）》，内部材料，2018。

大服装批发市场，成为亚洲最重要的服装专业市场之一，以及中国五大服装跨国采购基地之一。同时，海峡两岸纺织服装博览会和石狮国际时装周也成为推广平台，使服装城、国际轻纺城和世贸摩天城共同构成“三位一体”的中央商务区，整合了鸳鸯池布料市场、塔前服装辅料市场、洋下服装辅料面料综合市场、灵秀纺织机械市场等资源，进一步扩大了纺织服装商贸区和专业市场的规模。

截至 2017 年，石狮规模以上纺织服装产值达到 528.7 亿元，占规模以上工业总产值的 49.3%。其中，梭织和针织服装年产量达 8 亿件，童装 2 亿件；印染业年产量达到 30 亿米，占全国布类染整产量的 6%左右、服装面料染整产量的 10%左右，每年还有 3000 多种新型面料问世，其中不乏高端面料。可以说，石狮纺织服装产业集群已经成为具有相当规模的重要产业集群。

### （二）石狮纺织服装产业中的教训带来的启示：洞悉市场、专注主业

回顾石狮 40 多年的纺织服装产业史，我们发现一个有趣的现象：尽管石狮涌现出不少创业明星，其产品也曾风行一时，但很多品牌最终消失，就像流星划过天空一样。这背后的原因众说纷纭，但有人认为金融领域对石狮的服装业明星企业产生了不利影响。

或许与石狮人的性格有关，位于闽南沿海“金三角”地区的石狮人天生具备敢于冒险、善于抓住机遇、行动敏捷的生意头脑，特别擅长商贸，在市场经济中常能抢先一步，取得先机。然而，企业经营是一场长跑，考验的是定力和耐力。

以石狮企业“富贵鸟”为例，它曾是石狮的明星企业，是中国最早生产男鞋的标杆之一。创始人林和平于 1984 年用 4 万元创办旅游纪念品厂，主营凉鞋和拖鞋等产品。1989 年，“富贵鸟”品牌诞生，生产真皮休闲鞋，获得大量订单，销售迅速增长。随后成立富贵鸟集团，并获得一系列荣誉和奖项，广告传播至全国。然而，上市后不到 6 年的 2013 年，富贵鸟宣告破

产，负债高达 30 多亿元。

富贵鸟“折翼”的原因一方面是主业未能跟上时代的需求，电商崛起对其传统营销模式造成冲击，但更主要的原因是陷入了多元化经营的泥潭。在主业下行的情况下，2015 年，富贵鸟盲目涉足高风险高回报的金融领域，投资 P2P 平台和理财平台，导致资金损失。同时，还投资矿业，偏离了主业。为解决债务危机，富贵鸟发行了大量债券，但仍未能避免破产。

值得一提的是，2008 年国际金融危机后，中国经济增速回落，出口出现负增长，为扭转局面，政府推出了刺激内需的“4 万亿”计划，当时银行的放贷政策极为宽松，鼓励民间联保贷款，不少石狮企业家看到了快速“发大财”的机会，轻松获得资本后纷纷进入金融、房地产、矿业和海运领域，最后副业损失惨重，主业也荒废了。

类似富贵鸟的案例在石狮层出不穷，追逐暴利的冲动使不少服装企业家迷失，丧失创业精神，然而纺织服装产业从来是大浪淘沙，没有最好，只有更好。那些侥幸从失败的投资中逃生的企业家们醒悟过来想再回到主业时，为时已晚。

石狮曾是中国童装生产名城。20 世纪 80 年代中期，郑雪英创立的童装品牌“八彩屋”风靡一时。在先行者的示范效应下，石狮占有全国童装 40%以上的市场份额。然而，几十年后，面对强劲竞争，包括八彩屋在内的很多石狮童装企业搬迁至浙江湖州的织里镇。

织里镇在童装方面起步较晚，但进入 21 世纪后，政府意识到童装产业的潜力，开始大力规划童装工业园区。当地政府引导童装产业资源向织里镇集聚，形成完整的产业链，推动企业资源共享、合作创新，提高竞争力。同时，织里着力培育童装品牌，加强产品创新和设计能力，推出高品质、时尚和功能性童装。政府出台一系列支持政策，促进童装产业发展，包括财政补贴、税收优惠和人才吸引措施。

在政府的大力引导下，织里镇成为中国童装产业的先进制造中心、设计中心、品牌集聚中心、营销中心和产业信息发布中心。织里镇还建设了中国童装城，为童装产业链打造全新的综合业态。

相比之下，石狮面对童装市场，曾专攻外贸订单，但在金融危机后调转枪头抢夺国内市场时，发现织里已经成为童装之都，石狮企业在手笔、气魄和战略上略逊一筹，错失了机会。

这说明政府在产业引导方面发挥了重要作用。政府的规划和支持政策帮助织里童装业迅速崛起，而石狮则因为过度扩张和投资副业而使主业衰退，付出了代价。政府引导产业发展、提供良好的投资环境和政策支持，对于纺织服装产业的健康发展至关重要。

综上所述，石狮纺织服装产业中的教训带来的启示是应洞悉市场、专注主业。企业应该时刻关注市场的变化，及时调整自身主业以适应时代发展需求，避免盲目扩张和涉足不相关领域。同时，政府在产业引导方面应发挥积极作用，提供支持政策，帮助企业实现可持续发展。只有这样，石狮纺织服装产业才能在竞争中脱颖而出，实现更稳健和可持续的发展。

### （三）晋江纺织服装产业：创业狂潮、品牌塑造与资本华章

20 世纪 80 年代初，晋江成为中国纺织服装产业的创业热土。当时石狮是晋江的一部分，随着石狮服装商贸的兴旺，当地村民纷纷投身创业热潮，涌入前店后厂。晋江的纺织服装产业也是从“三闲”（闲人、闲房、闲钱）起步，许多家庭开办了小作坊，怀着对财富的渴望，成为中国市场经济的先锋。

在当时的政策环境下，个人创业并未得到完全合法化，于是晋江人想到了联合集资创办企业的方式。采取“总厂设分厂、大厂带小厂”的办法，晋江大力发展民营经济。政府允许农村资金、技术和劳动力自由组合和流动，允许农民联合集资办厂，允许股金分红、供销员提成，还允许招收雇工，同时允许产品随行就市定价。这些政策为联户企业的兴起创造了有利条件，晋江的联户企业如雨后春笋般涌现。

晋江模式的形成，使得晋江的纺织服装产业蓬勃发展。晋江模式主要有以市场调节为主、以外向型经济为主、以股份合作制为主、多种经济成分共同发展等特点。晋江侨属身上有着深厚的开拓传统和强烈要求改变贫穷现状

的致富愿望，这种精神也促使晋江模式迅速崛起。

然而，晋江纺织服装产业一开始并未展现出突出的先天优势，开始时只是仿冒港澳样式的服装投放到当时被称为“小香港”的石狮市场，虽然销路不错，但缺乏足够的质量意识。直到 1985 年夏季，晋江假药案的曝光震惊全国，晋江纺织服装品牌的信誉也一度遭受重创，成为假冒伪劣产品的代名词。这场危机引起了晋江人的深刻反思，认识到质量对企业发展的重要性。

面对质量危机，晋江纺织服装产业化危为机，开始注重质量管理。一些企业，如安踏前身的鞋厂，甚至将企业名称定为“求质”，彰显出对质量的追求。晋江的纺织服装企业逐渐摆脱仿冒品的路线，进入代工时代，并出现了一批重视质量的品牌产品企业。

进入 20 世纪 90 年代，晋江纺织服装企业开始意识到品牌对企业发展的重要性。七匹狼成为最早具有品牌意识的企业之一，成功创建了七匹狼品牌，并逐渐发展成为中国男装领军企业。其他企业如劲霸、利郎、柒牌、安踏、匹克、特步等也开始注重品牌建设，不再只是简单使用商标和名字，而是全方位提升品牌形象，并积极进行推广。

为加强晋江纺织服装品牌建设，晋江市政府在 1998 年提出“品牌立市”战略，并制定了相关的优惠政策。企业得到政府的支持和鼓励，开展了一系列广告宣传和品牌代言活动。以安踏为代表，晋江纺织服装企业开展了一场轰轰烈烈的“造牌运动”。安踏签约乒乓球世界冠军孔令辉，推出“我选择，我喜欢”的广告口号，并大胆在央视投放广告。其他企业也纷纷效仿，签约明星代言，通过各大媒体推广品牌，使晋江企业的品牌知名度大幅提升。

随着品牌的建设和推广，晋江纺织服装产业走过了黄金十年。2004 年，七匹狼成功在 A 股上市，成为晋江纺织服装企业登陆资本市场的先驱。特步、安踏、361°、匹克等企业相继在香港交易所上市，九牧王、贵人鸟在 A 股上市，喜得龙在纳斯达克借壳上市，鸿星尔克在新加坡主板上市。企业通过资本市场的融资，加速了扩张和发展步伐，提升了自身实力和竞争力。

晋江纺织服装产业的腾飞离不开创业激情、品牌意识和资本的驱动。从起步时的创业热潮到后来的品牌崛起，再到登陆资本市场，晋江纺织服装产业始终秉承创新与进取的精神，不断突破自我，为中国经济的发展树立了标杆。未来，晋江纺织服装产业将继续不断适应市场需求和消费趋势，持续创新，为中国纺织服装产业发展贡献更多的力量。

### （四）从外延扩张到内涵增长

在企业不断发展壮大的过程中，从外延扩张到内涵增长，意味着其发展战略正经历着重要的转型。纺织服装产业作为一个复杂多变的行业，品牌的知名度只是成功的起点，并不等同于永久立于不败之地。行业竞争之残酷在于市场环境每日都在不断变幻，企业做出错误决策可能付出巨大的代价。

泉州拥有数万家纺织服装企业，然而真正拥有品牌的企业却屈指可数，主要集中在晋江。即便是这些品牌企业，它们的发展之路也充满了曲折，有的能逆势而上，不断发展壮大，有的则在激烈的市场竞争中折戟沉沙，难以再续辉煌。

在发展过程中，企业主要面临以下问题。

首先，上市融资成功后盲目扩张。上市融资为企业带来了大量的资金，然而如果企业对资金的使用和管理不善，很容易造成资源的浪费和过度扩张。缺乏有效的资金运营和风险控制机制，使一些企业在扩张过程中资金链断裂。尤其在 2008 年奥运会后，国内大牌鞋服民企纷纷大举扩张，结果导致市场过剩，行业爆发库存危机，被迫通过降价甩卖解决问题。上市之后，为了实现快速增长和高回报，企业最终不得不承受激进扩张所带来的恶果。

其次，一些企业过于依赖传统的营销模式，忽视了电商兴起。2012 年夏，电商平台淘宝在杭州悄然诞生，随后以惊人的速度迅猛发展。然而，在电商崛起的销售格局中，泉州服装企业多数仍然坚持传统的经销商压货大批发模式。特别是在上市融资后，企业迅速开设了大量门店，但由于过度依赖经销商或者选址不合理，渠道销售出现亏损。2011~2021 年，中国电子商务

快速发展，2014 年电商交易额同比增速甚至超过 50%，截至 2021 年，全国电商交易额已达到 42.3 万亿元。由于没有及时拥抱电商业务，许多泉州服装企业错失了这一波发展红利。

最后，企业的品牌定位频繁改变。一个明确的品牌定位有助于企业在市场中找到自己的位置、与消费者建立深入的连接，有助于企业提供有竞争力的产品和服务。早期的晋江企业也都意识到这一点，例如七匹狼专攻商务男装，劲霸专攻夹克，利郎专攻休闲商务男装，石狮的卡宾主打时尚潮流。然而，在激烈的市场竞争中，一些企业不断改变品牌定位以争取更多市场份额，然而这种频繁的品牌定位变化也容易削弱品牌形象，影响消费者对品牌的信任。另外，当企业进入一个新的产品领域时，由于缺乏经验，很可能会面临风险。

在交了一定的学费后，泉州服装企业已经走过了粗放式增长的阶段，现在着眼于新时代，凭借积累了几十年的晋江经验，泉州服装企业开始敢于拼搏，积极在竞争激烈的市场中寻找发展的新机遇。以经验为支撑，勇于创新，泉州服装企业有望在红海竞争中找到属于自己的蓝海机遇，迎来更广阔的发展前景。通过提升内涵、加强品牌建设、转变发展模式、拥抱新技术和市场趋势，泉州服装企业有望在未来的发展中实现更大的飞跃。

## 二　泉州纺织服装产业的转型升级

作为泉州九大千亿产业集群之一，截至 2022 年，泉州市纺织服装产业总产值达到 4360 亿元，在疫情期间仍逆势增长 15%，总产量约占全国的 1/4，综合排名居福建省首位和全国前五。然而，随着全球经济格局的不断演变，泉州纺织服装产业也面临着一系列新的挑战。原材料价格波动、人力成本上升、环保压力等问题给行业带来了诸多考验。在这个充满竞争的时代，泉州纺织服装产业必然走向创新和转型升级，以适应市场需求和国际潮流。同时，我们也看到了许多机遇，如科技创新为行业发展带来的新动力、国内市场消费升级带来的机会等。

## （一）石狮服装电商的崛起

近年来，服装电商迅猛发展，成为服装消费的重要渠道之一。以“电商之城”石狮为例，《一群人拼出一座城》是石狮市电子商务协会的会歌，其中这样唱道：“感恩迈进网络时代，狮城搭建宽阔舞台，电商人不计成败，敢拼敢创，闯出电商人的精彩，一群人拼出一座城，拼出别样的非凡人生，五湖四海汇聚拧成一股绳，挥洒热血，不负少年青春”。这首歌唱出了新一代服装创业者的心声，年轻的他们更适合在网络的天地里生长。

石狮是中小企业的乐园，虽然不像晋江有那么多纺织服装品牌龙头企业，但产业链完整，创业氛围与晋江一样浓厚。一开始，只有少数年轻人在网络上销售当地的衣服，临时贴牌。石狮的优势在于客户看中款式后，几天内就能生产并发货，能快速满足小批量供货的需求。网络上的服装价格低廉，当时的绝大多数传统服装企业并没有将网商放在眼里。

2011 年，石狮已有 72 家电商企业。2012 年 8 月，石狮电子商务协会成立，并与京东、当当、淘宝、一号店签订战略合作伙伴关系，帮助中小网商转型，推动电子商务与传统企业结合。2013 年，占地 137 亩的海西电子商务园区揭牌，217 家电商企业入驻。2014 年，石狮出现首个中国淘宝村，年交易额超过 600 亿元，年发货量 8600 万件，活跃卖家超过 3. 5 万家，其中 1/3 位于灵秀镇。2015 年，青创城国际网批中心揭牌，进一步壮大了“石狮电商谷”的发展。2017 年，灵秀镇成为中国首个淘宝镇，石狮淘宝村的数量增至 20 个。2018 年，双奇智慧商城开业，“双十一”零售额达 11. 49 亿元。2019 年，三大电商基地共有 1905 家电商企业入驻。2020 年，鼎盛网红城、千玺直播基地亮相，网商大会开幕，石狮成为中国服装网商创新示范基地，青创城国际网批中心成为国家电子商务示范基地。

截至 2021 年，石狮已经拥有 4 万家电商经营主体。在年度新增企业中，电商企业占比近 50%。2022 年被确定为品牌电商发展年，政府出台行业人才积分入住政策和品牌电商发展政策，每年投入超过 1000 万元设立支持品牌电商发展专项基金。在全国县市电商竞争力百佳样本中，石狮仅次于义乌、萧山，位居第三。

过去 10 年间，电商行业高速增长让石狮市政府看到了发展新引擎，继而提出“一十百千万发展计划”，即打造一个网红城市、十个直播基地、百个网红直播机构、千家供货商、万个直播商铺，整合网批市场、直播基地、电商数据中心、物流服务中心、网红公寓和网红培训等，力争到 2025 年实现电商企业销售额 2000 亿元。①

电商已经进入全新的时代。在此背景下，以 80 后、90 后为消费主力的服装品牌脱颖而出，例如“古由卡”和“闪电潮牌”，它们的产品不拘一格，受到年轻人的欢迎。与上一代企业不同，这些年轻的服装企业直接从线上开始成长，随后建立自己的品牌并进入生产领域，凭借对同龄人的理解研发产品，并依托网络平台进行销售。

新一代服装创业者用的时间比上一代少得多，巧妙地站在前辈们的肩膀上，实现了从 0 到 1 的快速发展。

### （二）科技创新助力品质提升

作为传统的劳动密集型产业，曾经的纺织服装产业门槛低，新品牌和新企业容易涌现，导致竞争激烈且缺乏秩序。然而，随着制造业普遍产能过剩，产品品质越来越受到行业重视。品质是品牌的基石，优秀的品牌必须依赖高品质的产品。

近年来，泉州纺织服装产业掀起了高科技风潮，各种“黑科技”层出不穷。以“男裤专家”九牧王为例，该品牌在男裤领域的成功并非偶然。

九牧王自 1989 年创立以来，专注于男裤领域，并在高性能面料方面投入大量研发资源，采用弹力织物、吸湿排汗面料等高性能材料，确保男裤舒适、透气，适应不同活动和气候条件；采用防抗菌技术，保持裤子清洁。同时，九牧王注重人体工学原理，提供更好的贴合度和舒适度。这些科技创新使九牧王的男裤品质优异，成为中国男裤的标杆品牌。

---

① 数据来自石狮市电子商务协会。

与九牧王类似，其他泉州知名品牌服装企业也拥有自己的研发实验室，甚至国家级研发机构，推出各种“黑科技”爆款产品，提升产品质量和创新设计，提高生产效率和提供消费者体验。例如，某些品牌推出了采用先进防皱技术的衬衫，让消费者无须频繁熨烫，节省时间。

简约成为当代消费趋势，尤其是在快节奏、高效率的工作生活方式下。对于商务着装中的衬衫这一品类，男士更注重品质、科技和功能性需求。然而，市面上衬衫材质和品质参差不齐，导致男士在挑选衬衫时更关注耐洗、抗皱、易打理等特性。

为满足消费者需求，利郎率先推出了“耐洗衬衫”系列，经过30次机洗后仍平整如新，符合现代快节奏生活的需求。此举不仅满足了男士对品质的要求，同时也符合现代消费者对便捷和舒适的追求。

利郎以“极致单品”为核心理念，从纱线开始进行研发，将消费者需求置于首位。经过后端流程前置，深入研究少量产品，提升品质和性能。利郎的极致单品，如牛仔裤、冰菠萝衫、拒水羽绒等，都有着强大的稳定性和后驱能力。利郎注重持续更新迭代，精准满足消费者需求，并通过消费者体验与感受来打造简约男装第一品牌。这种以消费者为中心的研发理念，使得利郎的产品更贴近市场需求，赢得了消费者的青睐。

2022年利郎财报显示，利郎2022年产品原创比例提升至75%以上，应用自行研发的独有面料的产品比例约50%。这表明科技创新在利郎的品牌发展和产品升级中起着至关重要的作用。

综上所述，泉州纺织服装产业通过科技创新助力品质提升，跟上了简约消费潮流，体现了品质至上的发展战略。随着越来越多的品牌注重科技研发与产品创新，泉州纺织服装产业有望在市场竞争中保持优势。

### （三）全面拥抱数字化浪潮

纺织服装产业的数字化和智能化转型是时代的必然趋势。中国制造经过几十年的发展，劳动力供需出现结构性失衡，企业用工需求超过劳动力供给；同时，劳动力成本逐渐增加，包括工资、社会保险和福利，给企业带来了压力。招工难已成为纺织服装企业普遍面临的问题，尤其是年轻人对辛苦、重复劳动的工作缺乏兴趣。

为了应对这一挑战，晋江市将“数字转型”确立为核心发展战略，推动全链条、全要素的变革，打造产业发展的新优势。晋江市正在从“产业之城”向“数字之城”转变。党的二十大报告提出“加快发展数字经济，促进数字经济和实体经济深度融合”，晋江市在新征程上，通过科技赋能、数字赋能等手段提升产业质量和效益，确立了“数智转型”核心发展战略，启动了“数字经济三年行动”，出台了产业数字化转型的 12 条措施等。2022 年，晋江市承办全省产业数字化转型现场会，引进了 2 个数字化服务平台，分行业打造了 14 个标杆项目，推出了 7 个应用套餐，带动 400 家企业上云、上平台，数字经济规模预计达 1780 亿元，占 GDP 比重达 56%。

一批领军企业已经开始打造工厂示范样板。随着现代消费趋势的变化，服装产业也倾向于小批量、快速反应和个性化定制。顺应这一新趋势并实现柔性生产，已成为企业数字化升级的重要需求。

除了龙头企业，中小企业也加入了数字化转型的行列。晋江市引导华为、SAP 等工业互联网企业面向中小企业推出低成本、快速部署、易维护的系统集成方案，支持中小企业进行研发、设备、供应链的数字化转型。柒牌是一家拥有 40 多年历史的品牌男装企业，近年来一直在稳步推进智能制造建设和数字化转型。柒牌引入了智能设备和数字化管理，取得了显著的成果。通过生产流程优化、数据追溯、供应链协同和智能制造，柒牌成功实现了 5G 示范应用，并成为服装行业 5G“智造”的标杆。七彩狐泳装集团是一家成立 27 年的泳装企业，在晋江英林镇的泳装产业中具有重要地位。七彩狐泳装集团通过引入智能化设备，成功提高了生产效率和产品质量。数字化设备的应用让其实现了生产效率的提升和质量的稳定，同时节约了人工成本。七彩狐泳装集团在全国拥有 10 家工厂，在晋江的五个厂区有 3000 多名工人，实现了一条龙全产业链经营的模式，95%的产品出口欧美、东南亚等国家，同时也开发了多样化的产品品种，进一步稳定了企业的效益。

除了晋江市，石狮市作为泉州的工业产业园区试点项目，也在数字化转型方面迈出了重要步伐。石狮服装智能制造园计划投资50亿元，规划总用地818亩，建设82亩标准厂房、105亩仓储研发销售中心、170亩物流中心、792套人才社区公寓，并预留118亩产业用地。石狮市在数字化转型方面，支持企业上云，打造工业互联网应用标杆，培育工业互联网平台，并引导企业智能化升级。这些举措让石狮市获得了“中国服装产业数字化转型示范城市”的称号。石狮市与华侨大学合作共建数字研究院，为数字化转型提供专业指导和技术支持。

### （四）疫情后的纺织服装行业

近年来，全球疫情对各行各业都产生了深远影响，纺织服装行业也不例外。疫情后，许多人原本期望经济会快速恢复，然而实际情况并非如此，消费持续下降。由于服装是耐用消费品，消费者的收入减少导致他们降低了购买服装的金额和频率。

纺织服装行业当前面临多重挑战。

首先，全球市场需求不确定性增强。全球经济和消费市场出现波动，导致需求下降，许多泉州纺织服装中小企业的出口受到了冲击。

其次，供应链压力也是一大挑战。疫情期间，全球产业链发生了重组和调整，地缘政治变化、贸易保护政策、国际关系紧张等因素都对纺织服装产业链产生了影响。企业需要重新评估供应链的合作伙伴和区域布局，进行灵活的供应链管理和风险防范，以适应新的贸易环境和市场需求。

此外，市场竞争的加剧也给行业带来了压力。纺织服装行业中一直竞争激烈，疫情后可能会更加激烈，国内外竞争对手将继续争夺市场份额和订单，国内区域竞争也更为激烈。

同时，当下纺织服装行业也有许多机遇。

首先，国内市场增长潜力巨大。中国经济总体仍然健康，未来消费有望持续增长和升级。尤其值得注意的是，年轻一代对国货的观念正在改变，国潮风依然有广阔的空间。同时，快时尚的兴起对纺织服装产业链提出了更高的要求，这恰恰是泉州的强项。

其次，创新和升级转型是迎接挑战的有效方式。企业需要加强创新能力和升级转型，推动产品的研发和升级。通过技术创新、智能化生产、绿色环保等方面的改进，可以提高产品竞争力和附加值。这是泉州纺织服装行业洗牌的时机，也是实现成长的机会。

再次，外贸多元化发展也有利于应对市场波动。尽管国际贸易环境不稳定，但泉州纺织服装企业可以通过拓展新兴市场、多元化的产品线和客户群，降低对单一市场的依赖、规避市场风险。

电子商务渠道的拓展也是值得关注的机遇。近年来泉州活跃的电商经济为纺织服装行业发展提供了有力支撑。未来，电子商务的发展将更加迅猛，为泉州纺织服装企业提供开拓线上市场和直接接触消费者的机会。加强电商渠道建设、提升线上销售能力和服务水平，能够扩大市场份额和增加销售渠道，已成为泉州纺织服装企业的共同选择。

最后，环保和可持续发展是未来的重要趋势。泉州纺织服装企业在加强绿色制造、可持续采购和环境责任方面已积累了不少经验，品牌企业的社会责任感备受认可。满足消费者对环保产品和可持续品牌的需求，将为企业带来更多商机。

综上所述，疫情后纺织服装行业面临着巨大的挑战，同时也面对大量机遇。只要能够加强创新、拓展多元化市场、发展电子商务渠道、注重可持续发展，泉州纺织服装企业将能够应对市场变化、实现可持续发展。勇敢面对挑战，积极把握机遇，泉州纺织服装企业定能迎来更加美好的发展前景。

## 三　关于泉州纺织服装产业未来发展的几点思考

经过 40 多年的奋斗，泉州纺织服装产业走出了一条从无到有、从弱到强的光荣之路，写下了无尽的创业故事，积累了丰富的产业经验，已成为中国纺织服装产业最重要的生产基地之一，影响遍及国内外市场。而这一切积累，只是一场新征程的开始。

### （一）继续发挥晋江经验，坚守实业，不断自主创新

晋江经验是对中国改革开放以来，地方经济发展和民营企业壮大的成功经验的科学总结，由习近平总书记在 2002 年 6 月福建省省长任上时提出，是一笔宝贵的精神财富。

晋江经验的鲜明特色是咬住实体经济不放松，依靠民营经济的发展来推动地方经济的增长和社会进步。在晋江经济发展的不同阶段，政府为企业提供了更好的市场环境、政策支持和公共服务，同时也加强了对企业的监管和管理，还高度注重本土企业家的培养，鼓励他们创新创业。正是因为始终保有创新氛围，泉州纺织服装产业才能在 40 多年中始终保持活力。显而易见，产业的成功主要来自对创新的渴望。

对一个国家和地区而言，能否保持自主创新的活力是关键中的关键，可以肯定地说，泉州纺织服装产业的未来取决于企业家和政府对于自主创新的愿望和能力，而在这一方面，泉州纺织服装产业责无旁贷，仍然大有可为。

### （二）转变心态，调整目标，重新寻找更精准的生存定位

一言以蔽之，对绝大多数纺织服装企业来说，“赚大钱、赚快钱”的暴利时代已经结束了。此时企业如果悲观失望，就会丧失做实业的信心，忽视挖掘潜在的赢利领域和机会。

今天的纺织服装企业都在纷纷寻求转型升级，以更好地适应市场变化。这就要求一些经营艰难的企业更清晰地调整自己的产品定位和商业模式，并以开放的心态拥抱新零售。

最重要的是要保持好积极的心态，过去的成功已经成为历史，只有先活下来，才会有未来的发展空间。

### （三）摒弃短线思维，树立长期主义的经营理念

中国的纺织服装产业发展到今天，越来越多的企业已经意识到，品牌沉淀需要长期的投入和努力，与西方国际品牌不同，中国的服装品牌时间最长

的也不过 20 年时间，而“罗马不是一天建成的”。纺织服装行业竞争激烈，短期的成功只是瞬时竞争的成功。

一个品牌的成功，首先要禁得住市场的风浪，更重要的是需要企业家树立长期主义的经营观，这常常是几代人努力的结果。形势越是变化莫测，越需要坚守品牌的内涵和文化。

在追求业绩的同时，可持续发展是企业必须考虑的命题。既往的短线思维侧重于短期目标和即时回报，更关注眼前的利益和市场波动，强调迅速获利和短期效益的最大化。而长期主义将目光放在未来，设定并追求长期的战略目标，以长期利益为导向，更注重可持续发展和长期价值的积累。

如何把握短期效益和长期战略的动态平衡、建立持久的竞争优势，有待企业家的进一步探索。

### （四）优化城市环境，吸引人才留在本地

经济的竞争不仅体现在产业上，更是人才的竞争。随着电商经济的快速发展，如何打造更宜居的人才环境是城市的必修课，使创业者觉得来这里不仅是赚钱，更可以安居乐业。过去这些年，伴随着制造业的崛起，泉州的城市化也飞速发展。

对纺织服装产业来说，如何留住高素质的研发设计和营销人才，部分取决于城市本身的吸引力。一个地区的魅力越强、生活条件越优越、环境越好，才越吸引年轻人。充足的工作机会、良好的基础设施和公共服务、宜居的环境、人才成长空间、政策支持和优惠措施都有助于集聚人才。

我们乐观地看到，泉州近几年来在软环境建设方面已经颇有进展，它的宜居价值将会得到更多的认可。

**B**.6

# 2023年泉州体育产业发展报告：以运动鞋制造为例

孙 虹*

**摘 要：** 以运动鞋为代表的体育产业，是泉州产业经济领域最强的一个分支。“十三五”期间，泉州体育产业发展成绩可圈可点，总产值居全国第一位，集聚全国体育用品制造业核心资源，形成“百花齐放”的格局。2020年以来，面对新冠疫情的冲击、国内外市场需求的变化和国际局势的影响，泉州众多鞋企尤其是中小制鞋企业不同程度地面临发展上的难题。本报告聚焦2022年泉州以运动鞋为主体的体育产业发展状况，通过分析安踏体育、特步国际、361°等代表性企业应对机遇与调整时采取的战略举措及其取得的成绩，总结展望未来，泉州体育产业如何在创新研发黑科技、紧随国潮风向、捕捉国际赛事和电子竞技商机等方面寻求破局。

**关键词：** 闽商 体育产业 运动鞋制造 泉州

改革开放以来，爱拼敢赢的泉州人以运动鞋制造为主体，缔造了一个总产值超过千亿元的体育产业集群，产业生态完善、企业数量众多。

统计数据显示，截至2022年11月，泉州市共有16280家体育企业，位居福建省第一；其中规模以上企业27家，涌现出安踏、匹克、361°、舒华

* 孙虹，中新社泉州支社副社长，主要研究领域为产业经济。

等众多走向世界舞台的民族品牌，全市体育产业总产值超3000亿元，占全省体育产业总产值的70%以上，占全国的11.14%。全市共有国家级体育产业示范基地1个、国家级体育产业示范单位7家，数量居全省第一。①

作为中国体育产业重镇，多年来，泉州高度重视体育产业发展，深入布局体育产业链条，先后出台多项相关政策，设立市级体育产业发展专项资金，推动体育用品制造企业转型升级，形成“百花齐放”的新格局。

截至目前，泉州共有12家体育企业在境内外资本市场上市，72家体育企业在新三板和海峡股权交易中心挂牌。

## 一　改革开放以来泉州体育产业发展历史回顾

### （一）野蛮生长期（改革开放初期）

泉州运动鞋产业、纺织服装产业都是在改革开放初期逐渐兴起，形成了在国内颇具影响力和代表性的两大行业集群。20世纪70年代，以晋江为代表的侨乡泉州沐浴在改革开放的春风里，1979年3月，晋江县陈埭镇洋埭村村民林土秋等14人，以人均2000元的标准“联户集资”，创办了“洋埭服装鞋帽厂”，敲出第一双“晋江鞋”。

彼时，在侨汇和社会闲散资金的资助下，晋江民众依靠简陋的家庭作坊生产方式，“泥腿子”背着行囊走遍世界，从星星之火发展成燎原之势，在“野蛮生长”中一步步形成“中国鞋都”的雏形。在鼎盛时期，晋江200万人口中有超过三分之一的人加入造鞋产业链。

很快，泉州鞋业的发展盛况引起了外资的注意。20世纪80年代，造鞋产业链陆续从中国台湾地区向大陆转移，阿迪达斯、耐克等国际运动品牌纷纷将运动鞋工厂设在了晋江，国外运动品牌的代工订单纷至沓来，按外贸订

① 《泉州：体育事业与体育产业“双星”闪耀》，福建省体育局，https://tyj.fj.gov.cn/zwgk/xwzx/sxdt/202211/t20221123_6060624.htm，2022年11月23日。

单组织生产的 OEM（Original Entrusted Manufacture，即协作生产）代工厂模式让泉州鞋业迎来了发展机遇。

以贴牌代工为主的生产模式一直延续至 1997 年，在东南亚金融危机这一记重拳下，海外订单顿时锐减。随着市场竞争日益激烈，埋头苦干的泉州企业家抬起头发现，代工的生存空间越来越有限，工人们夜以继日地代工生产取得的，不过是全球产业链中最微薄的利润。这也让企业家们意识到：唯有创造属于自己的品牌，才能拥有更广阔的天地。

## （二）觉醒创牌期（20世纪90年代）

尽管早就知道“贴牌是做人家的生意，品牌是干自己的事业”，真正促使晋江人下决心转型做品牌，却是亚洲金融危机所带来的产业大洗牌。

1997 年，席卷亚洲的金融危机爆发。各地外向型经济及贴牌生产模式遭受重创，外贸订单急剧缩水，利润水平大幅下降，众多晋江鞋商濒临亏损，一些单纯靠外单加工的中小企业纷纷关门倒闭。

自那时起，中国运动鞋行业迎来一次影响深远的创牌革命。运动鞋品牌从无到有，快速开店扩张，进入持续近 20 年的蓝海发展期，这一阶段的市场具备典型的增量市场特征。

也是在这个阶段，泉州企业紧跟行业步伐，企业运营的着力点陆续转向打造品牌、扩张发展，涌现出安踏、匹克、特步、361°等多个运动鞋品牌。

1999 年，还在摸索自主品牌建设的安踏创始人丁世忠，大胆地拿出 80 万元请“乒乓王子”孔令辉担任形象代言人，并向央视体育频道支付 300 万元广告费。按照当年安踏公司的财务状况，“明星+广告”的总支出，恰巧等于公司全年的总利润。

此举胆量、手笔之大，在当时多数业界专家的眼中，无论用何种营销策略或风险评估，都是一场风险巨大的“豪赌”。

但孔令辉和丁世忠都赢了。与安踏签约的第二年，孔令辉获得 2000 年悉尼奥运会乒乓球男子单打冠军，那句“我选择，我喜欢”的广告语让安踏品牌家喻户晓，当年营业额从 2000 万元飙升至 2 亿元。从 2001 年到 2007

年，安踏销售收入一路增长到12.5亿元。从此，安踏拉开了与其他晋江鞋企的差距，成为名副其实的行业领头羊。

### （三）提升造牌期（2000~2010年）

一石激起千层浪，“明星+广告”模式成为晋江乃至泉州鞋企造牌的重要法宝，一场轰轰烈烈的“造牌运动”上演了。

金莱克选择了乒乓球女子单打世界冠军王楠代言，并拿下“中国第六届大学生运动会专用运动鞋”的赞助权益。喜得龙请来了曾任中国乒乓球国家队总教练的蔡振华，还请来郭富城，赞助了中国流行音乐排行榜颁奖盛典。德尔惠签下周杰伦为其代言。安踏签约萧亚轩为其代言。

从专业运动鞋到时尚休闲鞋，从请体育明星到邀文艺明星，鞋企不仅借助明星把品牌从“运动会”带进了“演唱会”，还使年度代言费从几十万元涨到数百万元。一些出不起大价钱却又“求星若渴”的小鞋企，只好低价请出二三线明星当“救星”，或者干脆找几个“明星脸”做替身打广告。

据不完全统计，仅2003年，晋江鞋企就聘请了30多位明星代言，纷纷登陆央视体育频道，轮番进行“广告轰炸”。2006年德国世界杯期间，央视体育频道有约四分之一的广告时段被晋江鞋企品牌占据，被人调侃为“晋江频道”。

2008年，随着北京奥运会成功举办，中国体育品牌迎来了快速发展期，一路狂飙突进，行业规模达到了1039亿元。在此前后，泉州鞋企也掀起资本上市风潮。2007年，安踏在中国香港上市；上市当天，企业市值达到200亿元。2008年，特步、匹克在中国香港上市。2009年，361°在中国香港上市。造牌声势达到高峰。

### （四）改革重塑期（2010年至今）

随着奥运热潮的褪去，加上全球金融危机的冲击，中国体育品牌的此轮快速发展期仅持续几年，随后进入第一轮下滑周期。大量过剩的运动鞋服积压在仓库、门店，体育消费也不如各家运动品牌设想的那么火热。

2012 年前后，国产运动鞋服行业迎来“至暗时刻”，由于长期无序扩张，疯狂开专卖店、打价格战，产品同质化，库存高企，不少企业资金链断裂。中国体育运动用品行业进入了全面“调整期”。

那时，晋江各大鞋厂笼罩在库存危机的阴影下，就连头部公司也被波及，喜得龙、金莱克等品牌从市场上消失。到 2012 年，匹克共关店 1323 家。2013 年上半年，361°营收同比下降 30.4%，产品库存周期从 56 日增至 67 日。

安踏也同样面临危机。丁世忠透露：“当时遭遇了创业以来最大的危机，2012 年营收倒跌 20%，库存比正常高一倍。”经过分析发现，问题症结在于经营模式。要改变品牌批发型公司的运作模式，转型成为品牌零售型公司。“两个字的改变是思维和理念的巨大改变。”①

原来的模式无以为继，创新驱动传统鞋服产业转型和重获新生。以安踏、特步、361°等为代表的运动鞋服企业敏锐捕捉国内消费升级动向，在面料、设计、工艺、流程管理等方面持续创新。“舒适”“科技”“时尚”等元素成为运动鞋“新国货”标签，契合了国人多元化消费需求，赢得了越来越多的消费者认同。这些创新企业形成了运动鞋服领域的一支泉州品牌方阵。

## 二　2022年泉州体育用品企业发展现状和问题

对于大多数中国体育产业从业者而言，2022 年是非常不平凡的体育大年。北京冬奥会成功带动“三亿人上冰雪”，持续拉动中国冰雪消费；卡塔尔世界杯上，中国企业成为头号“金主”，中国品牌通过体育营销推动品牌出海的热情大增；中国的体育上市公司数量在 2022 年增至 44 家，安踏 2022 年上半年首次超越耐克和阿迪达斯在中国市场的营收；全新修订的《体育法》在 2023 年开始实施，体育产业相关法条首次独立成章，为体育产业实现高质量增长奠定基础。

① 《泉企几十年奋斗历程见证从一双鞋到千亿体育产业的蜕变》，泉州网，https：//www.qzwb.com/gb/content/2019-06/05/content_ 5998603.htm，2019 年 6 月 5 日。

体育运动鞋服品牌方面，在消费信心不足、居民消费低迷的大背景下，中国本土运动品牌的销量仍稳中有增。其中，安踏 2022 年上半年实现营收 259.65 亿元，同比增长 13.8%，首次坐上国内体育鞋服市场第一的宝座。

## （一）发展现状

2020 年以来，虽然整个中国体育产业受到新冠疫情较大影响，整体产值表现不佳，但在顶级体育赛事拉动、国潮热度持续攀升下，国民健康运动意识加强，直播带货、线上教学、电子竞技等迅速发展，体育消费方式日益呈现出线上化、多元化的趋势，新的体育消费形态悄然产生并且迅速发展壮大，中国体育产业在变革中不断探索新的方向与出路，以安踏、匹克、特步、361°等龙头企业为代表的泉州体育品牌也抓住机遇乘风而上。

2022 年 3 月中旬，受疫情影响，泉州企业及产业链突遭“倒春寒”，生产、运输一度受到严重影响，厂区封闭管理、原材料短缺、产能利用率低等问题叠加，让多数企业苦不堪言。同时，泉州体育场馆、体育赛事、健身休闲业、体育培训、体育旅游等相关行业因疫情影响被迫“停摆”。

长年深耕鞋服领域的泉州企业在疫情期间克服影响，在做好疫情防控的前提下，仍保持生产经营不断线，开足马力达产满产。2022 年 8 月 5 日，泉州市体育局印发《泉州市体育行业常态化新冠肺炎疫情防控工作方案（2022 版）》，确保体育行业健康稳定高质量发展。

### 1. 龙头企业各显神通，全年数据可圈可点

疫情期间，中国体育用品行业进入了新的周期，尤其是 2022 年，堪称本土运动品牌爆发增长的一年。在这个周期中，安踏于 2021 年在国内市场的份额超越了阿迪达斯，2022 年首次超越耐克成为国内市场年度第一；李宁、特步、361°、匹克等民族品牌借助国潮的兴起进一步拓展“跨界 IP”、文化复兴等，并凭借自身深耕多年的优势领域和黑科技弥补各自短板，持续拓展细分市场，国产品牌特别是泉州本土品牌基本全年业绩飘红，在营收跟利润双增长的情况下强势突围。

（1）安踏体育

2022 年，虽然整个产业受到新冠疫情较大影响，但安踏的表现一如既往的强势。安踏体育（HK02020）于 2023 年 3 月 21 日披露的 2022 年业绩报告显示，2022 年公司全年收入增长 8.8%，达到 536.5 亿元，这也是安踏年收入首次突破 500 亿元大关，首次超越耐克在中国市场的 514.22 亿元（71.65 亿美元）。[①]

安踏长期坚持“单聚焦、多品牌、全球化”的发展战略，其中主品牌安踏受益于北京冬奥会，在 2022 年实现销售收入 277.2 亿元，同比增长 15.5%。

从渠道上看，安踏体育 2022 年的 DTC（直面消费者模式）、电子商贸和传统批发及其他分别贡献销售收入约 137 亿元、97 亿元和 44 亿元，同比分别增长 60%、17.7%和−39.8%。

对此安踏体育表示，集团的线下零售业务受到客流量显著下降及消费意愿减弱带来的双重不利影响，因而拖慢了零售表现的增长势头。尽管如此，集团策略性拓展电子商贸平台（线上渠道）以推动线上销售，抵消了部分实体店暂停营运的影响。

公告显示，自 2015 年销售收入破百亿元后，安踏用 7 年时间实现了从 100 亿元到 500 亿元的跨越，年复合增长率超过 25%，在中国运动鞋服市场上位居前列。

（2）特步

2023 年 3 月 22 日，特步集团发布 2022 年全年业绩[②]。财报显示，特步集团 2022 年全年销售收入 129.3 亿元，同比增长 29.1%，集团经营利润为 14.64 亿元，同比增长 4.9%。

2021 年，特步集团创下销售收入 100.13 亿元的纪录，首次突破百亿元

① 《国产体育品牌业绩齐创新高》，国家体育总局，https：//www.sport.gov.cn/n20001280/n20745751/c25367158/content.html，2023 年 3 月 24 日。

② 《特步 2022 年收入 129.3 亿元创新高，近三成涨幅领跑国产运动品牌》，界面新闻，https：//www.jiemian.com/article/9110571.html，2023 年 3 月 22 日。

大关，而2022年近30%的销售收入涨幅，也高于安踏、361°和李宁，领跑国产运动品牌。

分品牌来看，特步主品牌收入贡献最大，为111.28亿元，同比增长25.9%；经营利润达17.59亿元，同比增长9.4%；净利润达13.45亿元，同比增长10.7%。

零售渠道方面，特步主品牌也在进一步升级。截至2022年底，特步在中国内地及海外开设了6313家特步成人店铺。

跑步产品一直是特步主品牌的核心。目前特步在全国拥有近200万名特跑族会员以及49家跑步俱乐部，并已赞助海内外超千场路跑赛事。

2022年，特步与彭建华、董国建等运动员合作，穿着特步产品的跑者在2022年中国马拉松男子百强中的占比高达35%。这是国产品牌首次在这一数据上超越国际品牌。

2022年9月，特步于北京水立方召开了“世界跑鞋，中国特步”品牌战略发布会，并正式公布品牌全新战略定位——“世界级中国跑鞋”，这也意味着品牌将继续开拓全球市场。

（3）361°

2023年3月16日，361°（HK01361）发布2022年度财务报告①。报告显示，361°全年营业收入69.61亿元，同比增长17.3%，实现毛利28.21亿元，同比增长14.1%，权益持有人应占溢利为7.47亿元，同比增长24.2%。两大核心产品鞋类和服装的销售收入，分别同比增加12.7%至28.54亿元和增加14%至24.48亿元；两个品类的整体收益占比分别为41%和35.2%。

从年报上看，361°稳健的业绩表现主要受到其“专业运动+运动潮流”策略、童装及电商平台高质量发展等多重因素共同驱动，公司的综合竞争力已有长足进步。

作为国内知名运动品牌，361°近年来持续加大科技投入，致力于以科技

① 《361度2022年营收69.61亿元同比增长17.3%》，东方财富网，https：//finance.eastmoney.com/a/202303162663733092.html，2023年3月16日。

赋能产业发展。年报显示，2022 年公司研发支出占总收入的 3.8%，在国内头部体育品牌中位居前列。

年报显示，361°电商业务营收同比增长 37.3%至 16.9 亿元。361°与天猫、京东、唯品会等电子商务平台继续深度合作，通过不同渠道或平台触达更多消费者，利用不同的在线销售渠道来提高整体销量。

除了电商运营效能得到优化外，361°也在持续推进线下门店布局。目前，361°在全球拥有 6672 家门店，其中中国内地销售网点较 2021 年底净增 210 个至 5480 家，一、二线城市网点占比提升至 23.7%。通过提升电商运营效能以及加快线下门店布局，361°积极推动线上线下全渠道升级建设与融合发展。

2022 年，361°的产品在专业功能属性提升上有较大突破。公司加码科研创新，同时借力知名跑者及篮球明星的专业支持，推出了多款新科技产品，收获市场火爆反响。另外，公司在行业内首度提出了“碳捕捉”概念，以全新“CQT 碳临界科技”践行绿色低碳理念，并同步推出飞燃Ⅱ、AG3PRO等多款应用该科技的鞋品，展现出科研实力与前瞻性。

在 2022 年 11 月举办的厦门马拉松上，361°产品在 3 小时内完赛的参赛跑者中穿着率大幅提升至 8.5%，飙升至国产运动品牌前三，可见其专业领域内的竞争力已经不可同日而语。

（4）其他

相较安踏、特步、361°，中乔体育、贵人鸟这两家龙头显得相对低调。

2020 年 7 月 31 日，中国运动品牌乔丹体育以 6250 万美元的价格，从美国公司艾康尼斯处收购了茵宝中国股权以及茵宝在大中华区的品牌知识产权，自此获得茵宝中国完整业务的控制权。2021 年 1 月，原乔丹体育股份有限公司进行工商变更，企业名称变更为中乔体育股份有限公司。

经过一系列梳理调整后，2022 年，获得茵宝控制权的中乔体育凭借茵宝以“茵为热爱”之名回归中国市场，致力于在中国市场打造具有足球基因的都市运动生活方式品牌。除了推出拥有深厚底蕴的足球、训练及跑步专业运动产品系列外，茵宝还将为中国消费者带来运动休闲、1924 系列高端产品及众多品牌联名系列产品。

贵人鸟在走出重整风波后，2021 年财报显示实现营收 14.19 亿元，同比增长 19.43%；实现净利润 3.63 亿元，其中归属于上市公司股东的净利润 3.6 亿元，实现扭亏为盈。

“2021 年是公司浴火重生、凤凰涅槃的一年。”贵人鸟在财报中直接指出，在 2021 年 7 月司法重整计划执行完毕后，综合考虑贵人鸟实际情况和未来业务发展规划，为整合和聚焦优质资源，着力提升产品力、品牌力、渠道力，贵人鸟将运动鞋产品以自主生产为主的生产模式调整为外协加工采购模式。

不同于国产品牌着力突破一线城市的做法，贵人鸟选择重视三、四线城市，凭借差异化的品牌定位以及战略性的三、四线城市布局，利用大规模的营销网络和零售终端，后续表现也值得关注。截至 2021 年 12 月 31 日，贵人鸟品牌零售终端达到 1532 家，其中三线城市零售终端 318 家，四线城市零售终端 435 家。

此外，作为晋江的后起之秀，晋江市远祥服装织造有限公司（卡尔美体育用品有限公司）于 2021 年被认定为“国家体育产业示范单位”，成为泉州继匹克、361°、舒华、安踏、特步、志闽旅游之后，第七家被评定为“国家体育产业示范单位”的企业。至此，泉州市国家体育产业基地总数位居全省第一。

2022 年，卡尔美与阿根廷篮球联合会（CAB）达成为期 3 年的战略合作，卡尔美成功助力阿根廷男篮国家队收获 2022 年美锦赛冠军。同年，卡尔美作为亚洲顶级机构亚足联（AFC）的全球官方赞助商（2021 ~ 2024 年），为 2022 年女足亚洲杯赛事提供专业的装备支持，并且见证了中国女足时隔 16 年重夺亚洲杯冠军。此外，卡尔美将为 2023 年亚足联中国亚洲杯提供官方比赛用球。这体现了卡尔美继续深耕足球领域、挖掘自身足球基因的策略。

近年来，卡尔美持续不断地推出满足消费者越来越多样化需求的创新产品，努力成为一个能够代表中国的国际化运动品牌，探索新的合作领域，在企业国际化的同时，配合中国体育产业的发展。

总体来说，疫情后泉州体育品牌要努力抓住国家全民健身等一系列政策机遇，乘风而上，结合自身的优势和市场布局，继续在服务方向上，尝试跨界与其他产业的合作，跟各大 IP 合作推出联名款，更加重视线上渠道的电商打造，延展自己的产业链条，建立社群，完善自己的布局。

2. 国潮出击，国货腾飞正当时

新华网《国潮品牌年轻消费洞察报告》显示，近 10 年间，国潮搜索热度增长超 5 倍，“90 后”“00 后”贡献了 74%的国潮消费。越来越多的年轻一代钟情于新国货，已成为国货消费中不可小觑的主力军。在年轻人期待本土品牌崛起的同时，国潮品牌也在积极开拓市场。

2022 年上半年，在国潮的引领下，中国运动鞋服市场格局被彻底改变。

国内四大运动品牌安踏、特步、李宁和 361°的增速反超国际品牌，开始打破耐克、阿迪达斯的双巨头“铁幕”，实现突围。随着国潮兴起、消费升级，多元体育需求骤增，更多本土原创新锐运动品牌也加入进来，中国体育鞋服市场呈现百花齐放的格局。

站在“国货腾飞”的风口上，已形成配套完整且成熟的产业链的泉州体育产业，拥有较好的外部环境和核心优势。买国货、用国货、晒国货，当文化自信的风吹进消费领域，国潮自然成为作为历史文化名城、民营经济沃土的泉州的“新成色”。

2022 年 11 月底，由中国品牌建设促进会、丝路规划研究中心主办的“国潮品牌大会（泉州）暨丝路品牌侨商对接会”在石狮举办[①]。会上，包括安踏、鸿星尔克、匹克、361°、特步等多家体育用品企业在内，共 16 家泉州企业获得“国潮品牌”荣誉称号。此前，泉州被《中国城市报》、中国国家品牌网联合授予“国潮品牌之都”称号，成为全国首个获得该称号的城市，开启国潮品牌的全新征程。

作为国潮品牌大会的策源地，泉州孕育了多个全国乃至全球知名的品

① 《2022 年终盘点：泉州踢好后疫情时代的下半场》，泉州网，https：//www. qzwb. com/gb/content/2022-12/27/content_ 7178059. htm，2022 年 12 月 27 日。

牌，所生产的产品不断刷新和提升年轻消费者对品牌的认知，体现出独特的品牌特色和文化态度，推动国潮成为大热的经济文化现象，与年轻消费者产生持续共鸣。

比起国际运动大牌的价值符号，国内品牌以“高性价比”为卖点引发大众关注，从而逐渐赢得 Z 世代的欢心。从高性价比运动鞋到运动装备，国产运动品牌逐渐摆脱了“低价”“老土”的标签，逐渐成了兼具性价比与潮流的“真香”好货。

安踏的跨越式发展便是运动鞋服品牌“国潮”兴起的一个缩影，或者说，安踏跟随了时代潮流，抓住了年轻人的消费心理。2022 年安踏的品牌营销就很成功，比如在北京冬奥会上，安踏打造的 12 支国家队比赛装备和领奖服令人印象深刻。运动鞋服品牌，得年轻人者得天下，引领“国潮”者得市场，这可以算是安踏的产品竞争力和品牌影响力所在。

3. 多孩政策下的童装布局

如今，随着“双减”与“三孩”政策的落地，童装市场的发展潜力已成行业共识，而运动品牌在儿童产品上具有先天优势，加之国家对青少年及学校体育工作越来越重视，儿童体育用品这一细分赛道呈现高景气度，儿童业务无疑将成为泉州体育产业保持稳健增长的有力支撑。

早在 2009 年，361°就在童装领域进行了先手布局，由此成为国内最早布局童装业务的体育品牌之一，并不断深化布局，在愈发激烈的品牌竞争当中占据先手优势。

时至今日，361°已在该领域树立了显著优势，童装业务已经成为业绩第二增长曲线，在企业营收中占据重要地位。

据统计，2022 年 361°儿童业务同比实现 30.3%的高增速，录得营业收入 14.4 亿元，占总收入比例由 2021 年同期的 18.7%提升至 20.7%。361°儿童以“青少年运动专家”为品牌定位，秉承主品牌策略，充分发挥 IP 联名运营优势，构筑差异化竞争优势，在青少年足球领域具有明显的先发优势。

2022 年上半年，361°儿童全新推出跳绳鞋及赞助跳绳国家队，持续丰富童装产品品类，提升市场占有率。

2022 年，特步童装业务全年收入同比增长约 52%，营收占比为 15%。特步称公司加大了对儿童业务的资源投入。

安踏体育同样看重儿童业务的布局，从财报看，安踏并未透露具体数据，但指出安踏儿童持续保持中国儿童运动市场份额第一的位置。目前安踏儿童已针对骑行、平衡车、篮球、滑板、街舞、户外、飞盘、橄榄球等新兴运动领域进行布局。

《2022 中国童装童鞋未来消费新趋势报告》显示，2021 年我国童装行业市场规模为 2869 亿元，预计 2025 年市场规模将达到 4738 亿元。

根据 Euronmonitor 的数据，中国童装行业市场占有率第一的仍是森马（Semir）旗下的巴拉巴拉童装，占 7. 1%的市场份额。其次是安踏儿童，市占率为 1. 6%。耐克、阿迪达斯童装的市占率数据也进入了前十。[①]

多家证券机构的研报指出，我国童装市场目前需求大、市场份额分散，仍有较大提升空间。因此童装这个近 5000 亿元的“大蛋糕”，泉州运动品牌也不可能错过。

## （二）面临的问题与挑战

作为中国体育产业中的主力，泉州企业在经历了数十年的蓬勃发展之后，因受到新冠疫情、国际经济环境不景气和内部政策变化的影响，自 2020 年起，相继进入调整期，裁员、“打骨折”、“关店潮”、“高库存”等现象比比皆是。泉州企业站在行业发展的“十字路口”，既面临挑战，也拥有机遇。

### 1. 创新不止，如何玩转黑科技

纵观世界体育用品一线品牌的发展，都离不开创新这一“催化剂”。因此，仍然处在上行期的泉州体育用品行业在转型升级过程中致力于找到属于自己的创新点。

① 《国产运动品牌年营收突破千亿大关，安踏、李宁超越阿迪达斯》，界面新闻，https：//www. jiemian. com/article/9144056. html，2023 年 3 月 30 日。

一双运动鞋，从丝线、布料、鞋底到成品，有100多道工序，从“一根丝”到“一双鞋”，涉及的上下游企业数以万计，在从聚酯切片、纱线、网布、染整到面料、鞋材、鞋底、配饰等的产业链各个环节，创新蔚然成风。

据福建省鞋业行业协会发布的《2022年全球运动鞋行业技术全景图谱》，全球运动鞋行业专利申请数量前十名中，泉州企业首次占据半数，包括贵人鸟股份有限公司、泉州匹克鞋业有限公司、安踏（中国）有限公司、特步（中国）有限公司、福建鸿星尔克体育用品有限公司。

据安踏体育2022年全年业绩公告，报告期内，公司投入近13亿元用于创新研发，与清华大学、东华大学等院校在材料、工艺、设计等领域的前瞻性研发与创新成果市场转化上，展开深度合作。公司同时设立了规模超过2亿元的专项创新基金，以进一步提升产品竞争力。

特步集团董事局主席兼CEO丁水波透露，未来10年特步将投入50亿元助力中国路跑事业，包括产品研发创新、赛事及运动员支持、跑步群体运营支持等。

而361°在研发中的高投入亦收获了高额回报。2022年，361°先后推出了包括飞飚、飞燃ST、飞燃Ⅱ跑鞋及AG3PRO、DVD1篮球鞋等在内的众多专业级爆款尖货，在市场端表现出色，帮助品牌实现了销量与口碑双赢。2022年12月，361°提出了“CQT碳临界科技”，成为行业内首个提出“碳捕捉”概念的运动品牌。

361°相关负责人表示，凭借在科研端的大手笔投入，361°穿越行业发展周期，实体市场与资本市场均处于上升通道。接下来，361°将持续加大研发投入，积极推动产品科研创新，深化品牌价值，为长期高质量发展奠定稳固基础。

在各鞋企创新研发投入的基础上，2022年中国的黑科技跑鞋领域可谓是百花齐放。其中，特步先后推出了“160X 3.0”“160X 3.0 PRO”两款马拉松专业竞速跑鞋，无论是在厦门马拉松充分发挥主场优势，还是在北京、上海“反客为主”，特步均展现出其在中国路跑赛道的绝对领导力，成为

2022 年马拉松赛季当仁不让的最大赢家。

安踏则在 2022 年推出搭载国家队同款氮科技的安踏“马赫 2.0”竞速训练跑鞋、史上第一款直接以“奥运冠军”命名的跑鞋、顶级马拉松碳板竞速跑鞋 C202GT 系列的第二代。

361°跑鞋是 2022 年马拉松赛道上提升幅度最为惊人的品牌，其飞燃Ⅱ、飞飚跑鞋多次伴随运动员登上领奖台。

此外，中乔体育、鸿星尔克、匹克等国产运动品牌的跑鞋矩阵也进行了更新换代，助力更多跑者在马拉松赛道上实现 PB（Personal Best，即个人最好成绩）。

值得一提的是，2021 年 7 月，全国体育用品标准化技术委员会运动鞋标准工作组在晋江成立，这是全国首个运动鞋标准工作组。工作组由 13 家运动鞋领域的委员组成，涵盖了企业、高校、科研院所、检验机构等各界代表，安踏为工作组委员之一，这代表晋江企业在运动鞋领域的龙头地位进一步加强，也意味着未来将会有越来越多的运动鞋行业、国家甚至国际标准出自晋江，而晋江运动鞋产业也将通过掌握标准制定修订的主动权，取得市场竞争优势，引领行业实现高质量发展。

全国体育用品标准化技术委员会主任委员罗杰表示，以往标准工作组基本设在北京或者其他一线城市，这是首次设在县级市，不仅是工作的一次改革，也是因为看中了晋江完整的运动鞋产业链优势以及晋江企业在标准制定修订方面的经验和基础。

据悉，除了消费者所熟悉的篮球鞋、足球鞋、网球鞋、马拉松鞋等，工作组也提出制定毽子鞋、跳绳鞋等全民健身方向的运动鞋标准，以及中学生体育运动相关运动鞋的标准，并将逐步实施标准体系建设计划。

**2. 市场竞争多元化，子品牌表现参差不齐**

从市场供需和竞争格局来看，2022 年以来，运动鞋动销良好，去库存进程相对顺利。尤其是随着新冠疫情阴霾的逐步消散，市场销售景气度持续恢复，众多头部品牌开始进一步扩充产能以满足市场新增需求。

2009 年，安踏花了 3.32 亿元从百丽集团手中收购意大利品牌 FILA，该品牌主打高尔夫、网球等运动休闲系列服饰。此后，安踏直接对标耐克和阿迪达斯，瞄准了一系列中高端运动品牌：2016 年安踏收购英国户外品牌迪桑特，2017 年收购滑雪品牌可隆，2019 年则将拥有始祖鸟等品牌的亚玛芬集团收入麾下。

FILA 大中华区的业务被收购后，得到了安踏集团大量的资源倾斜。彼时，高级运动时装细分市场潜力巨大，早在 2015 年，FILA 中国业务就实现了盈利。然而，曾作为安踏集团“双引擎”甚至曾力撑业绩的 FILA 品牌，在 2022 年出现下滑。

事实上，在 2020 年，FILA 以近 20%的同比涨幅，贡献了 174.5 亿元的营收，超越了同比跌幅达 9.7%、营收 157.5 亿元的安踏品牌，不仅维持住了彼时安踏的业绩，也是 2020 年国产运动品牌中营收最高的。

2021 年，FILA 品牌以 25.1%的高同比涨幅，录得 218.22 亿元营收，而到了 2022 年，FILA 品牌营收为 215.2 亿元，同比下滑了 1.38%，年度营收低于安踏品牌，也低于李宁品牌。

对于 FILA 业绩的下滑，安踏方面表示：“从全球市场来看，在 30 亿美元规模以上体量的品牌，还能持续保持高速增长的几乎没有。FILA 在经过过往 5~6 年的狂飙突进后，未来对增长速度的追求，将让位于对增长质量的重视与把控。”

意识到 FILA 遭遇天花板，安踏集团也开始更看重“第三增长曲线”：迪桑特（DESCENTE）、可隆（KOLON SPORT）等“其他品牌”板块实现高增长，2022 年营业收入 44.1 亿元，同比大涨 26.1%，补上了 FILA 业绩下滑带来的空缺。安踏的全球化进程也取得新突破，旗下的合营公司亚玛芬体育凭借始祖鸟等品牌的亮眼表现，在 2022 年实现 21.8%的同比高增长并实现盈利。

特步集团目前初步形成明确的细分品牌矩阵：2022 年，索康尼所在的专业运动板块收入翻倍，突破 4 亿元；盖世威和帕拉丁所在的时尚运动板块收入大涨 44.4%，达 14.03 亿元，占集团总收入的 10.8%。

晋江市远祥服装织造有限公司（卡尔美体育用品有限公司）体育总裁

柯永祥表示，自 2014 年收购卡尔美中国商标权后，公司逐步接手卡尔美的全球业务，在成功转型为品牌公司后所呈现的每年稳定增长，就是得益于卡尔美在中国及国际体育市场稳扎稳打的硕果。

目前，国内运动鞋市场按照营收水平已分为三大梯队。处于第一梯队的阿迪达斯、耐克和安踏体育年均营收均超 100 亿元；第二梯队的李宁、特步，年营收为 50 亿~100 亿元；第三梯队则为其他年营收在 50 亿元以下的中小品牌。从竞争实力来看，第一梯队在品牌、渠道、供应链、资金等方面的优势都更为明显。

可以肯定的是，经历数十年的发展，中国的运动服饰品牌已能够在国内市场与耐克、阿迪达斯等国际品牌抗衡。不过随着外部环境日益复杂，消费者意愿不断变化，竞争也相应地激烈起来，库存问题和增长问题摆在眼前。更为长远的挑战则在于，如何坚持长期主义，回归产品本身，满足日益多元的消费者需求。

3. 国产品牌“出海”困境

2022 年北京冬奥会这场冰雪盛会不仅多次登上热搜，还引发了全民对冰雪运动的热情。除了运动健儿的比拼，国内外运动品牌的“竞技”也引起人们的关注。虽然安踏等国产运动品牌在此届冬奥会上收获了不少的流量，但当前国际品牌在全球资源壁垒、市场方向话语权上具有显著优势。

在营收和规模上，或许国产运动品牌在步步逼近甚至超越国际品牌，但在品牌溢价上却不一定如此。从电商平台可见，耐克和阿迪达斯官方旗舰店里销量最高的鞋价格为 700~900 元，而安踏和李宁官方旗舰店里销量最高的鞋价格为 200~300 元，价格只有前者的 1/3 左右。

安踏选择坚守“单聚焦、多品牌、全渠道”战略，通过收购多个海外品牌进入中高端市场。李宁则坚持“单品牌、多品类、多渠道”战略，通过纽约时装周等高端活动推出时尚领域的中高端产品系列，将运动本身与中国传统文化、复古潮流融会贯通。特步尝试通过收购打造“第二增长曲线”，通过合营或收购，将高端品牌索康尼、迈乐、盖世威和帕拉丁等纳入旗下。在鞋品科技方面，安踏有“氮科技”，匹克推出“态极”中底等，但是仍然无法在国际市场获得优势，这也是国内品牌研发投入不足的体现之一，当然这也是由于国产品牌发展较晚，竞争力和利润空间有限。

各大国产品牌的研发力度仍然不够，阿迪达斯和耐克的研发投入比常年维持在7%以上，国产运动品牌在研发创新方面仍有较大的追赶空间。

全球互联网高度普及的今天，社交媒体渠道已经成了海外消费者了解中国品牌的主要渠道。其中，印度、马来西亚、巴西等国家分别有高达82%、77%、70%的消费者通过社交媒体平台接触到中国品牌，而在美国、俄罗斯等国家，数字广告（在线广告）仍是消费者了解中国品牌的主要方式。显而易见的是，中国品牌在发达国家和新兴市场的渗透方式存在着较大差别，传播需因地制宜。

另外，从TikTok等企业在美国的一系列遭遇和一些有强大竞争力的本土企业遇到的问题中可以发现，国际化不是单纯的市场经济，这也是以往企业不曾考虑过的。随着中国的国力增长、国际影响力增强，相信中国本土品牌通过努力增强自身的竞争力可以突破困境。

## 三　泉州体育产业未来展望与趋势

经过40多年的发展，泉州的体育产业已经形成了完整的供应链和完善的产业生态，也拥有强大韧性和生命力。然而面对市场变化，不少企业都面临着各种难题，尤其是缺乏核心竞争力的小微企业，更是面临巨大压力和挑战，但每家企业都在用自己的方式寻求发展。当地政府也一直在探索，寻求有效的措施，尽力减少对产业的冲击。

2020年，受疫情影响，我国体育产业总产值为27372亿元，增加值为10735亿元，与2019年相比，总产值下降7.2%，增加值下降4.6%。在2021年疫情形势稍有好转的大背景下，我国体育产业总产值增加至31175亿元，首次突破3万亿元大关，增加值为12245亿元，与2020年相比，总产值增长13.9%，增加值增长14.1%，这种增长幅度充分印证了体育产业的巨大潜力，但这种增速距离实现体育产业 5 万亿元的产值目标仍是远远不够的。[①]

## （一）国际赛事竞技加持市场可期

在 2022 年这个体育大年中，北京冬奥会和卡塔尔世界杯的成功举办极大地振奋了体育行业，但稍令人遗憾的是，杭州亚运会、成都大运会宣布因疫情延期至 2023 年举办，而原计划 2023 年在中国举办的足球亚洲杯则因疫情改由卡塔尔举办，汕头亚青会和晋江世中运则在连续延期后直接取消。

2022 年底，北京、上海、成都等多地的马拉松赛事恢复举办，多个由多部委联合发布的产业规划出台，给体育产业的发展带来了复苏信号和增长预期。12 月 14 日，中共中央国务院印发了《扩大内需战略规划纲要（2022—2035 年）》，提出促进群众体育消费。深入实施全民健身战略，建设国家步道体系，推动体育公园建设。以足球、篮球等职业体育为抓手，提升体育赛事活动质量和消费者观感、体验度，促进竞赛表演产业扩容升级。发展在线健身、线上赛事等新业态。推进冰雪运动“南展西扩东进”，带动群众“喜冰乐雪”。

此外，2023 年也是各大国际单项体育联合会分配巴黎奥运会参赛资格的重要年份，所以各大单项运动的世界杯（世锦赛）也在 2023 年相继举办。2023 年同样是一个不寻常的体育大年。

在 2021 年东京奥运会、2022 年北京冬奥会上，多国运动员身上的安踏、匹克、特步等“中国元素”，定格成一帧帧国产运动品牌“出海”的生动画面。

自成为 2010 年广州亚运会官方合作伙伴以来，361°开创了中国体育品牌赞助洲际和世界性综合运动会的先河。此后，361°接连服务仁川亚运会等多项国际赛事，尤其是 2016 年里约奥运会上，361°第一次以奥运会官方赞

① 《2023 年体育产业的安全边际能恢复到疫情前吗?》，腾讯新闻，https：//view. inews. qq. com/wxn/20230102A06JQZ00? web_ channel = detail&originPath = q，2023 年 1 月 2 日。

助商的身份登上世界舞台。

2023 年杭州亚运会是 361°连续服务的第四届亚运会，通过十多年合作，361°已实现与亚运会之间的深度绑定。

### （二）大手拉小手，产业集聚发展

运动品牌的头部化趋势深刻影响了泉州的产业结构，对当地政府的产业政策制定、规划等提出了更高的要求。

针对运动产业领域的头部化趋势，近年来，在泉州市各级政府、部门的推动下，泉州运动品牌头部企业与中小企业之间开始进行产能对接，推动“大手拉小手”行动，引导行业健康、稳健发展。

对此，泉州市逐步健全龙头企业与中小企业协作配套的工作机制，努力建立现代产业集群发展的协作配套体系，推进龙头企业与中小企业抱团发展、协作发展、创新发展，提升产业协作配套水平，提高产能对接质量，推动产业集聚发展。

百怡服饰有限公司与安踏体育配套，每年获得其近 100 万件的服装订单；晋江天守织造公司与安踏体育对接产能，每年的新增订单超过 10 万件。统计显示，2022 年泉州支持运动品牌龙头企业与本地中小企业产能对接产值近 400 亿元。

在具体执行层面，泉州市积极引导中小企业按照龙头企业的生产工艺、产品标准组织配套生产，引导中小企业融入龙头企业供应链，深化协作配套和专业化分工。

平台建设方面，泉州依托中小企业公共服务平台，搭建企业供需协作信息对接平台，发布运动品牌龙头企业产品需求目录、协作配套企业产品推介目录，打通供应链协作操作链。

引导和创造条件的同时，泉州市还对产能对接企业进行补助，2023 年以来，已实现近 100 家中小微企业与 12 家运动品牌龙头企业之间的配对，进一步提升了产业协作配套水平。

发挥“以大带小”的作用，加强企业之间的技术协作，泉州市积极引导龙头企业向协作配套企业开放技术中心、检验检测设备等技术资源，带动协作配套的中小企业提升技术水平；鼓励龙头企业完善技术研发、质量检测等技术协作体系，向配套企业输出企业生产标准、产品质量标准。同时，引导产业集群企业合作共建产业技术联盟、重点产业实验室，加强与高校、科研院所、国家级重点实验室的“产、学、研”协同创新，突破一批行业关键技术、核心技术和共性技术，提高产业集群技术水平，并加快科技型企业、高新技术企业、创新型企业推荐认定工作。

### （三）苦练内功、重振信心

苦练内功、重振信心是目前大多数泉州鞋企的共识与方向。其实，在目前的市场转型期，很多传统行业都面临需求不足、订单下降等困难，很多企业也都感受到了危机和挑战，这也是一种淬炼。经过市场的大浪淘沙，浴火重生的企业会有更强的生存能力。

展望2023年，几大国产体育品牌都信心满满。安踏负责人丁世忠表示，随着国家对民营企业的进一步支持、体育产业的快速复苏以及中国经济的稳健发展，安踏更有信心在市场份额、科技创新、品牌价值、社会责任和员工发展等方面加快实现高质量发展目标。

361°集团创始人丁伍号认为，当前市场环境多变，对企业而言，有挑战也有机遇。得益于体育强国战略，大众对体育健康的重视日益提升，鞋服产业也迎来发展新机遇。在经济加速复苏以及大型体育赛事的催化下，体育消费需求将加速释放，推动体育产业实现高质量发展。①

作为民族企业，361°将继续发挥“多一度热爱”的品牌精神，凭借专业运动核心竞争力，构建全价值链共赢的商业生态，驱动品牌力跨越式提升、业务规模壮大，实现品牌势能的进一步突破。

2023年是特步国际上市15周年，特步表示，最坏的时间已经过去，集

① 《361°集团丁伍号：用科研创新助推体育事业》，《泉州晚报》，https：//szb.qzwb.com/qzwb/html/2023-04/24/content_ 649861.htm，2023年4月24日。

团对未来业务发展充满信心，有信心实现长期可持续增长。预计到 2025 年，主品牌收入将达到 200 亿元，年复合增长率超过 23%。

2023 年被广泛认为是经济复苏之年。作为最依赖线下人群聚集消费场景的行业之一，体育产业在过去三年是受疫情影响最严重、恢复元气最缓慢的行业之一，但同时也是内生动能和韧性最强、增长潜力最大的行业之一。在低基数效应下，中国体育产业有望在 2023 年实现超预期增长。

无论面临的是顺境还是逆境，企业创新求变、转型升级始终都是制胜之道。开辟新赛道、研发新产品、在新字经济上做足文章，产业才能突围，企业才能破局，才能带着新气象，踏上发展的快车道。

B.7

# 2023年泉州石化行业发展报告

雷翔程　姜安燕　吴炳德*

**摘　要：** 石化行业是泉州的支柱产业之一，对泉州的经济和社会发展做出了巨大贡献。本报告简要介绍了泉州石化行业的发展历史和基本特点，收集、分析了泉州石化行业最近几年的主要经济发展指标，介绍了泉州石化行业的原料来源、产销态势，最后，根据这些基础资料，指明泉州石化行业的发展趋势与挑战。

**关键词：** 闽商　石化行业　泉州

石化行业是指石油化工行业，也称石油化学工业。它是以石油和天然气为原料，通过一系列的化学加工过程，生产出各种石油化学产品的行业。石化行业是全球最重要的工业之一，它涉及广泛的领域，包括能源、化工、塑料、橡胶、合成纤维、涂料、肥料、药品等。石化行业的发展对经济增长和社会发展具有重要意义，它具有产业规模大、上下游带动性强、技术进步活跃等特点。石化行业为社会创造了大量就业岗位和巨量国民财富，显著地提高了国民生活质量。

石化行业是福建省的支柱产业之一，是福建全方位推动高质量发展的重要产业支撑。近年来，福建已出台相关政策，结合各地产业特色，形成分工合理、优势突出、差异化发展的石化产业布局，提升产业集群发展水平，推

* 雷翔程，福州大学经济与管理学院企业管理硕士研究生，研究方向为创新创业；姜安燕，福州大学经济与管理学院企业管理硕士研究生，研究方向为创新创业；吴炳德，福州大学副教授，硕士生导师，主要研究领域为家族企业（中小企业）战略转型、技术创新、内部创业等。

动石化行业与相关传统行业及战略性新兴行业等协同并进，构建上下游紧密衔接、在地化特色明显、产品附加值较高的福建石化产业集群。泉州石化行业是福建石化行业的有机组成部分，是国有资本、外资和民营资本结合的混合所有制，也是福建省石化发展战略的重要载体。泉州石化行业规模、产业链完整程度和经济贡献在全省具有举足轻重的作用。

泉州是“海上丝绸之路”的起点，是“一带一路”的重要节点城市，也是国家重要民营经济先行区和示范区。依托得天独厚的港口条件，泉州石化行业从无到有，从小到大，由“一”而“广”，由“精”而“优”，已成为泉州六大主导产业、九大千亿产业集群中的佼佼者，成为福建省打造万亿石化行业的重要支撑。

## 一　泉州石化行业发展历程

### （一）泉州石化行业的发展简史

泉州石化行业发端于泉港，1989 年 1 月，福建炼油厂工程项目在泉港正式动工。从 1993 年福建炼油厂建成投产到 2009 年炼油乙烯一体化合资项目建成投产，再到如今的石化产业集群，历经 20 多年开拓进取，泉港打造出“中国石油化工泉港园区”“国家循环经济示范试点园区”“国家九大炼油基地之一”这些国字号品牌。泉港区石化行业围绕乙烯、丙烯、丁烷、苯、对二甲苯、LPG 和电子化学七条产业链，积极构建“油头—化身—轻纺尾”产业链条。

福建省政府于 2007 年 9 月 24 日批复的《福建省湄洲湾石化基地发展规划》明确指出，湄洲湾石化基地以泉港石化工业区为先导，向泉惠、东吴石化工业区延伸，依托现有龙头企业和福建炼化一体化等重大项目建设，以上游带动中下游，以中下游促进上游，促进石化产业集聚。福建联合石油化工有限公司 2007 年开始在泉港建设大型炼化一体化项目，2009 年建成 1200 万吨/年炼油产能、80 万吨/年乙烯产能，70 万吨/年芳烃产能，配套建设了聚乙烯、聚丙烯产能和各项公用工程和辅助设施，成为我国东南沿海地区的大型炼化一体化基地。2013 年，福建联合石化完成了脱瓶颈改造，炼油、乙烯和芳烃的产能规模分别提高到 1400 万吨/年、110 万吨/年和 80 万吨/年[①]。随着大型炼化一体化基地的发展，泉港中下游产业项目也得到了较快发展，初步形成了产业聚集。泉惠石化工业园区是湄洲湾石化基地的又一个炼化基地。2012 年，中化泉州石化公司开始在泉惠建设 1200 万吨/年炼油项目，包括常减压蒸馏、加氢裂化、连续重整、催化裂化、延迟焦化、聚丙烯等 20 余套生产装置以及配套公用工程和码头仓储等辅助设施，项目于 2014 年 7 月建成投产。在一期炼油项目的基础上，中化泉州石化公司 1500 万吨/年炼油改扩建项目、100 万吨/年乙烯项目、80 万吨/年芳烃项目已列入《石化产业规划布局方案》，目前正在进行建设[②]。园区的发展从根本上解决了海西基础石化原料缺乏的问题。

在炼化一体化发展的同时，一批中下游项目也已经入驻园区。泉州石化行业注重发展产业集群，以大型企业为核心，吸引上下游企业集聚，形成完整的产业链和产业生态系统。泉州石化行业注重产业链的延伸和拓展，通过技术创新和产业升级，不断开发新的产品类型和拓展新的应用领域，提高产品附加值和竞争力。同时，泉州各级政府部门以产业链作为招商引资的重要抓手，陆续引进了中国化学、国亨化学、百宏石化、宇极新材料等一批科技含量、附加值高的产业链关键项目落地，促成了天骄、钟山、中仑、邦丽达、石大胜华等一大批大项目、好项目建成投产，泉州石化产业链正在不断延伸，产业竞争力也在不断加强。

在 2022 年中国化工园区 30 强排名中，泉港石化园区稳居第 15 位，泉惠石化工业园区排名较 2021 年提升 3 位，排第 23 位。按照规划，至 2030 年，泉港石化园区、泉惠石化工业园区的湄洲湾石化基地规划的重大项目将全部建成投产，石化下游深化加工项目基本配齐补强，产业总产值突破

---

① 《福建省湄洲湾（泉港、泉惠）石化基地总体发展规划（2020~2030）》，中国石油和化学工业规划院，2021 年 10 月，第 6 页。

② 《福建省湄洲湾（泉港、泉惠）石化基地总体发展规划（2020~2030）》，中国石油和化学工业规划院，2021 年 10 月，第 7 页。

6500 亿元，将带动全市石化行业进一步做大做强。截至 2022 年底，湄洲湾（泉惠、泉港）石化基地内已入驻产业企业 62 家、项目 78 个、总投资 1732.21 亿元，其中，在建、在办手续的项目有 30 个，总投资 538.96 亿元。2022 年以来，该基地纳入省市重点项目库石油化工类项目 22 个、总投资 388 亿元，年度投资 113.67 亿元①。

泉州围绕打造具有国际竞争力的世界级绿色石化产业基地和海峡西岸石化产业先导区，力争至 2025 年产值达 5000 亿元②。依托现有的大型炼化项目的产业基础优势，泉州市坚持“抓龙头、铸链条、建集群”的发展思路，突出“大基地、大企业、大项目”支撑，将大力发展高技术含量、高附加量的高端石化产品、化工新材料和专用精细化学品，实现石油化工产业的高质量发展。

### （二）泉州市石化行业的特点

经过三十多年的发展，泉州石化行业已经体现出了一些具有本地属性的发展特点。

#### 1. 初步形成嵌入本地整体经济环境的产业链

石化作为基础工业，对泉州迈向制造强市具有先导地位。泉港、泉惠石化园区充分发挥“油头”优势，配套对接纺织鞋服、电子信息等产业，构筑搬不走的集群优势。“链”动“石化-纺织鞋服”产业链群，助力优势传统产业升级。纺织鞋服是泉州的根基产业、富民产业，产值近 7000 亿元。鞋服产业对化纤、橡胶、聚氨酯、胶黏剂、油墨等产品的需求不仅量大，并且越来越体现在功能性材料的应用上，反过来也会促进化工产业的转型升级。泉州不仅是全球运动鞋的加工制造中心，现在已经向运动鞋的设计中心、新材料的开发应用中心迈进。泉州市加快贯通“油头-化身-纺尾”，补

① 《市石化与新材料、新能源产业小组——抓龙头　铸链条　建集群》，《泉州晚报》，https：//szb.qzwb.com/qzwb/html/2022-12/31/content_632749.htm，2022 年 12 月 31 日。

② 《对标国家级石化经开区“链”动万亿级产业链群》，《泉州晚报》，https：//szb.qzwb.com/qzwb/html/2023-06/12/content_657569.htm，2023 年 6 月 12 日。

齐碳二、对二甲苯等产品链缺失环节，助推全市纺织、鞋服产业规模到2030年分别达到千亿级、万亿级。近年来，面对国内外经济形势的变化，泉州市践行新发展理念，加大招商力度，持续强链延链补链，积极推动石化产业转型升级，以福建联合石化为依托，向石化中下游和配套产业发力，在延伸石化产业"价值链"的同时，做大"绿色经济链"，做足"双链"文章，为千亿石化产业注入了新动力。

2. 环境容量大，基础条件优良

泉州的气候、森林和地理等自然环境都有利于石化产业的布局和发展。泉州地处亚热带海洋性季风气候区，极端恶劣天气罕见，泉州所在的福建省已经持续保持四十多年的全国森林覆盖率第一桂冠，具有较高的环境容量，能够提供石化产业发展的环境资源支撑。此外，湄洲湾沿线的港口条件优越，适合石油及其产成品的物流运转。加上园区位于福建省东南部，地处闽南金三角经济区，距离泉州、厦门、福州三大城市中心城区均不足100公里，是承接海峡西岸石化产业纵向延伸和横向扩展的重要节点，也是相关下游行业的聚居区，本地需求强烈。

3. 生产工艺不断优化

从传统的催化裂化到现在的加氢裂化、催化重整、延迟焦化等先进技术，生产效率不断提高。智能化水平不断提升，通过数字化技术手段提高生产效率和产品质量，降低成本。

## 二　泉州石化行业发展情况

### （一）泉州石化行业基本发展情况

表1是2016~2022年泉州石化行业的基本发展情况，2022年，泉州市石化行业产值3974亿元，同比增长6.3%。从2016年的1824亿元翻倍增长到2022年的3974亿元，跳跃式的产值上升反映的是这几年泉州石化行业产业链不断完整的发展过程，从最初的石油炼制，到现在的乙烯、芳

烃、合成材料等多元化产业集群。产品线的延伸不仅仅是产品品类的扩增，更重要的是高附加值化工产品的引入。这种产业扩张是通过招商引资、产业链吸引等方式增加企业更多企业主体、增强现有企业的竞争能力实现的，这一时期，规上企业数量增加了近50%，单个企业的平均产值也在快速增长。

**表1　2016~2022年泉州市石化行业基本发展情况**

| 年份 | 企业单位数（家） | 工业总产值（亿元） | 工业销售产值（亿元） | 工业增加值可比增长(%) |
|---|---|---|---|---|
| 2016 | 323 | 1824 | 1632 | 11.1 |
| 2017 | 340 | 2187 | 1982 | 3.9 |
| 2018 | 350 | — | 2496 | 5.3 |
| 2019 | 373 | 2973 | — | 10.0 |
| 2020 | 400 | — | — | 14.5 |
| 2021 | 467 | — | — | 2.0 |
| 2022 | — | 3974 | — | -1.7 |

数据来源：历年《泉州统计年鉴》，“/”为未披露。

从泉港和惠南这两个主要的石化产业园区看，表2和表3分别反映了泉港区和惠南园区在2019~2021这三年石油、煤炭及其他燃料加工业、化学原料和化学制品制造业、塑胶和塑料制品业这三个主要细分行业在主营收入、利润总额、利税总额和用工人数等主要规模指标的变化态势。这三个细分行业是泉州石化行业最主要的三个初级制品行业，在这三年中，疫情对两区都造成了较大的冲击，对于石油、煤炭及其燃料加工业，泉港区的收入处于萎缩状态，惠南区则在2020年短暂下降后在2021年大幅攀升，这跟惠南园区产能陆续释放有紧密关系；对于化学原料和化学制品制造业，泉港区在这三年保持主营收入的持续增长，惠南园区在2020年比2019年有了大幅增长，2021年比2020年略有轻微下降；对于橡胶和塑料制品业，泉港区的业务收入在这三年里总体上保持稳定，惠南园区则发生了大幅波动，先巨幅下降又大幅回升，但这三年总体上还是下降了很多。

从这三个细分行业看，疫情对石化下游行业需求的影响导致石化上游产业的发展势头受到了很大抑制。

**表 2　2019~2021 年泉港区规模以上石油化工企业相关经济指标**

| 年份 | 分　组 | 主营业务收入(万元) | 利润总额(万元) | 利税总额(万元) | 平均用工人数(人) |
|---|---|---|---|---|---|
| 2019 | 石油、煤炭及其他燃料加工业 | 8647224 | 781164 | 1636350 | 1913 |
| | 化学原料和化学制品制造业 | 1970634 | 98934 | 152872 | 3335 |
| | 橡胶和塑料制品业 | 412058 | 36749 | 49371 | 1179 |
| 2020 | 石油、煤炭及其他燃料加工业 | 8387352 | 290076 | 1009379 | 1938 |
| | 化学原料和化学制品制造业 | 2001505 | 224758 | 279124 | 4372 |
| | 橡胶和塑料制品业 | 466325 | 56796 | 70326 | 1411 |
| 2021 | 石油、煤炭及其他燃料加工业 | 7273236 | 731267 | 1455338 | 2058 |
| | 化学原料和化学制品制造业 | 2479632 | 197470 | 358657 | 4850 |
| | 橡胶和塑料制品业 | 430593 | 30128 | 42945 | 925 |

数据来源：历年《泉州统计年鉴》。

**表 3　2019~2021 年惠南园区规模以上石油化工企业相关经济指标**

| 年份 | 分组 | 主营业务收入(万元) | 利润总额(万元) | 利税总额(万元) | 平均用工人数(人) |
|---|---|---|---|---|---|
| 2019 | 石油、煤炭及其他燃料加工业 | 4873335 | 95230 | 1162117 | 2234 |
| | 化学原料和化学制品制造业 | 626891 | 79263 | 101033 | 2181 |
| | 橡胶和塑料制品业 | 425683 | 32532 | 79081 | 2907 |
| 2020 | 石油、煤炭及其他燃料加工业 | 3525814 | 39838 | 720389 | 2335 |
| | 化学原料和化学制品制造业 | 913083 | 89466 | 130177 | 4264 |
| | 橡胶和塑料制品业 | 217761 | 12100 | 16483 | 2002 |
| 2021 | 石油、煤炭及其他燃料加工业 | 6948123 | 672948 | 1364588 | 2307 |
| | 化学原料和化学制品制造业 | 898667 | 82928 | 113297 | 4943 |
| | 橡胶和塑料制品业 | 329478 | 23398 | 29767 | 3732 |

数据来源：历年《泉州统计年鉴》。

表 4 是 2019~2021 年泉州市规模以上工业企业大宗能源产品的购买和消费情况。这些能源产品大部分为工业生产所消费，民用消费所占比例较

低，特别是天然气、原油、煤油这四类产品购入基本都是为了工业生产用途。在这三年期间，液态液化天然气的购买量发生了较大的波动，汽油、燃料油的购入量持续下降，柴油、煤油也发生了下降，与之对应的，企业单位数，汽油、燃料油、柴油、煤油行业的企业单位数也大幅下降。

由于疫情对经济活动的冲击，下游需求受到了很大的打击，这种波动传递到上游石化行业，导致全球石化行业发展受到了很大影响，泉州石化行业也概莫能外。受疫情影响的极端表现发生在 2020 年 4 月 20 日，当天 WTI 原油期货出现负油价的事件。国内的疫情也发生了多次反复，正常的经济活动受到压制甚至中断，泉州本地疫情也时有发生，因此，在这期间，泉州石化行业的生产经营数据发生了较大的波动。当然，由于资料的有限性，我们无法分离出疫情的影响和泉州石化行业本身在发展过程中所发生的变动。

**表 4　2019~2021 年泉州市规模以上工业企业大宗能源产品购买、消费情况**

| 年份 | 能源名称 | 计量单位 | 企业单位数（家） | 购进量 | 购进金额（千元） | 消费量 |
|---|---|---|---|---|---|---|
| 2019 | 天然气(气态) | 万立方米 | 414 | 225858 | 224294 | 224116 |
| | 液化天然气(液态) | 吨 | 4 | 68223 | 68223 | 68220 |
| | 原油 | 吨 | 3 | 23396528 | 23387493 | 23387493 |
| | 汽油 | 吨 | 417 | 17665 | 17710 | 10284 |
| | 煤油 | 吨 | 16 | 3338 | 3343 | 3330 |
| | 柴油 | 吨 | 424 | 78987 | 149032 | 143156 |
| | 燃料油 | 吨 | 26 | 293516 | 414749 | 414749 |
| | 液化石油气 | 吨 | 27 | 6046 | 45423 | 45360 |
| 2020 | 天然气(气态) | 万立方米 | 441 | 226781 | 6070109 | 226779 |
| | 液化天然气(液态) | 吨 | 7 | 31629 | 116206 | 31608 |
| | 原油 | 吨 | 2 | 22339006 | 51071190 | 22273333 |
| | 汽油 | 吨 | 324 | 11468 | 82234 | 10636 |
| | 煤油 | 吨 | 14 | 3011 | 28180 | 3005 |
| | 柴油 | 吨 | 365 | 46782 | 285286 | 65748 |
| | 燃料油 | 吨 | 20 | 87658 | 350226 | 356929 |
| | 液化石油气 | 吨 | 24 | 5995 | 31213 | 78655 |

续表

| 年份 | 能源名称 | 计量单位 | 企业单位数（家） | 购进量 | 购进金额（千元） | 消费量 |
|---|---|---|---|---|---|---|
| 2021 | 天然气(气态) | 万立方米 | 466 | 255172 | 6157559 | 255032 |
| | 液化天然气(液态) | 吨 | 6 | 44528 | 167930 | 44533 |
| | 原油 | 吨 | 2 | 24820731 | 81954790 | 24880827 |
| | 汽油 | 吨 | 299 | 9311 | 67826 | 8805 |
| | 煤油 | 吨 | 11 | 1706 | 15017 | 1709 |
| | 柴油 | 吨 | 339 | 38958 | 252171 | 51595 |
| | 燃料油 | 吨 | 12 | 6842 | 43501 | 293031 |
| | 液化石油气 | 吨 | 23 | 5918 | 30833 | 100829 |

数据来源：历年《泉州统计年鉴》。

## （二）泉州石化行业原材料主要来源

泉州石油化工主要进口产品为原油、煤炭、液化石油气三大类。来自泉州检验检疫局的相关数据显示，2015 年至今泉州口岸进口原油总量一直稳步增长。2015 年，该局共检验监管进口原油 2084. 87 万吨，货值 83. 21 亿美元，同比增长 26. 39%，为福建石化产业发展提供强有力的原料需求①。2016 年，泉州检验检疫局共检验鉴定从泉州口岸进口原油 2095. 65 万吨、货值 61 亿美元，同比增长 0. 52%，创 1993 年以来泉州口岸同期进口原油新纪录②。2021 年泉州海关进口原油 315. 2 亿元，同比增长 35. 0%；2022 年泉州海关进口原油 447. 9 亿元，同比增长 42%③。

泉州是我国规划的九大炼油基地之一，现福建省已投产的福建联合石油化工有限公司、中化泉州石化有限公司两大炼化企业均在泉州，从进口量来看，2015 年，福建联合石化公司、中化泉州公司分别进口原油 1081. 99 万

① 《泉州口岸去年进口原油量创新高》，凤凰网资讯，https：//news. ifeng. com/a/20160216/47447255_ 0. shtml，2016 年 2 月 16 日。

② 《2095. 65 万吨去年泉州口岸进口原油创新高》，东南网，http：//www. fjtb. gov. cn/view/201702/t20170206_ 11691846. htm，2017 年 2 月 6 日。

③ 《2022 年泉州外贸进出口突破 2700 亿》，《海峡都市报》，https：//hxdsb. fjdaily. com/pc/con/202301/19/content_ 245702. html，2023 年 1 月 9 日。

吨、1002.88万吨，同比分别增长5.87%、59.78%[①]；2016年，福建联合石化、中化泉州公司分别进口原油949.29万吨、1146.36万吨[②]。其中，中化泉州公司在国内成品油市场低迷、需求放缓的情况下，积极开拓成品油来料加工贸易业务，向新加坡、马来西亚等11个“一带一路”沿线国家和地区出口成品油达354.87万吨，加工费超过14亿美元，带动原油进口同比增长14.31%。从地区上看，2016年加工所需原油来自沙特阿拉伯、伊拉克、科威特、俄罗斯、澳大利亚、阿曼等6个国家，其中沙特阿拉伯、伊拉克分别进口1273.39万吨、532.57万吨，分别占总进口量的60.76%、25.41%[③]。

### （三）泉州石化行业产成品销售去向

#### 1. 主要销售市场和地区

泉州石油化工行业的两大生产化工园区分别为泉港、惠安生产基地，初步形成了紧密相关的上下游产业链，上游的产品直接在园区内由下游企业购买、消化。惠安基地通过上、中、下游联动，形成石油化工产业发展格局。上游方面，中化炼化一体化项目占地约1.11万亩，总投资约612亿元，形成1500万吨/年炼油、100万吨/年乙烯及80万吨/年芳烃的产业规模。中下游配套项目方面，园区已投产项目17个，在建项目10个，筹建项目9个。包括中仑尼龙6切片、长塑高功能性BOPA薄膜、邦丽达高吸水性不饱和树脂、香江石化热塑性弹性体、石大胜华新能源材料、信和涂料和石墨烯粉体、博纯电子化学品项目等。园区逐步推动化工原料产品就地化，初步构筑乙烯、丙烯、苯、对二甲苯（PX）、环氧乙烷（EO）、环氧丙烷（PO）等10条产品链，形成央企、民企和外资企业融合发展的新格局。

泉港区石油化工目前已经形成“串企成链”“直供销售”的产业链带动

① 《泉州口岸去年进口原油量创新高》，新浪财经，http://finance.sina.com.cn/roll/2016-02-16/doc-ifxpmpqr4438452.shtml，2016年2月16日。

② 《2095.65万吨，去年泉州口岸进口原油创新高》，东南网，http://www.fjtb.gov.cn/view/201702/t20170206_11691846.htm，2017年2月6日。

③ 《2095.65万吨，去年泉州口岸进口原油创新高》，东南网，http://www.fjtb.gov.cn/view/201702/t20170206_11691846.htm，2017年2月6日。

产业集群的格局，例如，串起福建联合石化、中国燃气、国亨化学、天辰化工、天骄化学、佳化化学、钟山化工等企业的碳三产业链。除此之外，石油化工产品服务于国内各园区企业，福建联合石化生产的18万吨/年环氧乙烷已直供钟山化工、佳化化学等园区企业，进而带动厦门路桥20万吨外加剂及中国西建40万吨羧酸减水剂等项目；福建联合石化生产的17万吨/年丁二烯将直供阿朗新科合成高端橡胶项目①。

除了这些由产业链直接消化吸收的化工产品外，成品油则主要通过中石化、中化等渠道直接进入消费市场。

2. 重要出口市场

近些年来，泉州石化企业“优进优出”成效明显。泉州中化、福建联合石化等充分利用现有产能，将进口原油加工成品油再出口，实现“优进优出”，促进与共建“一带一路”国家能源贸易合作。2015年12月底实现首批3.6万吨成品油出口新加坡②。2017年，泉州共向新加坡、印度尼西亚、马来西亚等国出口成品油达470.00万吨，同比增长20.33%，占全国出口成品油总量的比例由2016年的7.35%升至9.12%，泉州已成为全国重要的成品油出口生产基地③。2018年前三季度，新增墨西哥、法国、莫桑比克、南非、厄瓜多尔5个出口国家，累计出口市场已覆盖亚洲、欧洲、非洲、大洋洲、北美洲、南美洲22个国家和地区，其中累计向新加坡、马来西亚、澳大利亚、阿联酋、荷兰、比利时等国家出口成品油942.67万吨，重量占比高达77.96%。从出口品种看，主要为汽油、柴油、航空煤油三个品种，其中高端产品航空煤油1~9月共出口16.00万吨，同比大增321.05%④。

---

① 《泉港：石化产业“串企成链”成效显著》，泉州网，https://www.qzwb.com/gb/content/2022-12/31/content_7178556.htm，2022年12月31日。

② 《泉州成品油出口　在“一带一路”上提速》，泉州市人民政府官网，http://www.quanzhou.gov.cn/zfb/xxgk/zfxxgkzl/qzdt/qzyw/201706/t20170630_452283.htm，2017年6月30日。

③ 《泉州成品油出口　在“一带一路”上提速》，泉州市人民政府官网，http://www.quanzhou.gov.cn/zfb/xxgk/zfxxgkzl/qzdt/qzyw/201706/t20170630_452283.htm，2017年6月30日。

④ 《泉州成品油出口近30亿美元创新高》，光明网，https://m.gmw.cn/baijia/2018-10/31/31871695.html，2018年10月31日。

2023 年 3 月 20 日，经泉州海关监管，福建联合石油化工有限公司生产的 1 批 1600 吨丙烯出口海外，标志着福建省此类化工品出口实现新突破①。

3. 产业地位和竞争情况

我国的石化行业具有很强的国资主导性，企业竞争上呈现中石油、中石化为行业龙头，中海油、中化处于第二梯队，地方国资和其他企业处于第三梯队的特点。整体来看，我国石油化工行业的市场集中度较高。2020 年，中石油与中石化占据石油化工行业市场份额 36%以上，行业 CR5 市占率达 48%，主要是因为石油化工行业具有高行业准入门槛、高技术壁垒、高资金壁垒等投资特性。2021 年，中国石油化工规模以上企业数量 2.69 万家，比 2020 增加 908 家，这是受疫情影响连续 5 年减少的情况下首次实现增加②。

就泉州石化行业发展情况而言，2022 年泉州石化行业产值达 3974 亿元，约占全省的 70%，其中泉港和泉惠石化工业园区实现的营业收入约占泉州市的 94%。2021 年“福建制造业企业 100 强”榜单中，中化泉州石化排名第 6，2021 年营收 708 亿元；福建联合石化排名第 11，2021 年营收 472 亿元。2022 年，泉港、泉惠两个石化园区分别位列“中国化工园区 30 强”第 15 和第 23③。

## 三 泉州市石化行业发展优势、面临挑战及未来规划

### （一）泉州石化行业发展的优势条件

首先，临海发展的区位优势。福建是我国海岸线较长的省份，临港为

① 《福建口岸首度出口丙烯》，《泉州晚报》，https：//szb.qzwb.com/qzwb/html/2023-03/23/content_644641.htm，2023 年 3 月 23 日。

② 《2021 年石油和化工行业经济运行情况发布》，腾讯网，https：//new.qq.com/rain/a/20220218A07YOU00，2022 年 2 月 18 日。

③ 《南高新、北石化、中心市区做大做强——泉州打造“一湾两翼”重要增长极》，泉州网，https：//www.qzwb.com/gb/content/2023-06/02/content_7199797.htm，2023 年 6 月 2 日。

福建开展大石化项目建设提供了无与伦比的优势。目前，福州、莆田、泉州、厦门和漳州都在临港兴建化工园区。泉港石化园区毗邻湄洲湾南岸天然良港肖厝港，北承长三角石化圈，南接珠三角石化产业群，与台湾隔海相望，海陆空交通发达。在福建省建设海峡西岸经济区大局中，泉港石化园区具有十分重要的地位。惠安毗邻泉州中心城市，是未来“大泉州”实施城市东进战略的重要平台，在建设海峡西岸经济区中有其得天独厚的区位优势。惠安的港口资源更为突出，境内斗尾港、秀涂港、崇武港自然条件十分优越，有着良好的建港条件，目前斗尾港区开发已列入国家重点建设项目。泉州湾口岸斗尾港区、肖厝港区系福建省最大的大宗散货进口口岸，年进口大宗散货等超过2500万吨。其中仅两家龙头石化企业——中化泉州石化和福建联合石化年进口原油就超过2300万吨，临海发展的区位优势是泉州石化行业发展的重要助力①。泉州沿海石化产业发展迅猛。2022年，泉州进出港船舶4.4万艘次，港口货物吞吐量1.49亿吨。其中，载运油类和化学品船舶进出港8200余艘次，吞吐量4300万吨，约占全省同类货物吞吐量的60%②。

其次，对外开放程度加快。我国深入实施“一带一路”倡议，不断扩大对外开放，为进一步推动福建省引进国内外石化巨头企业投资建设石化项目创造了良好的发展环境。福建省打造的“丝路海运”品牌，已经发展成为面向全国和“一带一路”相关国家与地区开放的平台。例如，福建是距离中部地区最近的省份，因此也是化工及下游产品向中部辐射能力最强的省份。2022年，泉州对“一带一路”沿线国家进出口1487.8亿元，增长14.2%，占比54.9%；对RCEP成员国进出口978.9亿元，增长3.9%③。2023年第一季度，泉州海关共监管汽油、柴油、航空煤油三大成品油出口

---

① 《进口货物完成取样便可离港“两段准入”助力泉州大宗商品进口通关提速》，《泉州晚报》，https：//szb.qzwb.com/qzwb/html/2023-03/30/content_645791.htm，2023年3月30日。

② 《泉州举办应急演练提升海上危化品事故应急能力》，凤凰网，https：//news.ifeng.com/c/8R2vIjmgcJm，2023年6月30日。

③ 《去年泉州市外贸规模突破2700亿元》，《东南早报》，https：//szb.qzwb.com/dnzb/html/2023-02/01/content_635979.htm，2023年2月1日。

10.03亿美元，同比增长66.89%，出口值创历年来季度新高，出口覆盖五大洲11个国家和地区，其中，向RCEP国家出口成品油占比达2/3以上①。

最后，招商引资速度加快。2022年8月16日，福建省泉州市“晋江经验”20周年招商签约大会在晋江举行。此次线上和线下共集中签约400个重大项目，总投资4160亿元。其中，石化项目投资总额为460亿元。这些石化项目中，中化乙烯升级项目总投资106亿元，台商投资区的烯石环保增资扩营项目，总投资142亿元，海水提取氯化钾项目总投资120亿元②。2022年1月至12月中旬，泉港区累计签约招商项目201个、总投资1491.61亿元。其中正式合同193个、投资总额1292.41亿元，完成年度目标任务的143.60%；20亿元以上正式合同项目15个、完成年度任务数150%；签约项目履约率98.45%、开工率59.59%③。2022年以来，泉惠石化工业园区签约落地石化产业项目30个、总投资约750亿元，其中20亿元级以上10个、总投资近600亿元④。丰厚的资金支持成为泉州石化行业前进发展的重要源泉。

### （二）泉州石化行业发展面临的挑战

首先，石化企业绿色化转型。推动石化行业绿色发展，既是国内外产业发展趋势需要，也是国民经济和社会发展的战略要求。石油化工行业是典型的能源消耗型的发展行业，泉州石化行业面临着清洁生产、绿色转型的挑战。一是质量和水平不断提升的同时，如何实现绿色低碳。泉州石化行业如何推动清洁生产达到国际先进水平，自主探索走出一条石化炼厂绿色发展的新路，

---

① 《“抵港直装”助泉州成品油一季度出口10亿美元热销五大洲》，中国日报网，https://ex.chinadaily.com.cn/exchange/partners/82/rss/channel/cn/columns/j3u3t6/stories/WS6446644fa3105379893716df.html，2023年4月24日。

② 《泉州签约460亿石化项目》，中化新网，http://www.ccin.com.cn/detail/2bad1360d5da795578925132667b51d3/news，2022年8月19日。

③ 《泉港：石化产业“串企成链”成效显著》，泉州网，https://www.qzwb.com/gb/content/2022-12/31/content_7178556.htm，2022年12月31日。

④ 《对标国家级石化经开区“链”动万亿级产业链群》，泉州晚报，https://szb.qzwb.com/qzwb/html/2023-06/12/content_657569.htm，2023年6月12日。

实现“气不上天、油不落地”的发展目标是泉州石化企业绿色化转型的特点。二是如何将经济可行的节能降碳贯穿石油炼制的全过程。这包括原油原料能流、物流优化，具体体现在一体化协同、分子炼油、单元装置和单元设备的节能，同时也包括引入低碳、负碳原料。近年来，碳达峰碳中和形成的约束条件（降低单位 GDP 碳排放）对炼化企业来说也是巨大的挑战。

其次，大宗产品产能过剩，高附加值产品缺乏。与发达地区相比，泉州石化产业起步晚，基础薄弱，炼化企业属燃料型原油炼制，全面建成投产的炼化一体化一期工程乙烯、丙烯原料直接加工成聚乙烯、聚丙烯石化终端产品，属短流程石化产品延伸方案，缺乏对石化中下游产业发展带动作用，难以形成上、中、下游项目配套的石化产业集约发展格局。传统化工整体技术、装备水平欠缺，对原材料、能源消耗大，产品品种比较单一，缺少高附加值和高技术含量的高端产品，整体上看产品竞争力不强。目前国内炼油产能显著过剩，去除石油产品出口，国内炼油产能实际过剩已近 1/3。泉州石化企业目前生产的产品仍旧绝大多数集中在中低端产品，高端产品极度缺乏生产能力，低端产品出现严重的产能过剩，而高端产品产能则与之相反，存在稀缺的现象。产业结构不合理和转型升级缓慢的同时也阻碍了行业高质量发展，如何在科技创新、管理创新、商业模式创新方面共同发力，成为泉州石化企业在未来发展的关注点。

第三，企业技术创新能力较为薄弱。在技术创新方面，泉州石化行业研发水平较弱。泉州石化行业虽具有一定规模，但由于起步较晚，企业研发能力普遍不强，现有科研院所无法满足产业快速发展需求，细分行业专业人才较少，行业科研方面的高端人才和领军人才缺乏。放大到全省看，2020 年全行业研发费用总计 29. 95 亿元，仅占营业收入的 0. 7%。2021 年福建化工业的专利申请数为 812，占全国专利申请数的 2%，排名全国第 13，相对优势指数为 1. 28①。总体上看，石化行业缺乏新产品、新工艺研发能力，企业

① 《新时期福建省制造强省发展战略与实施路径研究专题：福建与台湾制造业发展对比研究》，“新时期福建省制造强省发展战略与实施路径研究”项目组，2023 年 4 月，第 34 页。

对新技术的获取只有少部分企业依赖自身力量，多数企业技术来源靠引进，或来源于央企集团总部的技术，对引进的技术缺乏消化吸收创新能力，未能有效构建企业自主创新或者协同创新的技术支撑体系。

第四，石化产城融合发展面临挑战。由于石化产业的特殊性，石化园区的产城失调不仅体现在与中心城市之间，更严重的是与新城之间。石化园区与新城之间的产城失调，主要反映在两个方面：一是石化产业与新城不协调，主要是新城发展滞后；二是新城发展与城市功能不协调，主要是城市功能提升缓慢。未来如何以产业崛起带动城市建设，以改善民生为最终落脚点是泉州未来发展规划中的重大挑战。同时，石化产业“厂村混杂”逐渐成为泉港历届党委政府、企业和人民群众共同关注的问题，如何保障泉州石化人的生活稳定、生命健康是泉州城市发展中的重要一环。

最后，企业数字化建设。迎接数字时代，激活数据要素潜能，加快石化产业数字化智能化是石化产业高质量发展的重要举措和有效途径。“十四五”期间石化产业《规划指南》把“数字化智能化转型”作为四大发展战略之一，全国化工园区“十四五”规划将“智慧化工程”列为“五项重点工程”之一。2023 年 3 月，福建出台《福建省工业数字化转型二年行动计划（2023~2025 年）》旨在全面推进工业数字化转型，持续增强工业核心竞争力，打造高质量发展新引擎。该计划指出围绕福州江明化工新材料专区、漳州古雷石化基地、湄洲湾石化基地，重点应用数字孪生等技术，实现对物料、工艺、罐区等的数字化部署，推动生产运行过程数据实时采集、设备运行状态动态跟踪与实时监控和安全生产数字化管理。泉州泉港、泉惠园区面临着生产数字化转型、技术数字化转型、组织数字化转型的新挑战。

### （三）泉州石化行业发展未来规划

2022 年，全国工业投资同比增长 10.3%，制造业投资同比增长 9.1%，而油气开采和化工投资增速明显超出全国工业和制造业平均水平。数据显示，2022 年，石油和天然气开采业完成投资同比增长 15.5%，增速同比提高 11.3 个百分点；化学原料和化学制品制造业完成投资同比增长 18.8%，增速同比提高3.1个百分点；石油、煤炭及其他燃料加工业完成投资同比下降10.7%，去年为同比增长8.0%①。油气开采和化工投资增速明显，为后期我国能源保供和原料自给提升打下坚实基础。具体到油气领域数据来看，2022年原油产量2.05亿吨，同比增长2.9%；天然气产量2177.9亿立方米，同比增长6.4%。我国去年原油产量实现了四连增，天然气产量去年也是连续六年年增量100亿立方以上②。尽管如此，石油化工行业同时也面临着较强的需求收缩、供给冲击和预期转弱压力，运行走势呈现出较强的高位回落态势，外部因素的不平衡发展也加剧了内部间的分化。

2022年，福建省规上石化企业1055家，全年实现营业收入6144亿元，同比增长14.1%③，福建省“十四五”制造业高质量发展专项规划中指出：到2025年，全省石油化工产业规模预计将达到1万亿元。在双碳目标高要求的背景下，传统炼化行业因其高排放特性受到一定程度冲击，但同时也推动了各细分行业的转型升级。石化企业一方面需实施落后产能淘汰，推动产能整合，另一方面则通过清洁生产、低碳发展以及技术创新来实现产业价值链提升。

在工业化进程不断加快的国内环境背景之下，作为福建省石化产业“两基地一专区”的重要基地，泉州市委、市政府历来十分重视石化行业发展，将其作为主要支柱产业进行扶持培育。2022年，泉州市工业总产值达2.6万亿元，其中石化产业产值3974亿元，同比增长6.3%④，石化产业是泉州市九大千亿产业集群之一。泉州石化行业正以国民经济“顶梁柱”“压

① 《景气指数观察：回顾过去展望2023，石油化工行业经济运行稳中有升》，中国日报网，http://caijing.chinadaily.com.cn/a/202302/17/WS63ef2daea3102ada8b22f7ac.html，2023年2月17日。

② 《景气指数观察：回顾过去展望2023，石油化工行业经济运行稳中有升》，中国日报网，http://caijing.chinadaily.com.cn/a/202302/17/WS63ef2daea3102ada8b22f7ac.html，2023年2月17日。

③ 《数智视融合，袋鼠云助力福建省石油化工产业高质量发展》，搜狐网，https://www.sohu.com/a/677324405_610275，2023年5月19日。

④ 《统筹两园区差异化发展　打造万亿石化产业集群》，《泉州晚报》，https://szb.qzwb.com/qzwb/html/2023-06/05/content_656419.htm，2023年6月5日。

舱石”的分量，成为泉州发展千亿级“动力源”“增长极”的重任担当，并力争到2025年打造“石化-纺织鞋服”两万亿元级产业链群。

在产业发展目标上，充分抓住国家“一带一路”倡议和福建省科学发展、高质量发展的历史性机遇，打造具有高度竞争力的石化产业体系。通过炼化一体化产业和多元化原料加工产业的发展，到2025年，湄洲湾（泉港、泉惠）石化基地炼油规模将达到5200万吨/年，乙烯生产规模将达到560万吨/年，芳烃生产规模将达到600万吨/年。2025年后，炼油、乙烯、芳烃规模保持不变。炼化一体化产业和多元化原料加工产业共同构成石化基地的支撑性产业，为石化深加工产业的发展提供丰富的资源。通过大力发展石化深加工产业，石化基地高端石化产品的品种和数量将逐步增长，在石化类产品中的比例达到40%以上①。

在经济安排目标上，到2030年湄洲湾（泉港、泉惠）石化基地产业项目总投资有望新增3528亿元，其中近期和远期新增总投资分别为2955亿元和573亿元。预计到2030年，湄洲湾（泉港、泉惠）石化基地产业项目年工业产值（未扣除可能的中间产品）将新增5388亿元，新增年利税846亿元，新增年利润628亿元。基地内有一批已建企业，正常生产情况下，已建项目的年产值按1300亿元计，预计2025年和2030年基地石化产业总产值将分别达到5100亿元和6600亿元。2025年和2030年的年工业增加值预计将分别达到1400亿元和1800亿元②。

① 《福建省湄洲湾（泉港、泉惠）石化基地总体发展规划（2020~2030）》，中国石油和化学工业规划院，2021年10月，第8页。

② 《福建省湄洲湾（泉港、泉惠）石化基地总体发展规划（2020~2030）》，中国石油和化学工业规划院，2021年10月，第9页。

**B**.8

# 2023年泉州建材家居产业发展报告

屈 波*

**摘 要：** 泉州作为中国历史文化名城，拥有丰富的传统文化资源，同时也是建材家居产业的重要基地之一。在报告中，我们首先介绍了泉州建材家居产业的发展历程和现状，其次对泉州建材家居产业的转型升级做了总结，并对未来的行业发展特征做了简单的描绘，重点关注环保和可持续发展、智能化和数字化、定制化和个性化等方面的趋势。此外，我们还探讨了泉州建材家居产业在文化复兴背景下的发展机遇，强调了融合传统文化元素的重要性。由于建材家居产业内容广泛，因此本报告重点关注南安的石材、水暖卫浴产业，以及惠安的石雕和安溪的藤铁工艺。上述产业在传统与现代结合以及文化创意方面有着广阔的空间，这也是泉州未来致胜的重要因素之一。

**关键词：** 闽商 建材家居产业 南安石材 水暖卫浴 泉州

## 一 泉州建材家居产业发展概况

首先要说明的是，本报告虽然分析的是泉州建材家居产业不同的细分领域，但本质上它们之间是一个有机的整体，各个细分行业之间存在相互依赖的关系。这些行业都与住房、家庭、建筑有着密切的关系，因此在市场营

* 屈波，蓝狮子签约财经作家。

销、渠道拓展等方面具有相似的策略和方法。建材家居产业的各个细分行业形成了一个完整的产业链，从原材料的生产到产品的制造，再到销售和服务，每个环节都相互衔接，形成了一个完整的产业生态系统。消费者在购买家居产品时往往会考虑整体的搭配和装修效果。因此，建材家居产业的各个细分行业也会相互协作，以提供满足消费者需求的整体解决方案。

### （一）惠安：从坚硬的石头到艺术品

如果说山西是古木建筑物的殿堂，那么闽南则是中国人运用石料的典范，追溯闽南地区和石头的渊源，绕不开泉州的惠安。惠安城市虽然不大，却有着“世界石雕之都”的美誉，首先是历史悠久。

惠安石雕技艺自五代时期从中原传入以来，就展现出相当高的水平。距今已有 1100 多年的宋代石雕洛阳桥遗址，其石将军、桥墩石塔的佛像雕刻和中亭题词的沉雕，都彰显着那个时代的高技术水平。洛阳桥是一座跨海大桥，距离青山有十五华里，由石条叠成桥墩，长达 3 华里，并且使用海砺作为固定物。桥面的石条有些长达 3 丈，重达 10 吨。在当时没有大型机械设备的情况下，惠安工匠充分利用海水的潮汐现象，将石条放在船上，涨潮时使桥墩固定，待退潮时，船体下降，石条搭在二桥墩上，成为桥面的一部分。类似地，泉州东西塔的石料也经考证证明是由惠安境内开采运送而来，塔上的众多圆雕和浮雕都离不开惠安工匠的巧手。

明清时期，惠安石雕艺术风格趋向精雕细琢，注重线条结构和形态神韵之美，形成了南派风格。这一时期，是惠安石雕发展史上承上启下的时期，也是石雕工人开始走出惠安向外发展的时期。除本省各地外，还通过华侨和商人向新加坡、印尼、马来西亚发展。甲午战争后，台湾岛内大兴建筑，吸收了不少惠安工匠到台湾参加石雕加工生产，并有不少人在台定居。新中国成立后，惠安人频出撼世之作：人民大会堂、毛主席纪念堂、陈嘉庚鳌园、八一南昌起义纪念塔、莆田湄洲岛妈祖雕像、厦门郑成功雕像、美国马丁·路德·金大型雕像、长沙橘子洲头青年毛泽东大型雕像、中华世纪坛等。这些遍布各地的作品奠定了惠安石雕的地位。

20 世纪 80 年代，以小作坊为主的惠安石雕产业迎来新的发展机遇，一些石雕企业成立，并开始引进现代化的设备和技术，提高生产效率和产品质量，惠安的石雕产品开始走向更广阔的国内外市场，取得了一定的声誉。进入 21 世纪，惠安石雕产业进一步发展和壮大。通过技术创新、市场拓展和品牌建设，惠安的石雕产品在国内外市场上得到了广泛的认可。惠安县还成立了石雕工艺研究所和培训中心，加强对石雕工艺的保护、传承和创新。此外，当地政府也加大了对石雕产业的支持和投入力度，鼓励培训技术工人、提高产业技能水平，以满足市场需求。同时，为了保护文化遗产和传统工艺，政府也采取措施保护惠安石雕的非物质文化遗产地位。

可以说，闽南地区哪里需要开山采石，哪里就有惠安人的足迹。惠安石雕采用的石材主要是花岗岩，质地坚硬，因此，惠安的工匠们早就掌握了一套开山采石的方法和工具。很少有人知道，南安后来兴起的石材产业，最早也有惠安人的一份汗水的功劳。

### （二）南安石材：从卖锈石到“买世界，卖世界”

很久以来，位于南安石井镇的石山上有一种天然材料叫作锈石，具有独特的锈迹和纹理，无辐射，有良好的耐久性和稳定性，给人以古朴、自然的美感，20 世纪 80 年代中期，深受日本人的喜爱。

当时，日本经济正在高速发展，建筑和景观设计行业蓬勃发展。由于日本国内石材资源有限，为了满足对锈石的需求，日本人开始寻找国外货源，其中包括南安石井镇的锈石。锈石的特点与日本文化中追求自然美、简约和传统美学的价值观相契合。于是，惠安的工匠负责采石，莆田的工匠则负责将其打磨成地砖，南安的龙眼树下摆满了加工好的锈石。

由于日本客户对锈石的喜爱，南安的锈石产业最先发展起来，和泉州的纺织服装业一样，起步阶段以小作坊为主，石材的开采和初步加工主要依靠传统的手工劳动，缺乏现代化的设备和技术，产品的质量和加工精度一般。到了 80 年代末，一种叫作“636”的石材受到市场欢迎，有人尝试引进意大利设备打磨石材，提高了劳动生产率。90 年代初，机械开始普遍替代人工。

石井镇是南安现代石材产业的肇兴之地，80 年代末，石井遍地是个体户，吸引了很多客商前来选购。随后，水头镇被唤醒了。水头镇虽然本身并不产石材，但有区位优势，位于南安市南部沿海，与厦门经济特区接壤，被誉为泉州的“南大门”，而且水头人同样具有勇于拼搏的性格，开始在镇上做石材生意。

1995 年，刚刚兴起不久的南安石材产业遇到了国家对房地产的宏观调控，楼市对石材的需求随之下降，受地方政府保护的“卖方市场”结束了。这时候的南安人发现，营销渠道是产业发展最薄弱的环节。紧接着，数万水头人奔赴全国各市场，发扬和浙商一样的“四千精神”，开始主动出击市场。与此同时，产品从单纯的来料加工向自主研发转变，随着对工艺和原材料要求的提高，供销大军又开始迈出国门。南安人发现，国际石材资源不仅丰富，海运成本比国内长途陆运还低。

南安石材业真正的崛起从 1998 年后开始。这一年，当地一家石材企业——东升实业的股东开始在水头镇 324 国道及复线入口处兴建一个大型建材市场，也就是后来的闽南建材第一市场——中国石材城，2001 年又在政府的支持下建设了 240 亩的荒料市场，两个市场尤其是第一市场的诞生，为南安石材业的高速发展奠定了基础。这些大型市场的建设对整个石材产业产生了巨大的带动作用，为产业链上的各个环节带来了机会，南安因此成为全国最大的石材生产和集散基地。

1999 年 5 月，首届水头石博会在闽南建材第一市场召开，汇聚的人流、物流、技术流、资金流和信息流，使得南安在石材业中的知名度、影响力和辐射力与日俱增，一批知名石材企业应运而生。2000 年 5 月，东升石业股份有限公司在水头成立；同年 7 月，福建华辉股份有限公司成立，标志着南安市规范化股份制企业零的突破；2001 年，康利的水头基地建设并投产，成为水头石材发展史的里程碑；2005 年，万隆石业主要生产基地在水头开建；同年，溪石集团正式进驻水头；2006 年，高时石材集团与南安市签约，正式落户水头，“大象竞舞”的时代到来了。

到 2004 年，在南安的带动下，泉州石材产量已占全国总量的 1/3，而在全国每年十几亿元的石材出口额中，泉州的出口额占到了50%以上，单水头一个镇，在外地做石材生意的就有两三万人。很多南安大型石材企业在国内外矿区都拥有自己的矿山，将闽南人的海洋精神发挥到了极致。到2013年，南安已有石材企业1500多家，其中规模以上企业233家，2011年规模以上石材企业产值221.5亿元，板材年产量占全国的60%，石材产品产量占全国的70%，成为我国规模最大、种类最齐全的石材生产、出口基地，"买世界、卖世界"的石材经济成为南安的一张亮丽名片。

然而，随着国际金融危机的持续影响，全球经济增长放缓，南安的石材出口订单普遍减少，国内市场面临着其他地区市场的竞争。同时，南安的土地资源日益紧张，已经没有性价比高的土地让企业扩大生产规模。面对这些挑战，南安的石材产业不得不寻求转型，走向总部基地的发展道路。2012年，南安市出台了《关于打造国际石材之都的若干意见（试行）》，明确提出要打造总部基地，推动石材行业的技术升级和产品创新，提升南安石材的竞争力和附加值。同时，打造总部基地还可以优化城市的商业环境，吸引更多的人才，为当地带来更多的就业机会和经济效益，推动当地经济的繁荣。从家庭小作坊到大型建材市场、再到总部基地的发展模式，南安石材在短短20多年内实现了巨大的转变和崛起，奠定了南安石材产业在全国的领先地位。

### （三）南安水暖卫浴产业的兴起与发展

在南安石材产业崛起的同时，主要集中在仑苍镇和英都镇的水暖卫浴产业也迅猛发展，成为另一个重要产业支柱，其发展路径和前者有一定的相似性，也经过了从无到有、从小到大、从弱到强的发展阶段。

早在改革开放以前，由于地少人多，仑苍不少人为谋生计外出打铁、补锅、修理水龙头，在物质匮乏的时代，水龙头是短缺产品。1977年，仑苍人民公社的5位社员土法上马为国营采购站造出2000只水龙头，打响了进军水暖领域的第一枪。1978年后，制造水龙头的家庭作坊在仑苍如雨后春笋般出现。进入80年代后，随着民营经济的蓬勃发展，南安形成了"户户开工厂，家家搞营销”的专业镇经济。水暖器材行业门槛低，只要稍懂技术就可起步，随后产供销一条龙，工贸一体化，营销网络更是覆盖全国，南安成为有名的“水暖之乡”。到了90年代，随着国内市场需求的不断增加，南安的水暖卫浴企业开始引进先进的生产设备和技术，提高产品质量和生产效率。同时，一批本土企业开始建立现代企业制度，走上股份合作和集团化之路。

为加大产业集聚的力度，2002年，仑苍镇按照市场、产业、基地联动，以基地建设整合产业资源的思路，启动第一个省级专业工业区——福建省水暖专业工业区，高新技术产业园、辉煌工业园、美宇工业园如同三驾马车，拉动整个仑苍乃至南安水暖厨卫产业的发展。2003年8月，“南安市仑苍镇水暖专业市场”正式命名为“中国水暖城”。2005年，首届中国（南安）泵阀水暖交易会在此举行，水暖城吸引了全国各地的水暖企业纷纷进驻，磁场效应明显。同年9月，中宇、辉煌、九牧、申鹭达水龙头荣获中国质检总局授予的“中国名牌”称号，全国共7个品牌水龙头入选，南安占4席。随后，南安的品牌企业集体打响了品牌营销战役。

2006年，九牧率先启用电影明星邓婕作为品牌代言人，发出了“九牧，好洁具的标准”的声音，在央视大做广告，中宇则携手跳水皇后郭晶晶，辉煌请来主持人鲁豫，共同开创了卫浴产品明星代言的营销新模式。同年底，央视大型节目“同一首歌”走进九牧，在南安体育中心演播。

直到2010年，南安卫浴企业一方面进行品牌运作，不断引领消费者的认知，另一方面在产品研发和创新上引进人才，加大投入，逐渐建立了完善的产业链，包括瓷器、洁具、卫浴陶瓷、浴缸、龙头、淋浴房等多个细分领域。一批水暖卫浴企业逐渐崭露头角，成为行业的领先者和知名品牌，不仅在国内市场占有一定份额，还开始开拓国际市场，出口产品到世界各地。

与此同时，南安政府一直致力于产业发展的支持和推动，提供政策扶持和基础设施建设，和企业形成了良好的互动。伴随着中国房地产市场的一路狂飙，南安成为全国三大水暖产业基地之一。

### （四）安溪：从竹编之乡到“世界藤铁工艺之都”

当提到安溪这个地方时，人们通常会首先想到铁观音茶，因为长期以来，茶叶一直是安溪最具特色的支柱产业。然而，如今的安溪又多了一个令人瞩目的称号——“世界藤铁工艺之都”，这个城市品牌的形成离不开一位名叫陈清河的工艺美术大师。

早在唐宋时期，安溪就有制作竹器的传统，这些竹器广泛运用于与茶叶相关的日常生活用品中，但并不能称之为真正的工艺品。直到 1971 年，陈清河从厦门工艺美术学校竹编专业毕业后回到家乡，应邀在尚卿公社农械厂担任厂长，并带领着 5 位学徒创办了最早的竹编工艺车间。起初，他们主要生产市场上紧缺的热水瓶外壳，由于工艺精湛，产品远销全国各地，甚至包括长江以北的东北地区，随后学徒队伍迅速扩大。1972 年，陈清河的 8 件竹编作品在全国工艺美术展览会上获得多项荣誉，由此正式创办了安溪尚卿竹编工艺厂。然而，由于热水瓶外壳的利润过低，陈清河争取到了省外贸公司定点出口生产厂家的资格。随后的 1973 年，他将 80 多种竹编工艺品带到广交会上展示，从而开启了竹编产业化的先河。

随着改革开放的推进，1984 年，在陈清河的倡议和推动下，安溪县创办了该县第一家中外合资企业——福建省安星藤器企业有限公司，从此有了进出口经营权，陈清河出任总经理和总设计师。公司成立第二年，陈清河前往美国多个州进行巡回展示，传播东方纯手工艺编织文化，引起了强烈反响。陈清河意识到，中国拥有庞大的人口和充足的劳动力，发展民间手工艺是一条非常有前景的道路。

安星公司迅速打开了市场，到 1989 年底，仅用短短 5 年间就创汇 2230 万美元，成为福建省创汇大户，同时也成为培养安溪工艺人才的“黄埔军校”。进入 90 年代，陈清河结合在国外考察的经验，灵机一动，创造出一种“刚柔相济”的新工艺，将作为建筑材料的钢筋、铁丝和铁皮融入藤编工艺中，于是藤铁工艺品诞生了。在 1991 年的广交会上，陈清河展示了 12 套藤铁工艺品，引起了轰动，供不应求，仅仅 3 天就卖了 500 多万美元。为了应对客户的热情，陈清河制定了三条规矩：一是不准拍照；二是不确定交货期；三是不接受议价，甚至有时要减半供应数量。在市场的积极反响下，陈清河深刻体会到了原创作品的力量。

从竹藤到藤铁的转变只是陈清河创新的开始。此后，安星公司在陈清河的领导下，彻底改变了人们对藤编工艺的认知，制作过程借助焊接、切割机等现代制造工具，广泛吸收新材料，并不断创新设计。由此，藤铁工艺从安星推广到整个安溪县，每年的春、秋广交会上都会专门设立“藤铁工艺产区”，藤铁工艺品成为国际市场工艺品行业的新潮产品，被广泛应用于花园、户外和家居装饰。

1997~1998 年，亚洲金融危机爆发，国内工艺品出口面临重重困难，然而安溪的藤铁工艺企业却逆势而上，及时将市场转移到欧美市场。他们根据欧美工艺品市场的流行款式和色彩变化，创新设计和生产藤铁类、塑编类工艺品，迅速占领欧美市场，并引领了欧美家居工艺的潮流。这时候，陈清河已经不再是孤军奋战，他的徒弟中有很多人成长为行业中坚力量。

在陈清河看来，工艺品生产是手工劳动最重要的方式之一，不需要大设备、大投入、大工厂，家庭作坊就可以搞定。这不仅适合当代新农村建设，同时也满足了人们对美好生活的向往，助力“美丽中国，美丽家居”的建设。

自 2011 年起，安溪的藤铁工艺加速转型，走向家居工艺文化产业，同时在国际市场和国内市场两方面发展壮大。2016 年，尚卿乡被列入福建省首批特色小镇名单，成为“藤云小镇”。

在产品营销模式方面，安溪顺应时代潮流，鼓励年轻人拥抱“互联网+定制”模式。2018 年，安溪藤铁工艺品在网上交易额超过 47 亿元，在“双十一”期间交易额突破 7 亿元。安溪拥有 9 个“中国淘宝镇”和 27 个“中国淘宝村”，被评为中国电商发展百强县和电子商务进农村示范县。与此同时，安溪与清华大学深圳国际研究生院、福州大学厦门工艺美术学校等高校和协会展开产学研合作，建立了工艺美术大师工作室和传习所等机构，培养了许多工艺美术人才，拥有各级工艺美术大师和名人 35 人。安溪还设立了

100万元工艺产业基金和500万元工艺产业建设发展基金，以及其他用于新产品开发的专项扶持资金。到2018年，该行业已经拥有12000多个实用专利和外观专利，申请数量年均增长超过25%。

2019年8月，世界手工艺理事会的专家经过实地考察，正式认定安溪为“世界藤铁工艺之都”。经过40多年的努力，安溪全县已有工艺企业2200多家、加工点3000多个，2018年的产值达到150亿元，产业规模在全国同行业中居首位。从最初的卖手艺到后来的卖工艺，再到卖文化，安溪走出了一条独具特色的文化复兴之路。

## 二　泉州建材家居产业的转型升级

时至今日，泉州建材家居产业正面临着转型升级的挑战。市场竞争压力日益增大，消费者需求不断变化，环保要求日益严格，而科技进步不断催生新的生产技术和工艺。为应对这些变化，建材家居企业需要不断创新设计，提高产品质量，拓展多元化市场，引入环保技术和材料，实现可持续发展。转型升级是产业发展的必然趋势，也是保持竞争力的重要手段。通过转型升级，建材家居产业将能够适应市场需求，增强竞争力，保持优势地位，并在全球市场中获得更多机遇。

### （一）南安石材产业的转型升级

南安石材产业在过去的40多年中，取得了显著的发展和成就。截至2022年，南安市共有建筑饰面石材企业1700多家，各类从业人员近10万人。其中，规模以上企业393家，2021年产值863.4亿元，同比增长13.5%，2022年产值933.98.亿元，同比增长8.1%。

从规模和影响力看，南安石材行业有以下几个基本特点。

一是市场交易繁荣。自1999年闽南建材第一市场开业以来，到目前已建有各类大型石材专业市场70多个，年交易额约200亿元。其中，闽南建材第一市场年交易额50多亿元，是全国乃至东南亚及周边地区的最大的石材加工贸易、原材料集散、物流贸易中心。二是品牌企业云集。环球、高时、康利等中国石材业10大龙头企业有9家入驻南安，拥有4枚国家工商总局认定的中国驰名商标、22件福建省名牌产品、18枚福建省著名商标，并几乎参与全部石材产品质量国家标准的制修订且率先使用标准。在龙头企业的带动下，通过产业链上下游企业的聚集和耦合，南安石材业实现从拉长到增粗的裂变。曾经的南安，是主动邀请龙头企业加入，后来则是优质企业主动加入。三是国际化程度高，积极构建原材料供应和配置网络，遍布印度、巴西、埃及、西班牙等30多个国家和地区，其中，国内55%矿山资源、土耳其40%矿山资源掌握在南安石材企业手中。有20多家国外石材机械供应商在水头镇办厂设点；20多个国家和地区的知名矿山、石材企业在水头镇设立办事处或经销点；南星大理石等18家企业在海外投资办厂，投资总额近400万美元。①

近年来，为了不断提升综合竞争力，南安石材行业在转型升级方面做了大量探索，主要包括以下几个方面。

1. 产业链全面发展，从石材贸易、加工挺进石材机械制造

曾几何时，南安高端石材装备市场长期被“洋品牌”垄断，国际老品牌具有高精度、高速度、高效率的特点，质量过硬，使命寿命长，因而在市场上广泛运用。石材机械是整个产业链的上游，也是含金量最高的一个环节。在石材加工环节利润渐薄的背景下，南安石材行业开始主动延伸产业链，寻找新的利润空间。越来越多的本土石材装备企业成长起来，发展到2022年，南安石材企业采购的石材装备中，已有70%来自本地，不仅如此，还不断向外部销售加工机械。

为进一步加快石材机械产业的发展，2020年，南安启动石材机械辅料展贸城项目，引进石材机械辅料企业500家以上，为国内外石材、矿山企业提供机械、工具、辅料等整体解决方案。在2023年的厦门国际石材展上，来自南安的10多家石材机械企业集中亮相，以万福控股、巨邦机械、海天

① 数据来源：南安石材协会。

石机、水南机械等为代表的一大批本土石材机械装备企业，形成了一个“石器企业矩阵”。在万福控股的生产车间，拥有矿山锯、切割机、打磨机等20多个大品类、180多个细分品类的石材接卸设备，而巨轮机械公司的自动化机械产品则在十几个国家拥有代理商。数据表明，2022年，南安全市机械装备业规模以上实现年产值672.50亿元，同比增长15.3%，其中相当一部分来自石材机械。

主动补齐产业链，不仅做建材，更做“石器”，为南安更深广地整合石材产业资源提供了强有力的支撑。在如今的南安，人造石、圆形材、异形材等石材加工生产线应有尽有，石材机械及石材加工辅料生产企业120多家，形成集资源开采、生产加工、机械制造、物流供应等环节为一体的完整产业链。

2. 全行业皆“绿”，发展绿色石材产业

如何把握好经济效益和生态环境的平衡，曾经是困扰南安的一道难题，每年数百万吨的废弃碎石和石粉光靠填埋，以后将无地可埋。早在21世纪初，安南政府就意识到了环境恶化的严重性，随后开始引导企业发展循环经济。

2005年，南安市出台了《关于促进石粉、碎石综合利用的若干意见》，市财政每年拨款100万元建立综合利用发展专项基金，用于扶持废弃物综合利用企业。同时，与高校、科研院所共建技术开发中心，为企业提供循环发展的技术支撑，对列入省级循环经济示范企业的绿色企业，给予奖励。

2006年，福建省首家人造石企业鹏翔实业在南安诞生，当年投资1.2亿元建厂，引进意大利高新技术，收集废弃石材碎石生产人造大理石，如今这家企业仍在再生石领域耕耘。在石材的生产过程中，石粉是主要污染物之一。为了助推石材产业的健康发展，南安市石材协会从2011年就成立了石粉综合利用公司，2016~2021年，平均每年处理石粉量达200万吨，利用率达到90%。

2022年，一种新型的石材生产加工技术——线锯新技术由水头镇的磊扬石材公司发明出来，引起行业关注。与传统切割技术相比，线锯技术石材方料成材率可提升15%，石粉排放可减少80%，很快，南安政府就出台了推广运用石材线锯促进石材企业增产增效的若干措施，最大限度减少石材行业石粉排放。6年前，一家处理石粉、边角料、矿山废弃料的环保型企业——南安盈晟新型墙体材料公司成立，得到政府大力支持，现在平均每天可制作40万块空心砖，一年可消化20万吨石粉。在发展循环经济方面，南安政企双方形成了很好的配合。从2011年起每年安排300万元以上资金专项用于扶持石粉综合利用项目建设，至今已兑现补助资金达2661.2万元。

南安全行业石材出材率已由5年前的77%提升到目前的87%；石粉的排放已由20年前的600万吨减少到目前的300万吨，并且全部实现回收再利用。全市持证经营的石材企业均已实现污水零排放。石粉100%压干转运，石粉再生成蒸汽砖、水泥添加剂、脱硫材料等，年可利用石粉超过300万吨。

### 3. 探索智能化转型的新道路

智能化转型指的是企业或产业在面对科技进步和市场需求的推动下，通过引入智能化技术和解决方案，对传统生产、管理和运营模式进行改造和升级的过程。智能化转型旨在提高企业的智能化水平和自动化程度，增强企业的竞争力和创新能力，实现更高效、更灵活、更智能的运营模式。

在2020年开幕的第21届中国（南安）水头国际石材博览会上，由海尔集团首创的拥有全部实施产权的工业互联网平台——卡奥斯COSMOPlat与南安市政府签署战略合作协议，共建石材工业互联网平台总部基地，同时，卡奥斯COSMOPlat、南安市政府、中民石材、南安石材工业协会签订“石材产业投资基金框架协议”，助力石材产业尤其是南安石材产业的转型升级。此举是南安石材优化总部经济，赋能南安石材企业，产业上平台、用平台，加快产业数字化转型升级的重要战略举措。目前，该项目已落户南安，成为“工业互联网+石材”实践的新高地。

2021年7月，华侨大学与南安市政府共建的华侨大学（南安）产教融合人才联合培养基地正式揭牌，开启校地联袂，科技赋能石材。石材产业中心、研究院的研究方向包括石材产品设计、石材高端加工技术、石材产业高端装备设计与制造和石材环保等，中心将开展石材产业前沿技术研究，与石材领域的企业开展关键共性技术研究，共同推进企业标准，加快突破产业技术瓶颈。同时在公共平台服务、技术创新、企业孵化和人才培养等方面打造具有产业特色、示范效应的“校地合作南安模式”。

此外，海恩德研发的数控石板材连续磨抛机、巨邦机械与链石科技合作推出的智能桥切机 C500 以及创新各类石材扫描工具、搜索工具、VR 体验工具等，推动新一代信息技术在石材行业推广应用。2022 年 8 月，南安政府正式发布《南安市石材产业转型升级实施方案》，明确提出，为引导企业技改提升和智能化升级，石材加工企业购买（含融资租赁方式）生产性设备且符合国家产业政策和准入条件的，项目经工信部门备案后，实际购置款（不含增值税）在 100 万元及以上的，按当年度实际购置款（不含增值税）10%比例一次性给予补助，单家企业该项年度补助不超 100 万元，并可叠加享受省级或泉州市级技改补助。同时，推进企业上云上平台，推动石材企业基础设施、平台系统和业务应用上云。对年度云服务费超过 5 万元的企业，按照服务费 30%给予上云企业补助，单家使用企业单项年度补助最高不超过 10 万元。

4. 石材嫁接文创，促进产业融合

在今天的南安水头镇，石材界人士都会知道两个地方的名字：一个是五号仓库，另一个则是充满现代设计感的世界石材自然历史博物馆，创建它们的是同一家公司——英良石材集团。2008 年，该集团董事长刘良创立五号仓库，以全球珍稀、独特以及最新的石材为素材，融合最先进的石材工艺和石材设计，开创了石材行业品牌营销的先河。到 2012 年，占地 4000 多平方米的五号仓库已发展成为亚洲最大的集艺术陈列、板材销售、奢华体验于一身的石材展示馆。更令人瞩目的是后者。世界石材自然历史博物馆是全球第一家以石材为主题的行业博物馆，面对公众开放，并已成为 3A 级景点。全馆紧扣岩石主题，内设自然馆、人类馆、石材艺术馆、石材产业馆四大常设展馆，以及化石矿物清修实验室、石文创中心和石材产业展示中心。

这是一座有故事、会说话的博物馆，布展的每一块石头背后都以其稀缺性和令人惊奇的外观让参观者眼前一亮。这里也是关于石头的知识海洋，走进石头的世界，也就走进了地球的文明进化史。据说很多展品都是从事石材业多年的集团掌门人常年凭借热爱日积月累地收集起来的。它的出现，代表着南安石材业向文化产业迈进了一大步，是一次跳出石头做石头的创举。

不仅有英良石材集团的探索，在今天的南安，石材和文创相结合已成为很多石材企业共同的选择。南安被国际室内建筑师、设计师团体联盟授予"IFI 资源城市"称号；与同济大学共建设计创新中心，提升石材产业设计水平；涌现了东星"奢石文创园"、溪石集团"装饰一体化"、环球石材"全球石材装饰整体解决方案"等一批石材文创明星产品；成立"天下石文创"，打造结合山水画、天然石画、石摆件、书画等作品的展示中心，让石材进入"时装品牌时代"。

南安正在成为石材产业的文化高地。从卖石头到卖石材再到卖文化，南安石材人无疑又一次踩中了时代的节拍。

5."一切皆有可能"的产品创新

不断进行产品创新是企业保持竞争力和发展壮大的关键之一。通过积极推动产品创新，企业可以适应市场变化，满足消费者的需求，不断发展壮大，并在市场竞争中取得优势地位。多年来，成功的案例在南安比比皆是。

以南安五克拉公司为例。这家公司并不是石材界的元老，成立不过 6 年，但在进入市场时另辟蹊径，瞄准当时国内还处于空白阶段的超薄型石材领域，推出厚度只有 0.5 毫米的超轻薄石板，迅速在市场上刮起了一场旋风。由于在超薄型石材领域的独特优势，五克拉公司最终赢得美国苹果公司的青睐，用石材制作手机外壳。2016 年 11 月以来，公司已交付超百万个苹果手机外壳。

在五克拉公司引领下，越来越多的南安石材企业进入创意石材领域。据南安市石材工业协会统计，目前在南安的文化和创意石材企业总数超 500 家。南安也先后出台《南安市促进创意石材产业发展的若干意见》《鼓励石材业企业自主创新》等文件，鼓励石材企业向创意进军。

6. 跨界整合，打造"泛家居"平台

泛家居（Pan Home）是一个新兴的概念，指的是在家居领域中将不同品类的产品和服务进行整合，提供全方位、全场景的家居解决方案。泛家居的核心理念是打破传统家居行业的边界，将家居产品、家居装饰、家居家电、家居软装等多个细分领域进行融合，以满足消费者在家居领域的一站式购物和服务需求。

南安拥有亚洲最大的石材集散地，不仅是世界石材之都，同时在水暖厨卫、五金安防等产业中都具有较强的影响力，是国内水暖卫浴三大重要产区之一，而这些产业都与人居有关。早在 2015 年，南安市基于自身的产业特点，第一次提出了“泛家居”的概念，并作为长期战略实施。

2016 年，南安市海丝泛家居产业联合会宣告成立，开启了“政府+联盟+公司”三位一体的泛家居产业运作模式，并以“线上平台+线下体验馆”形式走向海内外市场。泛家居积极构建跨界产业“融合带”，实现产业、企业、产品、渠道四维度跨界融合，形成多产业集群共同开拓市场的发展格局。在泛家居联盟的推动下，目前已有会员企业 1200 多家，并与印度、澳大利亚、肯尼亚等 30 多个国家和地区的客商建立了合作关系。同时，依靠“泛家居”强大磁场，南安传统产业逐步向产业链两端持续延展、向价值链中高端大步攀升，走出了转型升级的“南安途径”。总投资 230 亿元的美的智慧家居科创项目和总投资 160 亿元的绿色泛家居建材展贸项目已开工建设，建成后将形成集智能家居制造、集采、检测、展示、体验于一体的全产业链布局。

目前，“泛家居”线下体验馆英良馆、成功馆顺利运营。同时，平台功能增强，建设石材展示运营中心，集聚石材企业总部和营销中心，推动产销分离、资源优化配置，已入驻企业 72 家。启动中国花岗石现板集中采购平台，吸引国内外 150 多家矿山入驻，并与 200 多家房地产商、装饰公司达成意向合作，跨界整合石材陶瓷、水暖厨卫等一批特色产业集群，全力打造“泛家居”平台。

此外，涌现出互联网石材扫描工具、搜索工具、VR 体验工具等石材互联网工具，通过将石材大板高精度扫描到电脑、开展 VR 体验，客户可以直接向工厂下单，实现石材私人订制，助推石材产业向家装市场延伸。

### （二）水暖卫浴产业的转型升级：以九牧集团为例

九牧集团是中国水暖卫浴产业中的一匹黑马，它在发展过程中的多次转型升级具有代表性。创立于南安苍仑镇的九牧集团最初主要提供矿山采煤机除尘喷雾系统，而不是从事卫浴行业。但在20世纪90年代初期，九牧集团看准了卫浴市场的机会，转入卫浴行业，并率先研制了国内第一个快开式水龙头和花洒，成功引领了民用卫浴设备向现代化的转型。随后，九牧集团不断研发新产品，成为国内五金卫浴产品的领先企业。2007年，九牧集团开始进军整体厨卫领域，逐步拓展了生产线，并制定了“百亿九牧，百年九牧”的战略目标。此后，九牧集团积极推进智能制造和定制化发展，并与多家国际合作伙伴建立了长期战略合作关系，不断提升技术水平和产品创新，引领中国卫浴智造的新高度。

九牧集团的智能制造和创新措施备受瞩目。进入2022年，九牧集团开始开启“智造”之旅，采用5G云制造和C2F智慧制造等先进技术，实现全场景自动化智能卫浴产品。九牧集团的智能工厂利用机器视觉等技术实现了机器人自动卸窑、搬运和作业，以及成瓷自动分类出库、无人化检测、自动装箱、打包、封箱打带等生产过程。同时，九牧集团还与德国西门子、华为、IBM等建立了战略合作伙伴关系，拥有2000多名研发设计人员。九牧集团的技术投入占销售总额的5%以上，专利技术突破3000项。此外，九牧集团还在国际市场上布局广泛，设立研发和运营中心，全球资源融合发展，推动全球战略的提速。

九牧集团的发展观是站在未来做现在，站在产业做企业，通过在全球视野下整合资源，拓展企业的发展空间。在九牧集团的“5G智能马桶灯塔工厂”，智能马桶产品种类繁多，具备主动降噪静音、尿检等功能。未来工厂还将推出全球首款无水马桶，助力更好地实现节水减排。该工厂是世界单体产量最大的智能马桶工厂，每年可生产450万套智能马桶。除了智能马桶，九牧集团还生产各式抗菌花洒、健康龙头、测体温智能浴室柜、智能杀菌晾衣机等卫浴产品。

总的来说，九牧集团是一家有着极强战略雄心的企业。它的成功在于每一次都能前瞻性地抓住市场的先机，并紧紧抓住国家战略和行业转型的机遇，积极推进智能制造和定制化发展，不断提升技术水平和产品创新。九牧集团的目标是成为一家全球行业标杆企业，树立标杆，成为其他企业追随和学习的榜样。在持续的发展中，九牧集团的品牌价值持续增长，连续 13 年位居行业首位。九牧集团是中国智能卫浴行业的领导者，见证了中国制造的崛起。

与此同时，在水暖卫浴产业，依托九牧集团这个龙头企业，2022 年南安市政府积极构建“1+N”产业格局。“1”即链主企业，“N”即布局一批专业型、配套型小微产业园，连点成线、连线成带，打造全产业链的标准化园区集聚带，提升产业集群能级水平。南安经济开发区智能泛家居产业的“1”即以九牧集团为链主带动，“6”即连片规划建设数字化卫浴产业园、奥飞智能卫浴产业园、恒润高科卫浴产业园等 6 个小微产业园，现数字化卫浴、奥飞智能卫浴、万洋 3 个产业园已招商企业 114 家。

## 三　泉州建材家居产业未来发展展望

在过去三年的疫情影响下，泉州建材家居产业面临着不乐观的形势。首先，由于防疫措施的严格执行，产业链发生了一定程度的重组，修复需要时间。例如，石材行业原本通过南安进行贸易加工的原材料出口国和建材进口国直接建立了联系，减少了对中国的依赖性。其次，房地产市场低迷，供需状况不再旺盛。建材家居产业是房地产业的重要供应商，当房地产市场繁荣时，建筑工程和装修活动增加，建材家居市场也会得到提振。相反，房地产市场的低迷或衰退则导致建材家居市场需求下降。最后，消费者心态发生了变化，原本大手笔的居家消费缩减，越来越趋向理性和实用。

一位业内人士评价说，如果说过去几十年石材行业遇到的坎都是小感冒的话，那么这一次的坎显得有些漫长，绝非感冒那么简单。事实上，疫情过后，很多行业都没有迎来预期中的报复性反弹。出口订单下滑，国内市场消费不振，市场竞争激烈，形势瞬息万变。

在这种情况下，我们提出几点思考，目的是抛砖引玉，不能代替企业家们在市场中的具体实践。

### （一）越是困难的时候，越需要信心

在疫情过后，发展信心对经济和社会的重建至关重要。疫情给全球带来巨大冲击，企业和个人都面临严峻考验，但积极的发展信心却能成为克服困难、重新振兴的关键。发展信心在疫情后具有多重重要性。

首先，发展信心有助于推动经济的复苏和发展。企业和社会在恢复生产和消费时，信心是最关键的动力源泉。积极的信心能激发企业更愿意进行投资和创新，探索新的商机和业务领域，为经济增长注入新的活力。同时，有信心的企业更加坚定和具有竞争力，能够更好地应对市场上的竞争和挑战。

其次，发展信心有助于促进社会的稳定和发展。疫情期间，一些人失去了工作和收入，社会面临着就业压力和经济动荡。在这个时候，信心能带动企业扩大生产和业务规模，创造更多的就业机会，减轻就业压力，促进社会的稳定和繁荣。

最后，发展信心还能促进消费增长。消费者对未来的信心会影响他们的消费决策，有信心的消费者更愿意进行消费，推动消费增长，进一步刺激经济复苏。

要培养发展信心，政府、企业和社会各方需共同努力。政府可以积极宣传经济复苏和发展的积极信号，出台有利于企业发展的政策，提供贷款、税收减免等支持。企业可以通过技术创新，提高产品质量和效率，增强市场竞争力，增信消费者和投资者。同时，加强合作、关心员工情绪也是培养发展信心的重要途径。

综上所述，发展信心对于经济和社会的复苏和进步至关重要。积极的信心能带动经济投资和创新，推动社会稳定和消费增长，促进全球共同走向更加繁荣和稳定的未来。政府、企业和社会各方需共同努力，共建乐观积极的

发展氛围，迎接未来的新挑战与机遇。

经济形势不好时，企业更需要信心，这不仅是面对挑战的精神支撑，也是抓住机遇、实现发展的重要动力。有信心的企业能够更好地适应经济的波动，勇于创新和改变，为自身发展开创更为积极的未来。

### （二）文化复兴背景下的产业空间

经济兴则文化兴，文化兴则国强。文化复兴是中国梦的一部分。2021年7月，“泉州：宋元中国的世界海洋商贸中心”成功列入《世界遗产名录》，成为我国第56个世界文化遗产。申遗成功后，伴随着文化复兴的到来，泉州的文化旅游产业日益火爆。曾经的泉州是一座安静且宜居的历史文化名城，今天则摇身一变成为文旅产业的新宠儿。种种迹象表明，泉州文旅产业的大戏只是刚刚拉开帷幕，泉州乃至整个闽南地区极具中国特色的文化底蕴以及无比丰富的文化资源，在整个中国的版图上都独树一帜。这为建材家居产业的发展提供了广阔的空间。

作为宋元时代的东方大港、海上丝绸之路的起点，泉州的文化价值正初露锋芒。在此背景下，泉州建材家居产业应更加注重融合富有闽南特色的传统文化元素，讲好中国故事，将传统文化的符号、造型和艺术特色融入现代的建材家居产品设计中，打造具有地方特色和历史文化内涵的产品。文化复兴是一个系统工程，同时也为传统工艺和技艺的挖掘和保护提供了难得的历史机遇。泉州家居产业可以借助传统工艺和技艺，创造出独特的产品，体现传统文化的独特魅力。反之，泉州的传统工艺产业，如惠安的石雕、安溪的藤铁工艺产业等，也可借助现代与传统相结合的方式融入文旅产业的每一个毛孔中，提升产品的附加值和市场竞争力。

文化本身也是一种品牌，未来的建材家居产业可以通过品牌建设和文化传播，加强产品的文化内涵和品牌形象，结合文化复兴的主题，推出文化主题的家居体验产品。例如，打造以历史文化为主题的文化展示中心、文化主题酒店或民宿等，吸引游客体验当地文化。某种意义可以说，未来的建材家居产业不仅是企业的竞争，更是文化的竞争，结合传统文化元素的传承与创新，将为泉州建材家居产业注入新的活力，使其在文化复兴的时代焕发出更加耀眼的光芒。

### （三）在产业未来发展的趋势中寻找自己的位置

经过40多年的发展，中国制造正处于一场深刻的变局中。对于行业标杆企业来说，提升智能制造、绿色制造和高端制造等领域的水平，以保持竞争力和引领未来，是企业发展的必由之路。而对于中小企业和后进入行业的企业来说，唯有因时因地因人，重新审视判断自己在行业中的定位，才能迎来更好的发展机会。企业在行业趋势中找到自身的定位需要综合考虑市场需求、核心优势、竞争环境等多方面因素。定位应该是与企业自身条件相符，并能够满足市场需求的战略选择。

放眼未来，家居建材产业的发展趋势主要包括以下几个方面。随着全球环保意识的增强，环保和可持续发展将成为建材家居产业的重要关注点，企业将更多地采用环保材料和绿色生产技术，推出环保型产品以满足消费者的需求。智能化和数字化是未来建材家居产业的另一大趋势，智能家居产品和智能建筑技术的应用将为用户提供更便捷、舒适和智能的生活体验。定制化和个性化的需求不断增加，建材家居产业将更加注重定制化生产和个性化设计，以满足消费者多样化的需求。线上线下融合也是未来建材家居产业的趋势之一，消费者更多地通过线上渠道了解产品和进行购买，而线下实体店将提供更好的展示和体验服务，两者相互融合共同促进销售。国际市场拓展是中国建材家居产业的重要方向之一，出口贸易和参与全球竞争将使中国建材家居品牌在国际市场上得到更多认可。跨界合作也是一个值得关注的趋势，建材家居产业可能会与其他行业进行合作，创造出更多创新性的产品和服务，从而不断推动产业的发展。

对于泉州家居建材产业来说，积累的经验和优势是宝贵的财富，进一步发挥优势，与时俱进地推动智能制造、环保绿色技术、定制化服务以及国际市场拓展，将有助于提升企业的竞争力和品牌影响力。在不断变化的市场环境下，持续的技术创新、文化融合以及跨界合作将是推动行业发展的关键。

同时，建材家居企业也应密切关注消费者需求的变化，精准洞察市场趋势，并灵活调整战略，以满足不断变化的市场需求。未来，泉州建材家居产业有望在全球市场中发挥更为重要的角色，为消费者提供更具竞争力的产品和服务，同时为中国经济发展做出更大的贡献。

**B**.9

# 2023年泉州装备制造产业发展报告

张少榕 *

**摘　要：** 装备制造产业是泉州市支柱产业之一，已经形成完整产业生态圈和特色优势行业，产业集群效应日趋凸显，培育了一批行业龙头企业，聚集了一批“专精特新”企业，推进产业创新升级成效显著，建设了一批公共载体平台。泉州装备制造产业发展中也存在高端化、智能化、服务化水平不足，产业配套协作能力较弱，龙头企业少且不强，研发创新能力有待提升，处于分工价值链的中低端，要素资源供需矛盾突出等问题。未来泉州装备制造产业将以六大领域为中心，向高端化、智能化、服务化、绿色化发展，培育壮大龙头企业，搭建产业协同创新公共服务平台，分类培育优质中小企业，鼓励协同创新创造，打响“泉州装备智造”品牌，打造“产才融合”高地。

**关键词：** 闽商　装备制造产业　“专精特新”企业　泉州

## 一　泉州装备制造产业发展历程

习近平总书记指出，装备制造业是一个国家制造业的脊梁。[①] 长期以

* 张少榕，泉州市装备制造业协会综合部主任，主要研究领域为机械装备、产业服务等。

① 《非凡十年丨我国装备制造业取得新突破》，光明网，https://m.gmw.cn/baijia/2022-09/03/35999632.html，2022年9月3日。

来，电子信息、机械制造、石油化工是福建省的三大主导产业。1979 年，福建机械装备总产值仅有 10.8 亿元，历经改革开放 40 年发展后，2018 年产值突破 8000 亿元。[①] 到 2025 年，福建省先进装备制造产业规模将达到 1.2 万亿元。[②]

作为福建省装备制造产业强市，2013 年，泉州装备制造产业总产值超过 1000 亿元，2018 年突破 2000 亿元大关，成为泉州九大千亿产业集群中的重要组成力量。[③]

近年来，泉州市加快推动装备制造产业提质扩容，行业拥有规模以上企业 700 多家，产值超 2200 亿元，[④] 主要分布在南安、晋江、洛江、鲤城等地，是海西重要的装备制造产业基地。

按照《国民经济行业分类（2017 版）》行业划分，装备制造产业具体范围包括金属制品业，通用设备制造业，专用设备制造业，汽车制造业，铁路、船舶、航空航天和其他运输设备制造业，电气机械和器材制造业，计算机、通信和其他电子设备制造业，仪器仪表制造业 8 个行业大类。

泉州装备制造产业门类齐全，涉及 8 个大类、47 个中类、111 个小类。其中，金属制品、通用设备、专用设备、汽车制造、电气机械和器材制造等几个大类产值均超百亿元。[⑤]

从产业结构来看，泉州装备制造产业主要有三大板块：一是轻工装备，包括纺织机械、制鞋机械、建材机械、食品机械、纸业机械；二是机床、机器人，包括数控机床、工业机器人、智能设备关键部件；三是电气电子设

---

① 《补短板促升级 福建南安将打造高端装备制造园区》，中国工业新闻网，https：//www.cinn.cn/dfgy/fujian/201902/t20190212_206443.html，2019 年 2 月 12 日。

② 《福建省人民政府关于印发福建省“十四五”制造业高质量发展专项规划的通知》，福建省人民政府，https：//www.fujian.gov.cn/zwgk/zfxxgk/szfwj/jgzz/jmgjgz/202107/t20210706_5641624.htm，2021 年 7 月 6 日。

③ 《福建泉州机械装备产业：高精尖工业母机托起制造强市》，中国产业经济信息网，http：//www.cinic.org.cn/xy/fj/590469.html，2019 年 8 月 14 日。

④ 《泉州市力争 2025 年装备制造产业产值超过 3500 亿元》，福建省工业和信息化厅，http：//gxt.fj.gov.cn/zwgk/xw/hydt/snhydt/202205/t20220527_5920658.htm，2022 年 5 月 27 日。

⑤ 《福建泉州机械装备产业：高精尖工业母机托起制造强市》，中国产业经济信息网，http：//www.cinic.org.cn/xy/fj/590469.html，2019 年 8 月 14 日。

备，包括光电光伏设备、高效新型电池、智能电网、新能源汽车、电子元器件等，三大板块合占泉州机械装备产业产值90%左右。①

## （一）发展阶段

泉州装备制造产业从20世纪七八十年代起步，在老一辈和新一代企业家的辛勤付出和不懈努力下，产业规模逐步壮大，历经了四个主要发展阶段。

### 1. 1978~1990年：起步阶段

改革开放初期，泉州装备制造产业主要以国营企业为主，代表企业有泉州机床厂、泉州筑路机械厂等。当时的新华北路是泉州烟囱最密集的地方，聚集了泉州铸造厂、衡器厂、喷雾器厂、铁器厂、轻机厂等一大批企业。

在这批国营企业中，泉州筑路机械厂当属明星企业。它隶属于泉州市公路局，是国内双滚筒沥青拌和机和移动强制式沥青拌和机的诞生地，为行业培育了一大批产业人才，南方路机董事长方庆熙、铁拓机械董事长王希仁等行业代表性企业家曾在其中担任要职。

乘着改革开放的东风，泉州生产的汽车轮胎螺钉、螺母等紧固件，以及转向节梢、活塞梢等汽车零配件畅销全国各地。这一时期，泉州还涌现出了一批民营机械企业。其中，既有以晋江安海镇安东机械锻造厂（晋工机械前身）等为代表的工程机械整机加工配套和汽车零部件企业，也有以泉州市政工程机械厂（泉工股份前身）等为代表的专用设备生产企业。

彼时的泉州机械装备民营企业，虽然发展基础非常薄弱，但凭借一股爱拼敢赢的闯劲和学习模仿再创新的精神，这些率先“吃螃蟹”的企业家逐步蹚出了自己的一条新路。

### 2. 1991~2000年：快速发展阶段

在20世纪90年代，得益于市场经济的快速发展和政府鼓励引进外资及

① 肖汉辉：《泉州市装备制造业创新发展》，福建省加快机械装备产业发展专题班，2022年11日10日。

其技术，泉州装备制造产业进入了快速发展阶段，机械装备企业如雨后春笋般破土而出。

值得一提的是，1992 年，因生产经营不景气，包括泉州机床厂、泉州衡器厂在内的 41 家国营企业并入中侨集团，大批下岗工人进入民营企业。随着市场、人才等要素进一步被激活，泉州装备制造产业也开始向多元化、专业化、规模化方向发展，依靠市场需求和竞争机制来推动产业结构调整和优化升级。

伴随经济的快速增长和市场的扩大，泉州装备制造产业逐步壮大。特别是在纺织机械、针织机械、鞋机、砖机等专用设备领域取得了长足发展，产品开始进入国际市场，实现从单一功能到多功能、单一模式到多模式的转变。与此同时，行业培育出了一支销售大军，在泉州装备制造业的开疆拓土中起到了重要作用。

3. 2001~2012年：技术升级和创新发展阶段

进入 21 世纪，泉州装备制造产业开始注重技术升级和创新发展。企业加大了研发投入，引进了一批先进的制造技术和设备，提高了产品的质量和竞争力，各分支领域出现了一批龙头企业，逐步形成产业集聚。

同时，企业更加重视创新创造和知识产权的价值，从中低端开始涉足高端装备制造领域，如数控机床、智能装备等，提升了整个泉州装备制造业的水平。这一阶段，泉州装备制造业为本地区的经济社会发展和产业升级做出了重要贡献。

以纺织机械为例，伴随纺织服装产业的发展，形成了产业链上下游各类设备制造产能，包括经编机、针织大圆机、绣花机、印花机、电脑包缝机、工业缝纫机、印染设备等。这些设备的技术创新应用，实现了机器替代人工，大大提高了纺织产业的生产效率和自动化、智能化水平，助力行业降本增效。

4. 2013年至今：产业转型升级阶段

近十年来，泉州积极承接落实国家“数控一代”示范工程和智能制造示范工程，推动了上千家规模以上企业参与数控化、智能化改造，泉州装备

制造产业进一步加强了产业转型升级力度。企业更加注重创新驱动与智能化、数字化、绿色化转型，加快引进和培养紧缺型人才，一批批“数控一代”和智能制造产品面世。

与此同时，18 家大院大所落户泉州，专业产业园区有序规划建设，“人才港湾计划”助力引才用才留才，有力支撑产业升级，推进了一些装备制造企业在高端装备制造领域取得重要突破，推动了泉州装备制造业的整体发展。2013~2018 年，泉州装备制造业产值翻了一番。

这一阶段，行业跨国收购、并购与合作交流日趋频繁，国际竞争力进一步提升。如泉工股份收购了德国老牌砖机企业策尼特，晋工机械与韩国现代建设机械达成深度合作，盛达机器与国际石材机械老牌强企意大利百利通合作推出智能切石设备。

总体来说，泉州装备制造业自改革开放以来，经历了从仿制到自主创新、从自动化到智能化、从低端到中高端、从国内市场到国际市场的转型升级过程。

### （二）优势行业起源与发展

泉州的纺织机械、制鞋机械、路面机械、砌块机械、石材机械和金刚石工具、轴承、空气压缩机等在国内外均占有较大的市场份额，其中针织大圆机、砌块机械、石材机械、金刚石工具、卫生用品机械等产品产量居全国前列。

这些优势行业的形成，一方面是依托泉州制造业其他产业集群的发展，另一方面有赖于泉州企业的开拓创新，它们创造了众多泉州乃至全国的“首台套”。回顾泉州装备制造产业的发展历程，绕不开这些优势行业的起源和发展。

在路面机械搅拌设备领域，20 世纪 80 年代，泉州第一台双滚筒移动式沥青搅拌机诞生在泉州筑路机械厂。1992~1994 年，中国第一台移动式稳定土搅拌设备、中国第一台移动式混凝土搅拌设备在南方路机诞生。经过多年发展，泉州出现了以南方路机、铁拓机械、信达机械等为代表的一批路面机械设备厂商，并诞生了制造业单项冠军产品——南方路机干混砂浆搅拌设备，以及沥青混合料厂拌热再生设备制造业单项冠军企业——铁拓机械。

在砖机领域，20 世纪 80 年代初，泉州第一台砖机诞生在泉州市政工程机械厂（泉工股份前身）。之后，形成了以泉工股份、群峰机械、三联机械、鸿昌机械等为代表的泉州砖机产业集群，孕育出了砌块成型机制造业单项冠军企业——泉工股份和国家专精特新重点“小巨人”企业——群峰机械，泉州成为全球重要的砖机制造生产基地。

1995 年，泉州第一台针织大圆机诞生在凹凸精密机械，技术来自中国台湾地区。经过多年发展，泉州形成了全球领先和完善的针织大圆机产业生态圈，并诞生了以佰源智能装备、凹凸精密机械、卜硕机械、汇星机械、精镁机械、恒毅机械等为代表的针织大圆机产业集群，在国内外市场占据重要地位。

在工程机械整机领域，1993 年，晋江工程机械厂成立（晋工机械前身），泉州第一台装载机由此诞生，随后陆续推出挖掘机、叉装机等产品。1998 年，新源重工开始研制中国第一台 6 吨级 360°全回转轮胎式挖掘机，2022 年以 47.7%的高市场占有率稳居国产轮挖第一。[①] 目前，泉州聚集了以晋工机械、新源重工、劲力工程机械、华南重工、威盛机械等为代表的一批工程机械整机厂商。

在卫生用品设备领域，1993 年，培新机械研制出泉州第一台卫生巾设备，之后推出泉州第一台纸尿裤设备。经过 30 年发展，泉州卫生用品设备行业既有培新机械、汉威机械等老牌企业，也有海纳机械、明辉机械等生力军企业。2020 年新冠疫情出现后，这批代表性企业跑出了研制口罩生产设备的“泉州速度”，半个月时间内，实现口罩机从无到有、从一到百。现阶段，泉州已成为全国重要的口罩机生产基地。

---

① 《腾“云”驾“数”竞逐新赛道》，《泉州晚报》，https：//szb.qzwb.com/qzwb/html/2023-02/21/content_ 639031.htm，2023 年 2 月 21 日。

在工程机械底盘行走部件领域，1997年，泉州第一个支重轮诞生在长江工程机械厂。2003年，第一条履带式链条诞生在奇树汽配。经过多年发展，形成了以恒利达工程机械、聪勤机械、华茂机械、成裕机械等为代表的泉州工程机械底盘行走部件（简称“四轮一带”）产业集群，产业集聚优势明显。

在石材机械领域，泉州南安是全球最大的石材设计、生产、交易中心，原材料和市场两头在外，专注于制造和加工环节。20世纪90年代，随着南安石材加工业的兴起，泉州石材机械制造业也发展壮大。目前，泉州石材机械领域形成了以盛达机器、巨轮机械、万福机械、海恩德机电、和盛机械、先达机器等为代表的产业方阵。

机床是制造业的工作母机，应泉州“数控一代”发展和制造业智能化转型需求，泉州数控机床行业得到了快速发展。2000年，嘉泰数控的第一台自主研发的数控雕铣机诞生，这也是泉州民营企业自主研发的第一台数控机床。2001年，泉州第一台立式数控铣床问世。2004年，泉州第一台五轴数控机床诞生。目前，泉州机床行业代表性企业还有成功机床（立式车床）、正丰数控（磁悬浮数控铣床）等。

从以上部分行业的发展历程中可以看出，泉州机械装备优势行业与传统产业相辅相成，泉州机械装备企业非常擅长在摸爬滚打中“无中生有”、以点带面，形成产业集聚。

## 二　泉州装备制造产业发展现状

近年来，泉州市装备制造产业快速发展，成为泉州市支柱产业之一。2022年，泉州地区生产总值12102.97亿元。工业方面，泉州规模以上工业增加值比上年增长3.9%。九大千亿产业中，有七大产业规上工业增加值实现正增长，其中，机械装备增加值增长8.8%，位居第二。①

① 《2022年泉州经济“成绩单”出炉》，泉州市人民政府，http：//www.quanzhou.gov.cn/zfb/xxgk/zfxxgkzl/qzdt/qzyw/202302/t20230207_2844756.htm，2023年2月7日。

在行业利润表现方面，2022 年泉州规模以上装备制造企业实现利润总额 168.80 亿元，比上年增长 1.4%，比全市规模以上工业平均水平高 12.4 个百分点，表现抢眼。装备制造企业利润总额占规模以上工业企业利润的比重为 13.3%，比上年提高 0.6 个百分点。①

## （一）形成完整产业生态圈和特色优势行业

经过多年发展，泉州装备制造产业已形成了“毛坯铸锻、零部件生产、整机装配、产业服务”较为完整的产业链。同时，通过布局公共创新服务平台、精密铸锻中心、精密加工中心、热处理中心等服务平台，提升专业领域技术水平，整合培育检验检测机构，降低机械装备企业工艺处理成本，基本形成包括“设计、铸锻、机加、热处理、喷涂电镀、装调检测、回收再制造”的泉州机械装备产业生态圈。

在特色优势行业方面，泉州的石材机械、纺织机械、工程机械和“四轮一带”等产品在国内外市场占有率较高，外向经济实力日益增强。其中，石材加工机械（包括金刚石工具）产量占全国 1/3，出口量约占全国的 50%；纺织用大圆机、绣花机等细分产品产量约占全国的 2/3、全球的 1/2，经编机产量约占全国的 15%；建筑用砖机产量占全国的 1/2 以上，出口量约占全国的 80%；塑料发泡成型机、路面搅拌机等占全国市场份额一半以上，陶瓷成型机械、成型生产线占国内市场 1/2 以上；“四轮一带”出口量约占全国的 70%。②

## （二）产业集群效应日趋凸显

历经多年积淀和发展，泉州装备制造产业中出现了一批区域优势明显、与其他产业关联度较高的特色细分产业。如鲤城区的汽车配件，丰泽

① 《解读：2022 年规模以上工业利润下降，结构改善》，泉州市统计局，http：//tjj. quanzhou. gov. cn/tjzl/sjjd/202302/t20230209_ 2845660. htm，2023 年 2 月 9 日。

② 肖汉辉：《泉州市装备制造业创新发展》，福建省加快机械装备产业发展专题班，2022 年 11 日 10 日。

区的路面机械，洛江区的纸巾机械，泉港区的新型变压器，石狮市和晋江市的纺织制鞋机械与工程机械，南安市的数控机床、消防器材与阀门、石材机械，惠安县的修造船机械与电动工具，安溪县的电源电器与茶叶机械，永春县的机械配件，泉州经济开发区的卫星接收设备，泉州台商投资区的空压机等产业集群。

从产业集聚来看，南安、晋江领跑优势明显。2022 年，泉州 40 家机械装备龙头企业分布情况为南安市 12 家、晋江市 8 家、鲤城区 5 家、泉州台商投资区 5 家、洛江区 4 家、丰泽区 2 家、石狮市 2 家、泉州市经济开发区 2 家。①

根据《泉州市机械装备产业转型升级路线图》规划，泉州装备制造产业正大力推进差异化、特色化、智能化发展，打造环湾、东部、南部、西部和北部五大机械装备集中区。②

## （三）培育一批行业龙头企业

龙头企业是产业的方向标，在引领行业技术创新、产业集聚、人才培育等方面发挥了巨大作用。根据泉州市工业和信息化局发布的《2022 年泉州市级产业龙头企业名单》，机械装备领域共 40 家企业入选。③

入选企业，除了要求发展前景较好、具有较强品牌效应及推动产业上下游协作配套的带头作用外，原则上还要求上年度营业收入在 2 亿元以上。

泉州机械装备领域龙头企业主要集中在纺织机械、石材机械、路面机械、卫生用品设备、工程机械汽配等领域，它们是行业主要标准的起草者，也是创新创造的引领者，在业内有一定的话语权。

① 《泉州市工业和信息化局关于印发〈2022 年市级产业龙头企业名单〉的通知》，泉州市工业和信息化局，http：//gxj. quanzhou. gov. cn/zwgk/tzgg/202210/t20221019_ 2788897. htm，2022 年 10 月 19 日。

② 《泉州市机械装备产业转型升级路线图》（修订），泉州市工业和信息化局，2020 年 8 月。

③ 《泉州市工业和信息化局关于印发〈2022 年市级产业龙头企业名单〉的通知》，泉州市工业和信息化局，http：//gxj. quanzhou. gov. cn/zwgk/tzgg/202210/t20221019_ 2788897. htm，2022 年 10 月 19 日。

2022 年 11 月 8 日，泉州装备制造业迎来了首家 A 股上市公司——南方路机。南方路机深耕工程搅拌领域超过 25 年，致力于协助客户建立建筑材料生产及资源化再生利用的良性循环生态，形成了工程搅拌设备、原生骨料加工处理设备、骨料资源化再生处理设备三大板块协同驱动的业务格局，产品被广泛应用于建筑、道路、桥梁、隧道、水利等基础设施建设和房地产开发等下游市场。

相较于泉州纺织鞋服、食品等行业在资本市场的亮眼表现，泉州装备制造龙头企业在资本市场的探索还处在初级阶段。

### （四）聚集一批“专精特新”企业

“专精特新”是指具备“专业化、精细化、特色化、新颖化”特征的中小企业。截至 2023 年 4 月底，福建省共培育创新型中小企业 2564 家、“专精特新”中小企业 1787 家、专精特新“小巨人”349 家。其中，80%的企业属于工业基础领域企业，是国内外知名大企业的配套厂家，超七成企业深耕行业十年以上，2022 年平均利润率 10.62%，比规模以上中小微工业企业平均水平高 4.37 个百分点。[①]

凭借创新驱动战略的有效推进，泉州装备制造产业已成为培育“专精特新”企业的一片沃土，在细分领域形成多家单项冠军、隐形冠军或领军企业。这些企业规模大多为 1 亿元～10 亿元，产品技术水平居全国领先地位，市场占有率居全国或国际市场前列，数字化水平较高，是多项行业标准的起草者。

2022 年，福建省共组织三个批次的省级“专精特新”中小企业认定，泉州有 76 家企业入选，其中 37 家来自机械装备领域，占比为 49%。[②]

此外，泉州现有的 46 家专精特新“小巨人”企业中也有 23 家来自机

① 陈涛：《坚持走“专精特新”之路　推动民营经济高质量发展》，泉州市装备制造业协会 2023 年第一次理监事会，2023 年 6 月 30 日。

② 《泉州市“专精特新”中小企业名单》（内部资料）。

械装备领域，包括纺织机械、砌块机械、石材机械、工程机械及配件、轴承、空气压缩机等。①

## （五）推进产业创新升级显成效

2013 年，泉州在福建省率先启动实施“数控一代”示范工程，全面铺开智能制造探索。2015 年，实施“智能制造示范工程”，推动制造业向数字化、网络化、智能化方向改造升级，发展智能装备产业。2020 年，制定实施《泉州市机械装备产业转型升级路线图》，出台加快智能装备产业发展的一系列政策，从创新平台、研发投入、技术改造、市场开拓、金融保障等方面提供支持。

在政策引领加持下，泉州认定了一批“数控一代”示范产品、高端装备产品；培育了一批省级首台（套）重大技术装备，数量位居全省前列；在多轴多通道数控机床、智能机器人、高端数控装备、自动包装生产线、自动断线检测系统等设备研发上取得突破，并已投入实际应用。

同时，泉州鼓励有条件的装备制造企业加快从以制造产品为主向提供系统集成、工程承包、远程运维服务转变，发展服务型制造，满足制造业企业发展智能制造需求。当前，泉州装备制造领域已孕育了一批省级智能制造系统解决方案供应商、国家级或省级服务型制造示范企业项目、省级服务型制造公共服务平台。

## （六）建设一批公共载体平台

“十三五”以来，泉州相继引进和建设了中国科学院海西研究院泉州装备制造研究所、泉州华中科技大学智能制造研究院、福建（泉州）先进制造技术研究院等一批装备制造高端公共服务平台，集聚人才上千人，成为泉州装备制造产业技术提升的重要支撑。

① 《泉州市专精特新“小巨人”企业截至 2022 年 12 月 31 日有效专利数据统计》（内部资料）。

专业园区支撑方面，泉州已打造了晋江智能装备制造产业基地、南安市滨江机械装备制造基地、洛江区智能装备产业园等一批装备制造产业集聚区，规划建设了洛江区数字经济产业园、泉州（南安）高端装备智造园、台商投资区智能电网电器产业基地、安溪高端装备制造产业园等装备制造产业园区，加快推动产业集聚发展。

专业市场配套方面，泉州已拥有工矿汽配城、海峡国际五金机电城、成辉国际五金机电城等专业市场，积极推动工程机械汽车零部件、五金汽配、电动工具、机电设备等贸易聚集发展，打造海西五金机电产品贸易中心，为泉州机械装备产业发展壮大提供强有力的载体平台。

协同创新服务方面，将行业协会纳入公共服务平台。据统计，目前泉州装备制造领域共有各级行业协会近 10 家，每家协会服务资源和优势不尽相同，在行业管理、金融支持、创新设计、两化融合、市场营销、检验认证、技能培训等产业服务中起到了积极作用。

## （七）迎来知识产权发展新阶段

泉州是“国家自主创新示范区”“国家知识产权运营体系示范城市”“国家商标战略实施示范城市”，2020 年 4 月，国家知识产权局正式批复同意建设中国（泉州）知识产权保护中心。中心建成后，开始面向泉州智能制造产业和半导体产业建立专利申请的快速预审通道，专利预审大大缩短了审查周期，同时也对泉州装备制造企业的审查响应提出了更高的要求，打造高质量、高价值专利成为行业的新常态。

《2022 年度泉州市专利创造分析报告》显示，从泉州市九大千亿产业看，泉州市专利授权数前五名的产业依次为建材家居（7994 件）、机械装备（7262 件）、鞋业（6439 件）、纺织服装（4419 件）和电子信息（3863 件），这五个产业的专利授权数占全市专利授权数的 74. 0%。[①]

---

① 《2022 年度泉州市专利创造分析报告》，泉州市知识产权公共服务平台，https：//www. qzipr. cn/general/cms/news/info/infodetails/cc3cd6db54c641399c248be045a75c85. html，2023 年 4 月 28 日。

由此可见，机械装备企业在重视知识产权发展方面走在了泉州前列。在以创新能力见长、以解决“卡脖子”问题为目标的专精特新“小巨人”企业中，机械装备企业的创新能力显得尤为突出。

根据福建海峡西岸知识产权研究院提供的相关专利检索数据，截至 2022 年 12 月 31 日，46 家泉州专精特新“小巨人”企业有效专利持有总数 3859 件，平均约 84 件/家，有效发明专利持有总数 558 件，平均约 12 件/家；23 家装备制造领域专精特新“小巨人”企业有效专利持有总数 2176 件，平均约 95 件/家，有效发明专利持有总数 222 件，平均约 10 件/家。（见图 1）其中，有效专利持有数排名前三的企业是铁拓机械（549 件）、群峰机械（308 件）、火炬电子（160 件）。

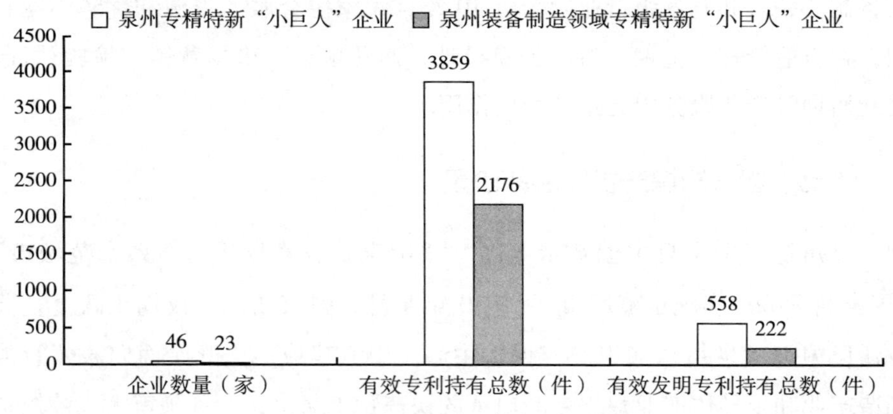


**图 1　泉州专精特新“小巨人”企业专利情况**

推动知识产权保护方面，中国（泉州）知识产权保护中心还在 2022 年 11 月评选了首批 19 家市级知识产权保护中心。在装备制造领域，泉州市装备制造业协会入选，为行业企业提供产业专利导航、知识产权纠纷调解等专业服务。

## （八）聚焦数字化、绿色化转型

近年来，泉州扎实推进 5G、工业互联网、大数据、人工智能与实体经济深度融合，出台《加快泉州市数字经济发展若干措施》，赋能传统产业数字化转型，一大批装备制造企业加速布局数字化转型赛道。

以洛江区机械企业为例，2022 年，铁拓机械与中国电信泉州分公司携手鼎捷软件，进行 5G+工业软件数字化升级；新源重工与中国移动洛江分公司、鼎捷软件共同建设 5G 智慧工厂；劲力工程机械与中国联通洛江分公司共同建设 5G 智慧工厂。

通过数字化建设，铁拓机械在降本增效提质方面取得明显成果，核心设备的稼动率提升 20%，退火炉等设备综合能耗降低 16%，无纸化办公每年可节省价值超百万元的耗材，设备远程维护售服满意度、年订单签订率等进一步提升。①

除了数字化热潮，在环境治理压力和国家“双碳”目标的指引下，各行各业也掀起了绿色生产、节能减排、新旧能源转换的热潮，泉州装备制造企业正以前所未有的速度推动和引领行业可持续发展。特别是在工程机械领域，绿色低碳成为驱动企业发展的新动能。

作为国内最早研发工程机械电动化技术的企业之一，华南重工在 2017 年开始投入新能源工程机械研发，2019 年纯电驱动工程机械系列产品正式亮相。经过多年培育和发展，2022 年新能源工程机械系列产品销售额已占销售总额的 20%。此外，华南重工还积极推动现有工程机械车辆“油改电”，实现低成本绿色转型。

同样在新能源赛道中，晋工机械孵化出了福建晋工新能源科技有限公司，开辟绿色发展路径。2022 年，晋工新能源推出了多款“全球第一”产品，如全球第一台无人驾驶电动压路机、全球第一款电动叉装机等，并取得较好的市场反响。

节能低碳也是绿色发展的主旋律。自 2022 年 12 月 1 日起，国家非道路移动机械全面由“国三”排放标准升级为“国四”排放标准。在此背景下，

① 《泉州市企业家精英沙龙数智化专场在铁拓机械举办》，中国工业新闻网，https：//www.cinn.cn/dfgy/202210/t20221028_ 262372.shtml，2022 年 10 月 28 日。

新源重工与时俱进，推出了覆盖6吨级至15吨级系列的11款全新产品，满足“国四”排放标准的同时，大幅度降低能耗，并在智能化驾控等维度升级，使产品功能性、舒适性、稳定性达到新高度，进一步领跑行业。

在打造绿色产品、争当绿色先锋的同时，泉州装备制造企业也致力于绿色工厂建设、绿色供应链的管理提升等，一批企业入选国家级或省级绿色工厂、绿色供应链企业。

## 三 泉州装备制造产业存在的问题

历经四十多年的发展，泉州装备制造产业积累了较强的优势，但同时也存在着不少薄弱环节和短板，产业发展后劲及增长动能不足。面对复杂的国际国内环境和激烈的市场竞争，泉州装备制造产业应重视新阶段的发展需求和难题。

### （一）高端化、智能化、服务化水平不足

当前，泉州装备制造业高端化、智能化水平不足。一方面，关键基础件仍然需要外购或进口，例如高端高压、液压等基础元器件，工程机械专用发动机，高压泵、阀，机床大型铸件，滚珠丝杆、线性导轨、高档数控系统等数控机床核心零部件等。另一方面，高端设备制造能力不足，高端智能化数控机床等高端装备发展缓慢，重大装备的研发能力较弱。产业发展亟须的大型成套设备如喷气织机、石化机械等大多要从外地购买或从国外进口。

服务方面，泉州装备制造企业服务性收入占企业总收入比例较低，中小型制造企业缺乏制造服务化意识，服务型制造统计还不适应实践需要，制造业支撑服务体系不完善，这些问题都限制了泉州服务型制造的发展。

### （二）产业配套协作能力较弱

相比珠三角、长三角等工业发达地区，泉州在高精度基材、精密锻铸、精密加工、热处理等产业资源配套方面存在不足，在加工设备精度、技术支持、专业检测等方面存在不小差距，主要精密铸锻件、精密模具、专业大型

压力容器加工等依赖外地供应。

由于缺乏大型、高精度加工设备和热处理配套等，一些生产企业需要自行配套，部分时段、部分企业设备闲置现象较为突出。一方面，高端设备产能未得到充分利用，投入成本高、回收慢，想对外接揽订单又苦于无信息对接服务平台。另一方面，不少中小企业因设备价格高昂而无购买能力，不了解本地企业能否加工配套，舍近求远外协加工。因此，行业亟须打造专业供需对接平台，释放闲置产能，完善本地加工配套产业链。

### （三）龙头企业少而不强

泉州是中国“品牌之都”，装备制造行业经过多年的发展，虽已形成一定的集群发展模式，但产业集聚仍然不够。与国内其他制造业强市相比，龙头企业品牌竞争优势不够突出，大规模成套设备制造企业少，产业分工协作水平低，未形成上下游企业、大中小企业互惠共赢的发展格局。

从产值规模来看，以中小微企业居多，无法与行业巨头相提并论，目前尚没有企业进入中国机械工业百强。2022 年，泉州共有 351 家企业入选市级产业龙头企业名单，主要涉及纺织鞋服、电子信息、机械装备、健康食品、建材家居、石油化工与其他行业 7 个大类。根据入选基本要求，机械装备产值超 2 亿元的企业共 40 家，说明龙头企业少而不强。

### （四）研发创新能力有待提升

装备制造业是一个资金与技术密集型的产业，需要巨大的研发投入。据统计，泉州装备制造产业的研发投入，不仅远远低于发达国家，而且也达不到国内其他工业大市的平均水平，资金投入不足、研发资源匮乏，造成企业产品技术水平相对处于中低端，缺乏自主核心技术和独立创新能力。

不少企业缺少相对稳定的研发团队和持续的研发投入，研发投入资金不足，自主创新能力不强，特别是自主知识产权的关键技术较少。同时，行业还存在着高端技术人才引才留才困难、知识产权保护意识薄弱、国际竞争力不强等普遍性问题。

### （五）处于分工价值链的中低端

现阶段，泉州机械装备产业总体还处于国际分工价值链的中低端环节，同时还面临来自发达国家“再工业化”战略和新兴国家承接中低端产业转移的双重挤压。

中低端还体现在泉州装备制造产业的区域整体竞争优势不强，不少细分行业面临着低水平、同质化、价格战等问题，区域品牌竞争力不足，产品附加值及行业利润率较低。同时，企业在品牌国际化探索、国际标准起草等方面能力还相对薄弱，尚未形成产业合力，几十年积累的产业优势正在弱化。

### （六）要素资源供需矛盾突出

机械装备产业因其自身“粗”“大”“重”等行业特性，对土地需求和载体建设有着更高要求。但在土地方面，泉州中心城区如鲤城、丰泽存在工业用地供给紧张问题，域内机械装备企业生产规模难以扩张，其他县（市、区）也存在征地拆迁难、土地供应不及时等问题。同时，标准化园区的载体建设相对受限，对机械装备企业吸引力相对不足。

职业教育与产业发展不匹配，也是要素矛盾之一。泉州装备制造产业面临一线产业工人、高端技术和管理人才紧缺，数字化、智能化等专业人才缺口大，引才留才渠道相对单一等问题。此外，还存在融资难、人工成本较高、知识产权侵权频发等工业行业普遍性问题。

## 四　泉州装备制造产业升级对策建议

当前，新科技革命和产业变革正重塑全球经济结构。泉州市机械装备产业转型升级应围绕国家、福建省机械装备产业发展规划，立足自身产业发展实际，积极创新发展思路举措，补齐发展短板，抢占产业链、价值链、技术链的高点，培育壮大龙头企业，协同提升装备制造产业的可持续发展和综合竞争能力。

## （一）未来产业发展重点

结合本地产业发展实际，《泉州市加快装备制造产业发展行动方案》提出了泉州装备制造产业未来发展的六大重点领域。

一是发展专用装备制造业。泉州各县（市、区）要着力发展与优势产业配套的纺织服装机械、制鞋机械、建筑建材机械、石化机械、食品机械、陶瓷机械、卫生用品机械七大产业机械或专用机器人，积极发展绿色制造与环保专用装备，推进专用装备数字化、智能化、成套化、高端化。

二是发展通用装备制造业。以洛江、南安、台商投资区等地为重点，着力发展高端机床、专用轴承、中高压阀门和新型电动工具、空气压缩机、3D打印机等通用装备，提升自主研发和自我配套能力，拓展新领域，壮大规模实力。

三是交通运输装备制造业。以鲤城、晋江、惠安、开发区、台商投资区等地为重点，着力发展轨道列车、船舶修造、汽车、特种车及“四轮一带”零部件、海工装备等，推进新能源汽车发展，加大项目引进、建设，延伸拓展产业链，做大做强交通运输装备制造业。

四是发展金属制品业。以南安、晋江等地为重点，着力发展新型消防装备和精密铸锻件制造，在巩固传统消防器材市场优势的基础上，着力发展新型消防应急装备，打造专业化、智能化、高端化的消防应急装备产业集群。

五是发展电气机械及器材制造业。以鲤城、泉港、安溪、南安、台商投资区等地为重点，着力发展输配电装备、新型储能装置及其关键器件与材料，大力发展输配电设备领域的智能装置，打造智能化电控设备产业链，突破发展以锂离子电池为代表的动力电池系统和太阳能电池组件，不断延伸拓展电池电源产业链。

六是发展仪器仪表及智控装备制造业。以丰泽、石狮、晋江等地为重点，着力发展智控软件、智能机器人、智能测控装置和北斗卫星应用终端产品、航海电子系列产品，打造智能工控系统和海洋专用仪器产业链。

## （二）向高端化、智能化、服务化、绿色化发展

现阶段，我国经济已由高速增长阶段转向高质量发展阶段，为进一步提高产业核心竞争力，泉州机械装备产业未来应向高端化、智能化、服务化、数字化、绿色化等方向发展。

泉州推动装备制造产业向高端化、智能化发展，一方面要加快培育新型智能装备产业，面向智能制造装备技术前沿，支持企业加大投入，以集成创新为主，着力攻克智能传感器、控制系统、伺服电机等关键基础件，重点加快高档数控机床、工业机器人、智能成套生产线、3D 打印（增材制造）等智能装备的研发与产业化，抢占智能制造产业高端。

另一方面，泉州要培育发展现代智能产业机械。大力发展纺织服装机械、制鞋机械、建材机械、卫生用品机械等轻工智能装备，全面提升专用设备的整体设计、制造和集成能力，推进专用设备智能化、成套化、高端化。

数字化和网络化是智能化的基础，泉州应依托洛江智能装备产业园、晋江智能装备制造产业基地、南安高端装备制造园等智能装备产业园，进一步推动数字化智能化技术和机械装备深度融合，促进数字控制、远程监控与智能诊断等机械产品不断升级换代，探索人工智能领域，实现标准化、数字化、智能化、可视化。

同时，根据当前泉州机械装备中小企业数字化转型的需求，重点推出一批轻量级解决方案（云服务和“小快轻准”应用），主要集中在订单管理、营销管理、MES 生产过程管理、销售管理、设备监控与上云等方面；提供定制化解决方案（特性需求），主要集中在数据中台业务系统建设、5G 相关数字化工厂建设、3D 仿真设计、AI+视觉检测、能耗管控与优化、PLM 产品全周期管理等方面。

发展服务型制造新业态、新模式，不断提升服务在价值链中的比重。泉州应重点从通用装备、专用装备等行业入手，鼓励有条件的企业积极向产品生命周期的前后端拓展，如设计、研发、工程总承包、维修改造等领域，开启“定制化”业务，推动“云服务”平台建设，加快机械装备制造业向服

务业延伸。引导生产性服务业在中心城市、制造业集聚区以及有条件的城镇，建设一批生产性服务业功能区、公共服务平台，实现集聚发展。

加快绿色转型，促进产业集约集聚、绿色低碳发展。泉州装备制造企业必须遵循新发展理念，充分应用新能源、新技术等手段，加快构建绿色制造体系，发展绿色节能产品，打造绿色工厂，切实把碳达峰、碳中和、绿色发展作为内在要求。

### （三）搭建产业协同创新公共服务平台

推进建设行业共享下料中心，助力产业降本增效。钢板型材下料和机加工是装备制造生产的前端，打造共享下料中心可最大限度提高设备和材料的使用率，为企业提供多样化的零部件和半成品制造，节省每家企业分散投入购买“裁剪、切割、研磨、成型、焊接、热处理、机加工、喷涂、总装”各道工序的固定设备。目前，泉州乃至福建全省尚无此类高精尖的加工配套供应商，可以采用协会牵头组织、企业主导、政府支持、市场化运营的模式，补足产业链缺失的一环。

推进设立行业共享机加工公共服务平台。一是行业协会牵头，建设机加工共享中心，运用工业互联网，建立行业共享机加工公共服务平台，实现资源共享、信息互联，提升行业整体竞争力。二是与国家增材制造创新中心福建应用中心对接，积极引进并在泉州设立生产基地，建设 3D 打印、创新设计与智能制造关键技术创新平台和公共技术服务、信息服务平台，集中解决一批关键技术、关键装备及材料工艺问题并加以推广应用。

打造机械装备工业设计产业链联盟平台，重点培育机械装备工业设计创新链条。一是搭建智能铸造创新中心、数字仿真创新中心，鼓励企业设立工业设计独立部门，生产差异化产品，提升产品品牌溢价，重点提升精密加工水平及工艺。二是引导企业注重工业设计成果知识产权保护，推动企业使用正版设计软件，探索正版设计软件集采或租赁方式。

协调解决用地需求，盘活低效用地，提高土地存量，为产业发展提供空间。泉州装备制造产业要以全市大力推进工业（产业）园区标准化建设为契机，以园区为载体，结合属地资源和产业基础，加快推动优质生产要素集聚园区，支持合适的装备制造企业进园区。推动标准化园区“科技赋能”工作，以科技+金融+新兴产业、数字化为导向，打造园区科技公共服务平台。

依托各级行业协会，搭建公共服务平台，助力产业高质量发展。充分发挥泉州现有的行业协会资源，鼓励协会以行业企业的共同需求为切入点，不断探索服务产业的新思路、新途径、新方法。如开展职业技能培训及资格认证，搭建产销对接平台，产融对接平台，组建产业联盟、主承办专业展览会、助力产业招商引资、组织海内外交流考察等。

### （四）培育壮大龙头企业

《福建省“十四五”制造业高质量发展专项规划》提出，泉州要鼓励相关龙头企业开发制造大型超大型工程机械、智能化高等级路面维修养护成套设备等一批高端整机，向轻量化设计、高可靠性、绿色工艺、再制造工程方向发展，不断提升产品品质。

鼓励泉州机械装备主机制造企业和配套生产企业协同创新，共同突破行业发展急需的关键基础零部件，补齐配套产业链；鼓励以龙头企业为核心打造内循环，促进产业链上下游贯通、产供销配套、大中小协同，筑牢产业链发展基础。

力争引进一批机械装备产业跨国公司、央企、大型民企等到泉州市设立地区总部、生产基地、研发机构、营销中心等，重点引进一批有助于弥补泉州市机械装备产业发展短板、带动机械装备产业链整体提升和向上下游延伸的大项目、好项目。

培育和引进投资基金，大力培育和引进股权投资基金、风险投资基金，鼓励各类投资基金在泉州设立机构，重点投资泉州智能装备、重要基础件等机械装备企业。通过金融赋能，促进企业上市和兼并重组，培育引导机械装备企业上市融资，鼓励有条件的龙头企业沿着产业链并购和跨界、跨境并购。

扶持泉州机械装备龙头企业通过政企合作、企企互联，并购国际上低估值、高潜力的技术企业，形成具备国际竞争力的大集团模式，取长补短，降低企业开发、生产、采购和营销成本，提升实力。

鼓励泉州机械装备龙头企业与国际化接轨，做强优势产业，打造行业知名品牌，着力提升产业、企业和产品国内外知名度，增强行业的综合竞争力。

### （五）分类培育优质中小企业

一个国家经济繁荣发展的基础是广大的中小企业，是中小企业中的佼佼者，是细分领域中的行业领袖与单项冠军。泉州机械企业几乎都是民营企业，从规模体量来看，更适宜分类培育优质中小型企业，推动企业成为世界一流的单项冠军和“专精特新”企业，在细分领域掌握更多的话语权。

优质中小企业是指在产品、技术、管理、模式等方面创新能力强、专注于细分市场、成长性好的中小企业，由创新型中小企业、“专精特新”中小企业和专精特新“小巨人”企业三个层次组成。

创新型中小企业具有较高的专业化水平、较强的创新能力和发展潜力，是优质中小企业中的基础力量；“专精特新”中小企业实现了专业化、精细化、特色化发展，创新能力强、质量效益好，是优质中小企业的中坚力量；专精特新“小巨人”企业位于产业基础核心领域、产业链关键环节，创新能力突出、掌握核心技术、细分市场占有率高、质量效益好，是优质中小企业的核心力量。

加强梯度培育，泉州应全面实施中小微企业上规模培育计划、成长型中小企业培育计划、民营企业上市梯度培育工程，培育扶持一批专业特色明显、技术含量较高、配套能力较强、市场前景较好的专业化协作配套中小企业，推动形成一大批“专精特新”高成长性中小企业群。

完善支撑服务，泉州在融资担保、科技计划立项、科技奖励、高新技术企业认定、技术改造项目立项等方面给予“专精特新”企业重点支持，鼓励企业与高校、科研机构合作，提升企业技术研发水平。

注重示范引导，认真总结培育泉州装备制造产业专精特新“小巨人”

的经验和做法，注重发挥其示范引领作用，引导广大中小企业走“专精特新”发展道路，不断提升泉州机械装备产业的整体竞争力以及企业的专业化能力和水平。

### （六）鼓励协同创新创造

提升装备制造产业自主创新能力和核心竞争力，泉州要进一步鼓励企业加大创新投入，开展行业共性核心技术、重大设备及关键零部件攻关，推动企业与引进的 18 家大院大所开展项目合作对接，实现“卡脖子”关键核心技术重大突破和自主可控发展。

在充分发挥泉州现有创新平台和载体支撑作用的同时，吸引和对接全球创新资源，鼓励有条件的企业在境外设立研发中心等“创新飞地”，联合开展技术研发和产品创新。

支持搭建泉州装备制造产业“产学研用”一体的创新协同中心，引导企业加大技术中心、重点实验室等创新平台的建设投入，依托行业公共服务平台，为企业提供创新资源、项目资源、产业资源的对接。

泉州装备制造企业还应充分发挥泉州国家级专利导航服务基地作用，通过产业专利导航项目，推动建立专利信息分析与产业运行决策深度融合、专利创造与产业创新能力高度匹配、专利布局对产业竞争地位保障有力、专利价值实现对产业运行效益支撑有效的工作机制，提前布局产业技术高地，提升核心竞争力。

### （七）打响“泉州装备智造”品牌

引导企业增强品牌意识，打响“泉州装备智造”区域品牌，通过产品升级改造、质量标准、品牌建设、推动产品认证等方式，整体提升“泉州制造”在全国乃至全球的知名度，改变在产业链、价值链、技术链中所处的位置。

推进产品升级改造。支持企业开发应用先进制造工艺，组织开展产品品质提升行动，培育一批泉州制造精品，加强信息技术、数控技术、智能技术的融合应用，加快产品功能升级，提升产品智能化水平。

提升“泉州装备智造”质量标准，完善政府质量奖励制度，实施“泉州制造”标准引领工程，积极构建覆盖主要产品与国际接轨的“泉州制造”先进标准体系。

推进“泉州装备智造”品牌建设。实施品牌竞争力提升工程，引导企业对标国际先进水平，加快形成一批拥有自主知识产权和核心竞争力的品牌产品，打造一批有全球竞争力的国际知名品牌。

打造“泉州装备智造”集体商标。支持行业协会牵头申请“泉州装备智造”集体商标，符合泉州优质产品认证的装备制造企业使用统一标志，并利用新媒体、行业性媒体等开展集中宣传推介。鼓励企业和行业协会以“泉州装备智造”统一标识参加境内外展会，提高泉州装备制造产业影响力。

### （八）打造“产才融合”高地

泉州是福建省唯一入选国家首批产教融合试点的城市，泉州装备制造产业要进一步发挥产业优势及企业主体作用，借助泉州市产教融合综合服务平台，深化校企协同合作机制。根据泉州职业技术院校装备制造相关专业，组织泉州职业院所与企业合作，围绕企业产业人才需求，开展定向和岗位培训，共同培育高素质的应用型、复合型、创新型人才。

发挥龙头企业在产业中积累的经验和优势，支持企业职工参加技能培训，鼓励企业建立行业培训教育基地和企业学院，为行业各分支领域输送所需人才。如南方路机成立了搅拌学院，现已成为全国干混砂浆设备等专项技能人才培养基地；泉工股份成立了砌筑景观技术学院，每年为行业培养输送数百名技术人才和管理人才。

大力引进高层次人才，依托“海纳百川”高端人才聚集计划，按照“人才+团队+项目”引才方式，引进一批能够突破关键技术的高端人才，加强对带团队、带项目、带资金的高层次创业创新团队和人才的引进。完善留才政策，切实解决好引进人才和在泉务工人员的资金补助、住房、就医、配偶及子女就业、随迁子女就学等问题。重视企业家队伍建设，开展机械装备产业企业家和高级管理人员培训专项计划，重点对规上企业高管人员开展多种形式培训。

推动泉州装备制造产业园区设立实体化运作的职业技能提升中心，以产兴教、以教强产，提供职业技能培训、专项技能评价等公共服务，形成职业教育、职业培训供给侧与产业发展需求侧结构要素全方位融合的发展格局。

## 五　泉州装备制造产业未来展望

泉州装备制造产业创新家底丰厚，拥有提升产业基础能力和产业链现代化水平的巨大潜能。2022 年 5 月，泉州市装备制造产业发展小组办公室发布《泉州市加快装备制造产业发展行动方案》，提出到 2025 年，泉州装备制造产业要确保实现 3200 亿元产值，年均增长约 10. 2%，力争超过 3500 亿元，年均增长约 12. 7%，打造成为国内重要的智能装备产业基地。①

泉州装备制造业要积蓄新一轮发展动能和优势，就要建链强链补链，促进创新链、产业链深度融合，解决产业痛点，努力掌握技术话语权；要立足重大技术突破和重大发展需求，解决“卡脖子”问题，推动科技自立自强，增强产业链关键环节竞争力；聚焦产业前沿，认识世界，认清自己，找准方位，坚定信心，练好内功和基本功，持之以恒，久久为功，推动产业高质量发展。

行而不辍，未来可期。至“十四五”末，泉州装备制造产业将呈现“布局更加优化、产业体系更趋完善、创新能力显著增强、数字化水平明显提高”的发展局面，形成“集约高效、创新支撑、特色突出、发展强劲、人才集聚、配套完善”的产业集群，产业规模、产业层次、综合实力走在全国前列，助力打造“海丝名城，智造强市，品质泉州”。

---

① 《泉州市力争 2025 年装备制造产业产值超过 3500 亿元》，福建省工业和信息化厅，http：//gxt. fj. gov. cn/zwgk/xw/hydt/snhydt/202205/t20220527_ 5920658. htm，2022 年 5 月 27 日。

## B.10

# 2023年泉州电子信息产业发展报告

章子豪　刘雨菁　赖金萍　李梅芳*

**摘　要：** 电子信息产业是国民经济中居于战略性、基础性、先导性地位的产业，是加快工业转型升级与推动国民经济和社会信息化建设的技术支撑与物质基础，是保障国防建设和国家信息安全的重要基石。本报告聚焦泉州市电子信息产业，在回顾产业发展历程和现状的基础上，识别电子信息产业结构不合理、人才缺乏和核心产业基础薄弱等发展问题，进而提出优化融资生态、强化产业基金和政策支持、深化园区建设和加强基础设施建设的对策建议，提出电子信息产业未来应当聚焦技术与创新融合、加强政策驱动与金融合作、深化园区建设与发展、智能化发展与数字化建设并重和加强人才引进与培养的发展方向。

**关键词：** 闽商　电子信息产业　科技创新　泉州

电子信息产业是国民经济中居于战略性、基础性和先导性的支柱产业，是保障国防建设和国家信息安全的重要基石，对拉动经济增长、促进产业升级、转变发展方式和维护国家安全具有重要作用。当前，电子信息技术广泛

* 章子豪，福州大学经济与管理学院博士研究生，主要研究领域为技术创新管理；刘雨菁，福州大学经济与管理学院博士研究生，主要研究领域为企业管理；赖金萍，福州大学经济与管理学院硕士研究生，主要研究领域为技术经济及管理；李梅芳，福州大学教授、博士生导师，研究领域为创新与科技管理。

地渗透经济、科技和社会各领域，在转变经济增长方式、增强技术创新能力、提升传统产业水平、优化产业结构、推动社会进步、保证国家安全和提高人民生活质量等方面的作用越来越大。加速电子信息产业的发展、推动国民经济和社会信息化是一个国家、地区经济和社会持续、快速、健康发展的必由之路。电子信息产业是继泉州市五大传统产业之后，迅速发展起来的高新技术产业，被泉州市委、市政府列为五大新兴产业之一，正在成为泉州市新的经济增长亮点。

通过建设海峡西岸经济区和现代化工贸港口城市，以信息化带动工业化，助力数字强国战略实现，泉州电子信息产业任重而道远。因此，梳理泉州电子信息产业的发展现状、分析存在的不足、提出针对性的对策建议、指明产业未来的发展目标，有助于泉州电子信息产业找准发力方向、加速产业转型升级、提升核心竞争力。

## 一　泉州电子信息产业发展情况分析

电子信息产业是我国国民经济重要的战略性产业，是我国提升综合国力的重要引擎。20 多年来，在“晋江经验”的指导下，泉州坚持立足本地优势，选择符合自身条件的方式加快电子信息产业的发展。本部分将回顾泉州市电子信息产业的发展历程，同时对 2022 年泉州市电子信息产业的发展进行梳理。

### （一）泉州电子信息产业发展历程

近年来，泉州电子信息企业得到了飞速的发展，目前已形成一定规模、不同赛道的特色产业集群。园区的集聚效应和各级政府部门在政策、资金、人才方面提供有力支持是电子信息产业高质量发展的重要保障。

1. 基本发展情况

电子信息产业在转变经济增长方式、增强技术创新能力、提升传统产业水平、优化产业结构、推动社会进步、保证国家安全和提高人民生活质量等方面的重要性凸显①。

泉州市电子工业在20世纪末形成自己特有的产业体系，进入21世纪以后，面对入世的机遇与挑战，为了提升区域的竞争力，福建省积极推进电子信息产业基地的培育和建设。“十一五”以来，福建省被列为中国九个电子信息产业基地之一，而泉州作为福建省重点发展的三大城市之一，将电子信息产业作为“十一五”规划重点培育的新兴产业，在“十一五”期间的发展重点可概括为“368”，即3条产业链、6大产业集群和8个产业专项。泉州电子信息产业围绕微波通信设备、数字视听产品、无线通信产品3条产业链，着力发展LED（发光二极管）与光伏电子、数字安防产品、新型元器件、智能电子玩具、电子信息材料、电源类产品6大产业集群，以及启动软件产业、液晶平板、汽车电子、船舶、铁路通信设备、电子仪器仪表、企业信息化和机电一体化等8个产业专项。实现了全市电子信息产业工业总产值近百亿元，成为福建省电子信息产业发展的重点区域之一②。

2. 细分产业园区建设

产业园区是优化资源要素配置和提升电子信息产业竞争力的重要平台。近年来，泉州市已有电子信息产业园区载体10余个，根据管理模式不同，可分为专业型园区（泉州半导体高新区、泉州软件园等）和区域型园区（石狮高新区、鲤城高新区、惠安城南工业区等）。构建了配套完善的基础设施和公共服务、精细化的管理模式，载体架构日益完善，为产业发展提供了坚实支撑，具体有以下表现。

集成电路产业重点依托位于晋江中南部的泉州半导体高新区晋江分园区，该园区总规划面积约16平方公里，主要以集成电路主产业链为核心，重点引进集成电路制造、封装测试、设计等龙头企业项目，以及科研服务平

① 《泉州市鲤城区“十一五”电子信息产业发展专项规划》，泉州市人民政府，http：//www.quanzhou.gov.cn/zfb/xxgk/zfxxgkzl/ghjh/xsqgh/200807/t20080725_ 77594.htm，2008年7月25日。

② 《泉州：依托产业园区　做强通信光电子》，电子信息产业网，http：//www.cena.com.cn/industrynews/20080603/14068.html，2008年6月3日。

台，打造集产业、研发、科创、商贸、居住为一体的产居科技新城。晋江分园区围绕晋华龙头项目，已落地涵盖集成电路产业链各环节，总投资近600亿元，全力打造成全球重要的内存生产基地①。2016年，晋华项目落户晋江。作为该园区龙头项目，晋华项目一期总投资56.5亿美元，是国内首家具有自主技术的DRAM存储器研发制造企业，填补了我国主流存储器领域的空白。在晋华项目推进的同时，2017年，矽品封测项目作为龙头项目之一落地晋江。矽品封测项目由全球第一的封测公司投资建设，项目总投资8亿美元，旨在打造具有国际先进水平的集成电路及相关产品封装测试基地。

化合物半导体产业主要依托泉州半导体高新区南安分园区，以三安高端化合物半导体制造项目为龙头，上延下拓材料、设备、设计、封测及终端应用产业环节，打造全产业链条，实现产业集聚。2017年12月，泉州芯谷·三安高端半导体项目在南安园区开工建设，项目总投资约333亿元，其中包括高端氮化镓LED衬底、外延与芯片的研发与制造产业化，高端砷化镓LED外延与芯片的研发与制造产业化，大功率氮化镓激光器的研发与制造产业化等七大项目。2019年9月，该项目的氮化镓LED外延和芯片投产；12月，砷化镓LED芯片投产；2020年6月，高端封装项目投产。

光子技术产业依托泉州半导体高新区安溪分园区、鲤城高新区、石狮高新区、泉州软件园、惠安城南工业园等专业园区，推进（传统/超精密）光学产业、以光芯片为核心的光通信产业、以LED为代表的光电产业，进一步巩固、提升光电产业集群实力，抢占光子技术产业新赛道，构建光子技术产业生态圈，吸引了晶安光电、天电光电、信达光电等多家龙头企业入驻。晶安光电是全球前三大蓝宝石衬底制造商，其钽酸锂、碳化硅产业化项目填补国内空白。天电光电的大功率LED器件技术排名中国第一、全球前三；信达光电是我国最大的LED路灯生产商。

智能终端及通信设备（对讲机）产业依托海西电子信息产业育成基地、

① 《泉州半导体高新技术产业园区概况》，泉州市人民政府，http：//www.quanzhou.gov.cn/zfb/xxgk/zfxxgkzl/ztzl/bdtgwh/zjyq/yqgk/，2023年6月1日。

洛江区数字经济产业园、石狮高新区、南安霞美对讲机产业基地，加快推进数字对讲机、船舶通信导航、智能终端精密零部件、数字卫星接收机、智能安防等产业升级。逐步实现智能终端及通信设备产业由传统制造商向系统整体解决方案商提升，通达、天地星、飞通等龙头企业不断拓展智能终端及对讲机上下游产业链外延，延长产业链。

电子元器件及光伏产业以鲤城区江南高新科技园区、南安光伏产业基地、晋江经济开发区五里工业区等园区为载体，重点发展以微型化片式化电容器、优质电容器薄膜、高效环保电子陶瓷元件等为主的电子元器件产业集群；重点发展以低成本高效率的电池、组件、光伏应用产品等为主的光伏产业集群。其中，火炬电子、阳光中科等龙头企业发展电子元器件、光伏上下游产业链项目，打造光伏产业全产业链，推动产业链向上下游延伸。

电子信息服务业（软件服务业、信息技术服务业和人工智能产业等）依托泉州数字经济产业园和数字福建（安溪）产业园平台，在泉州数字经济产业园和数字福建（安溪）产业园的推动下，取得了显著的发展。这两个园区集中了一流的硬件设施和人才资源，为一系列关键基础软件、工业软件、应用软件、新兴平台软件和嵌入式软件的发展提供了有力的支撑。园区不仅通过强大的产业链加大了项目招商力度，推动相关软件领域的发展，也加大对工业 App、工业智能控制软件、工艺过程分析模拟和优化软件、供应链管理软件等的研发与推广应用的力度，并进而带动了软件人才的引进和培养。

**3. 配套政策支持**

电子信息产业的蓬勃发展离不开政策支持，泉州市各级政府高度重视电子信息产业的培育和发展，陆续出台了发展规划和行动方案等一系列政策。

2017 年发布了《泉州市半导体产业发展规划（2016~2025）》[①]，提出了未来十年发展的总体目标，进一步划分了两个发展阶段并提出了相应的阶

① 《泉州市半导体产业发展规划（2016~2025）》，泉州半导体高新区管委会，http://www.quanzhou.gov.cn/zfb/xxgk/zfxxgkzl/ztzl/bdtgwh/ghjh/cygh/202205/P020220526584422831655.pdf，2022 年 2 月 16 日。

段目标；围绕半导体制造、关键配套环境以及集成电路和半导体应用三个方面明确了发展方向；从园区构建、平台搭建、研究院设立和资源统筹四个方面制定了发展任务；从体制机制、金融扶持、财税优惠、人才引进以及交流合作方面提供相应保障，助力半导体产业实现跨越式发展。

2018年6月泉州市出台了《泉州市推进电子信息产业重大项目行动方案（2018~2020年）》①，该文件通过建立工作机制、强化要素保障，重点推进在建项目及早投产、前期项目及早开工、对接项目及早落地方式；持续致力重大项目、产业链上下游项目和配套项目招商引资，积极构建产业发展生态，集聚区域信息技术发展优势；从加强组织领导、强化资金支持、推动研发创新和打造数据生态为电子信息产业发展提供保障。

2022年，泉州半导体高新区出台了《泉州市电子信息产业发展行动方案》②。该方案提出要大力发展电子信息新兴制造产业、巩固提升电子信息传统优势产业、持续做强电子信息服务业的发展目标；聚焦集成电路、化合物半导体、光子技术、智能终端、通信设备（对讲机）、电子元器件、光伏、软件服务、信息技术服务、人工智能10个细分产业区块，按照“一行业一方案”的部署加快推动产业发展；从组织领导、督促落实、智力支撑、资金支持、人才保障和加强宣传六个方面为电子信息产业高质量发展提供保障，加快产业规模扩张。

### （二）泉州电子信息产业发展现状

2022年以来，泉州市充分发挥电子信息产业链长制作用，围绕“建机制、抓项目、铸链条、优生态”四大工作着力点，坚持存量与增量、传统与新兴两手抓，持续推进全市电子信息产业提质增效，有力推动电子信息产业传统板块提速增长，新兴板块跨越式发展，表现出以下特征。

---

① 《总投资超550亿元！福建第三代半导体发展呈“破浪”之势》，搜狐网，https：//www. sohu. com/a/415745998_ 266510，2020年8月31日。

② 《泉州市电子信息产业发展行动方案》，泉州市人民政府，http：//www. quanzhou. gov. cn/zfb/xxgk/zfxxgkzl/ztzl/bdtgwh/ghjh/cygh/202205/t20220530_ 2732019. htm，2022年5月30日。

1. 产业整体提速发展，细分链条表现亮眼

截至2022年9月底，泉州市有电子信息产业规上企业共计252家，较2021年底新增了35家。规上企业数量显著增长，产业集聚发展呈现良好态势。2022年1~9月，全市电子信息产业规上企业营收同比增长8.2%，增速较上半年提升1.2个百分点。电子信息产业支撑作用日益凸显，有力巩固了全市工业经济的企稳势头。

从细分链条来看，半导体产业规上企业实现营收超160亿元，同比增长29.6%。三安等半导体龙头企业产能持续快速释放，有力支撑半导体产业整体规模保持高速增长，对电子信息产业营收增长贡献最大，是推动电子信息产业三季度增长的主要动力。对讲机产业规上企业实现营收超30亿元，同比增长39.4%，在电子信息所有细分产业链中增幅最大。随着海外防疫措施的逐步放开，对讲机外贸订单快速增长，有力推动了全市对讲机出货量的持续提升。光伏产业规上企业实现营收超70亿元，同比增长9.5%。在国内“双碳”政策和欧洲能源危机的双重驱动下，国内外光伏市场装机需求倍增，产业发展进入新一轮的增长周期。

2. 项目投资提质增量，载体建设日趋完善

聚焦“优存量、扩增量”目标，培优扶强泉州市37家电子信息产业龙头企业①（见表1），统筹推动电子信息产业在建重点项目加紧建设38个。2022年1~9月完成固定资产投资超100亿元，占年度计划投资52.82%。首先，龙头项目扩产放量。三安项目总投资333亿元，正逐月提速释放产能，1~9月产值同比增长26.8%。其次，园区载体加速投建。全市在建的电子信息产业标准化园区载体共12个，用地面积2478.7亩，规划建筑面积301.9万平方米。计划总投资153.7亿元。其中，晋江集成电路小微工业园7栋标准厂房预计年底建成，已对接咨询入驻企业21家；安溪芯园一期4栋6.05万平方米厂房已全部封顶，计划2023年上半年投入使用，目前已对

① 《泉州市工业和信息化局关于印发2022年市级产业龙头企业名单的通知》，泉州市工业和信息化局，http：//gxj. quanzhou. gov. cn/zwgk/tzgg/202210/t20221019_ 2788897. htm，2022年10月19日。

接7家企业入驻；南安芯谷科创中心一期18万平方米厂房2022年底建成，已重点对接10余家入驻企业，其中厦门科塔等3个项目已正式签约。

**表1　2022年泉州市电子信息产业龙头企业名单**

| 序号 | 企业名称 | 地区 | 细分领域 | 营收体量 |
|---|---|---|---|---|
| 1 | 福建火炬电子科技股份有限公司 | 鲤城区 | 电子元器件 | 十亿元 |
| 2 | 福建众益太阳能科技股份公司 | 鲤城区 | 光伏 | 亿元 |
| 3 | 南威软件股份有限公司 | 丰泽区 | 软件服务 | 十亿元 |
| 4 | 福建科立讯通信有限公司 | 丰泽区 | 通信设备 | 亿元 |
| 5 | 福建省软众数字科技有限公司 | 丰泽区 | 软件服务 | 亿元 |
| 6 | 泉州维盾电气有限公司 | 洛江区 | 电力制造 | 亿元 |
| 7 | 泉州市琪祥电子科技有限公司 | 洛江区 | 通信设备 | 亿元 |
| 8 | 西人马联合测控(泉州)科技有限公司 | 洛江区 | 集成电路 | 亿元 |
| 9 | 泉州金田电子线路板有限公司 | 洛江区 | 电子元器件 | 亿元 |
| 10 | 福建弘力电气有限公司 | 洛江区 | 电力制造 | 亿元 |
| 11 | 福建北峰通信科技股份有限公司 | 洛江区 | 通信设备 | 亿元 |
| 12 | 福建飞通通讯科技股份有限公司 | 石狮市 | 通信设备 | 亿元 |
| 13 | 福建中科光芯光电科技有限公司 | 石狮市 | 光芯片 | 亿元 |
| 14 | 福建省石狮市通达电器有限公司 | 石狮市 | 光电子器件 | 十亿元 |
| 15 | 渠梁电子有限公司 | 晋江市 | 集成电路 | 亿元 |
| 16 | 福建金石能源有限公司 | 晋江市 | 光伏 | 亿元 |
| 17 | 福建省晋华集成电路有限公司 | 晋江市 | 集成电路 | 百亿元 |
| 18 | 伟志股份公司 | 晋江市 | 测绘仪器 | 亿元 |
| 19 | 福建华清电子材料科技有限公司 | 晋江市 | 集成电路材料 | 亿元 |
| 20 | 军鹏特种装备股份公司 | 晋江市 | 训练器材 | 亿元 |
| 21 | 福建利豪电子科技股份有限公司 | 南安市 | 电子元器件 | 亿元 |
| 22 | 泉州三安半导体科技有限公司 | 南安市 | 化合物半导体 | 十亿元 |
| 23 | 阳光中科(福建)能源股份有限公司 | 南安市 | 光伏 | 亿元 |
| 24 | 福建宝锋电子有限公司 | 南安市 | 通信设备(对讲机) | 亿元 |
| 25 | 泉州市南安特易通电子有限公司 | 南安市 | 通信设备(对讲机) | 亿元 |
| 26 | 泉州市凯鹰电源电器有限公司 | 安溪县 | 蓄电池 | 亿元 |
| 27 | 福建省海佳集团股份有限公司 | 安溪县 | 电子元器件 | 十亿元 |
| 28 | 福建鼎珂光电科技有限公司 | 安溪县 | 化合物半导体 | 亿元 |
| 29 | 福建省闽华电源股份有限公司 | 安溪县 | 蓄电池 | 亿元 |
| 30 | 福建天电光电有限公司 | 安溪县 | 化合物半导体 | 亿元 |

续表

| 序号 | 企业名称 | 地区 | 细分领域 | 营收体量 |
|---|---|---|---|---|
| 31 | 福建省信达光电科技有限公司 | 安溪县 | 化合物半导体 | 亿元 |
| 32 | 福建晶安光电有限公司 | 安溪县 | 化合物半导体 | 亿元 |
| 33 | 福建华夏金刚科技股份有限公司 | 德化县 | 耐热陶瓷制品 | 亿元 |
| 34 | 泉州嘉德利电子材料有限公司 | 台商区 | 电容薄膜 | 亿元 |
| 35 | 福建省宏科电力科技有限公司 | 台商区 | 信息技术服务 | 亿元 |
| 36 | 福建省锐驰电子科技有限公司 | 开发区 | 电子元器件 | 亿元 |
| 37 | 泉州天地星电子有限公司 | 开发区 | 电子元器件 | 亿元 |

3. 统筹推动招商引资，聚力强链补链延链

创新拓展机构招商、资本招商、专家招商、平台招商等新模式，嫁接导入中国电子科技集团、北京理工大学的专家院士等外部资源，集聚一批优质项目落地泉州，进一步夯实产业发展后劲。全市累计落地建设产业项目 76 个，总投资 1401 亿元，其中，投资额超 10 亿元项目 11 个。2022 年全市新增签约全色光显、灏谷光电、科塔等 45 个项目，总投资规模 315.9 亿元。其中，投资规模超 10 亿元项目 7 个。总投资 20 亿元的石狮兰姆达光模块产业化项目、总投资 20 亿元的南安芯谷腾云硬科技半导体产业园、总投资 15 亿元的惠安 AI 机器人科技谷以及总投资 30 亿元的安溪中关村领创信息产业园相继签约落地，总投资 20 亿元的天珑移动 SMT 生产基地、总投资 20 亿元的稻兴科技智能投影生产基地、总投资 11 亿元的飞鸿光通信智能制造项目等一批在谈重大项目紧密推进，有力支撑全市电子信息产业强链补链延链。

4. “专精特新”比重提升，科技创新成效初显

在“专精特新”企业数量增长方面，截至 2022 年 9 月底，泉州市电子信息企业入选国家级专精特新“小巨人”企业名单的有 11 家，占全市国家级专精特新“小巨人”企业总数的 23.9%，较 2021 年底提升了 2.3 个百分点；省级“专精特新”电子信息企业共 39 家，占全市省级“专精特新”企业数的 16.5%，较 2021 年底提升 1.1 个百分点。中石光芯是国内唯一一家

拥有完整光芯片及器件全产业链生产线的公司；博纯材料已打入台积电特气供应链，获国际半导体巨头英特尔、美国应材投资；华清电子掌握了氮化铝陶瓷基板核心技术，在国内市场占有率领先。

科研创新平台搭建方面，截至2022年9月，全市已建立9个电子信息产业科研创新平台，累计服务企业超500家，为企业解决技术难题近200项，与企业合作研发及技术成果转化项目100余项；累计引进培养各类科研人员超600人，产业技术人才培训约11000人次，为泉州电子信息产业创新发展提供了智力支撑和人才保障。

发明专利授权方面，2022年1~9月，全市电子信息产业发明专利授权1072件，同比增长71.8%，授权数大幅增长，增速显著高于全市整体水平，占全市所有发明专利授权的比重从40.1%提高至48.9%。其中，半导体产业创新能力最为突出，1~9月发明专利授权达884件，占电子信息产业发明专利授权总数的82.5%。

## 二　泉州电子信息产业发展存在的问题

2021年以来，伴随着新兴产业的崛起，泉州当地的电子信息产业依托原有产业优势，强化自主创新，加快与新技术和新科技对接，走出了一条逆势增长的发展新路子①。近几年来，泉州以三安光电为龙头，快速向半导体领域布局和发力，泉州电子信息领域的新增量正在加速形成。但同时，泉州电子信息产业发展的道路上仍然存在一些阻碍。

### （一）企业融资难、融资贵

“融资难、融资贵”是高新技术企业长期面临的发展痛点②。2022年以

① 《泉州电子信息产业奠定“芯”优势》，新华网，http：//fj.news.cn/fjxwb/2022-12/06/c_1129186360.htm，2022年12月6日。

② 《泉州电子信息产业：引入金融活水　赋能实体经济》，中国经济网，http：//city.ce.cn/news/202209/26/t20220926_7349476.shtml，2022年9月26日。

来，为了加快推动资金要素向产业园区聚集，泉州市电子信息产业小组不断创新思路，聚焦高新企业融资抵押物不足、尽调门槛高的发展困境，多元化拓展地方政府专项债、产业基金、风险投资、银行贷款、保险债权、融资租赁等融资渠道。这些政策措施在一定程度上缓解了部分电子信息企业融资难、融资贵的问题。然而因为泉州市的企业大多存在规模较小、成立时间较短、创新能力不足、信用度低等问题，因此，即使政府出台了许多扶持政策，但是仍有大部分企业无法找到适合自己的融资方式和途径，资金短缺问题严重制约着电子信息产业的发展。

### （二）产业结构不合理，“重硬轻软”现象较严重

在产品结构上，泉州的电子信息产品主要以传统的模拟电子器件为主，智能化、数字化产品的利用率偏低，产品的技术含量较低①。泉州作为我国的“对讲机之乡”，属于电子信息产业中较传统部分的通信设备和对讲机业务起步较早，在电子信息产业中的占比较大，体系发展最为成熟。而因为资金密集、技术密集和转化周期长等特点，大多数高新技术企业处于新兴发展阶段，发展较为缓慢，因而所占比重较小。

在制造业的数字化、智能化转型上，早在 2021 年，泉州分行业、分地区指导企业开展智能制造项目建设，全市有超过五成、2500 多家规上企业参与智能化改造，并累计建成了超过 100 间智能车间、近 1000 条智能生产线、超 1 万台工业机器人②。但这些都属于硬件基础设施上的数字化、智能化。真正的数智转型不仅仅体现在企业设备等的硬件设施上，更重要的是在企业的经营管理上，尤其体现在企业技术创新上的管理、投入产出以及成果转化等方面。中兴、华为等的现实案例告诉我们，企业一旦缺少关键核心技术的支撑，在发展上就容易陷入受制于人的境地。

---

① 《泉州 GDP 福建第一，发展却面临这些不足，或迎来下一个经济亮点》，网易，https：//www. 163. com/dy/article/G0FRHRLG05425572. html，2021 年 1 月 6 日。

② 《泉州加快推进数字经济与实体经济融合发展》，泉州市人民政府，http：//www. quanzhou. gov. cn/zfb/xxgk/zfxxgkzl/qzdt/qzyw/202207/t20220721_ 2753233. htm，2021 年 7 月 21 日。

在软件产业发展上，软件是新一代信息技术的灵魂，是数字经济发展的基础，是制造强国、网络强国、数字中国建设的关键支撑。泉州在数字化转型中的硬件基础设施建设相对完善，如自动化生产线、智能工厂等，但是在软件服务的发展上则相对处于弱势。在泉州市工信局2022年公布的351家市级产业龙头名单中，电子信息企业仅有36家，其中绝大多数都是电子科技企业，软件服务企业仅为个位数，软件服务企业数量少，实力不够强劲，导致软硬件结构不合理。软件与各领域融合应用的广度和深度需进一步深化、企业软件能力较弱等问题制约了数字泉州的发展。

泉州的电子信息产业现已达到了一定的规模，并成功晋级为千亿产业集群，但在产业结构上还需要继续转型升级，企业的技术创新能力提升有待提高，对泉州电子信息产业结构进行进一步优化是必然趋势。

### （三）缺少强有力、持续性的人才供给

高端人才缺乏是制约泉州市电子信息产业发展的重要因素之一。专业技术人员的缺乏特别是具有技术和管理才能的综合型人才的匮乏严重制约了企业技术水平的提高和信息技术的推广及应用，从而阻碍了电子信息产业的进一步发展。泉州市作为福建省下辖的地级市，辖区内的优质高校数量较少，仅依靠华侨大学难以支撑泉州经济发展对专业技术人才的需求，高层次人才、实用型人才、关键技术领域的研发人才尚不能满足产业发展的需求。电子信息产业的良好发展离不开持续的人才供给和技术迭代。近年来虽有很多企业尝试了产学研合作研发的路线，但产学研合作的对象大多是泉州本地的高校，合作的模式主要是共建产业实践基地，合作的目的则侧重于解决高校学生就业问题，而很少针对企业技术创新需求展开深入合作。

针对这一问题，泉州市政府也相继出台了一些引进人才的优惠政策和相关措施，并在年薪、住房及日常补助方面发布了相关规定，但是一些中小企业存在重视加工生产而轻视研发创新的问题，经费投入不足从而使得高层管理人员、研发人员无法充分地施展才能，因此企业对聚集和吸引人才的力度不足，人才的供需矛盾问题仍然制约着电子信息企业技术创新的发展。

## （四）核心产业基础薄弱，核心技术受制于人

核心技术缺乏是泉州市电子信息产业缓步发展的另一重要因素。核心产业基础薄弱和技术受制于人是普遍存在于我国电子信息产业中的现象，主要体现在：信息产品产值低，生产手段落后；信息产业内部各个分支行业之间联系松散，缺乏互动的协调机制：一方的发展不能带动另一方的发展，但一方的落后制约着另一方的进步。在对内对外方面，对外，电子信息产业核心技术掌握在欧美发达国家手中，技术受制于人①；同时，缺乏对关键核心技术的掌握，信息产品或服务仍以劳动密集型为主，使得当前产业仍处在产业链的中低端，产品出口附加价值低；对内，企业创新意愿较弱，在科技创新方面投入不足，导致自主创新能力缺乏，管理体制和机制尚不能满足自主创新的要求，企业综合竞争力不强，从而陷入恶性循环。

但是，泉州电子信息产业有部分企业已经实现了业内关键核心技术的突破，如西人马研发的传感器和芯片，中科光芯自主研发的光芯片，以及飞通科技的船舶导航技术等，但是其他众多民营企业还是处于缺少核心技术的状态。虽然政府出台了一系列政策鼓励企业加大对产业共性技术和关键核心技术的创新投入，但是这一过程需要投入巨大的资金、人才等资源，且产品的研发转化周期很长，转化的结果具有不确定性和风险性，一般的中小企业往往没有足够的资金来支撑关键核心技术的研发，因而只有少数几个行业龙头企业有实力进行技术创新，其他的诸如对讲机等行业大多还是以劳动密集型生产为主。

泉州的大部分企业在早期是从低技术水平的产品开始做起的，经过二三十年的发展，随着国内外政策和形势的变化，部分实力较为强劲的企业和企业家渐渐意识到自主技术的重要性，率先通过加大对技术研发的投入等方式进行技术改革，占据了发展的风口并抢占了先机，而剩下的大部分企业则因

---

① 《塔米资讯｜我国电子信息产业发展现状及发展趋势分析》，百家号，https://baijiahao.baidu.com/s?id=1736770528015096060，2022年6月27日。

为自身资源不足以支撑其进行大量的技术研发，因此难以进行技术创新转型。

## 三　泉州电子信息产业发展的对策建议

### （一）优化泉州电子信息产业的融资生态

为确保泉州电子信息产业的持续健康发展，建议泉州市政府坚定不移地推出多元化的融资渠道，包括地方政府专项债、产业基金、风险投资、银行贷款、保险债权、融资租赁等，以稳定产业发展方向并吸引更多资金向产业园区集中。同时，积极引导如匹克、七匹狼、劲邦等优质社会资本与泉州电子信息实体经济融合，使产业基金更好地发挥杠杆效应。进一步加强政府、银行与企业间的合作，通过多元融资工具，使银行能够更精准地对接电子信息企业的融资需求，从而解决这些企业在融资上的难题。此外，鼓励并推动融资方式的创新，比如利用地方政府专项债等融资渠道，以助力电子信息企业解决融资难题。

### （二）规划产业基金和政策支持

为了进一步推动泉州电子信息产业的发展，需要充分利用产业的基础优势，前瞻性地规划未来产业发展方向，建立以产业生态圈、产业功能区以及产业链为主导的现代化产业社区。为此，泉州市政府应当建立并完善产业规划、产业政策和产业基金“三位一体”的政策保障体系。

首先，政府可以积极推动产业基金的发展，通过产业基金吸引更多的投资者参与到电子信息产业的发展中来。产业基金可以为产业提供稳定的资金来源，通过风险投资和私募资金等方式，可以吸引更多的资本参与，进一步推动产业的发展。其次，政府可以针对电子信息产业推出一系列的产业政策，包括优惠贷款政策、招商引资政策等，以便为电子信息产业的发展创造更有利的环境。优惠贷款政策可以降低企业的贷款成本，提高企业的经营效率，招商政策则可以吸引更多的龙头企业和优势企业投资泉州，增强产业的竞争力。最后，政府还应根据电子信息产业三年倍增的发展目标，进一步加强服务意识，准确把握企业需求，鼓励干部创新和积极行动，推动企业发展。同时，政府也需要深入了解企业的技术研发、产品应用和市场开拓情况，积极协调解决企业发展中存在的困难，以推动泉州市电子信息产业的更好更快发展。

### （三）强化知识产权保护和数字化建设

面对当前多数企业知识产权保护和布局意识较差、数字化建设尚未开展的现状，需要有针对性地采取有效措施来改善这一状况。

首先，为完善企业知识产权体系，泉州市政府或电子信息行业协会可以采取以下措施：(1) 鼓励企业开发具有自主知识产权的战略产品，加强重大专项知识产权管理，充分发挥知识产权的效应；(2) 提升企业各类知识产权的集中管理和动态化分级管理水平，及时开展知识产权质量评价，积极组织知识产权管理规范贯标；(3) 设立知识产权创新与保护基金，采取多渠道、多形式的资金筹措方式并实行专款专用；(4) 建立企业级知识产权管理系统并运用信息化手段提升管理；(5) 加强知识产权的教育和培训，提高全员知识产权保护意识；(6) 加强专利管理人才培养并设立专门的知识产权管理部门，挖掘与培养专利管理人员。

其次，对于数字化建设的推进，泉州市政府或电子信息行业协会可以采取以下对策：(1) 引导企业制定合适的数字化转型战略，精准把握转型的方向和目标；(2) 建立数字化的企业文化，从管理和流程上推动企业的数字化转型；(3) 鼓励企业引入自动化生产线，进行智慧化、智能化生产；(4) 推动企业从外部借力，实现内外的协同转化。

最后，技术创新方面，应加强企业与高校、研究所的合作，集聚各方的创新资源和人才资源，打通产学研深度融合的产业链、创新链和人才链。这些措施不仅能够帮助企业掌握关键核心技术、提升市场竞争力，还可以为企业数字化转型和知识产权保护提供有力的支撑。

### （四）加强基础设施建设

泉州市政府应积极发挥专项债助力电子信息产业园区高品质建设的作用，以保障产业园区的基础设施建设。具体来说，可以增发更多的政府专项债，获得更多的资金，用于电子信息产业园区的基础设施建设。以泉州半导体高新区为例，2022 年已新增发行 3 笔政府专项债，获批专项债资金合计 11.18 亿元；累计已获批专项债资金 35.53 亿元，其中南安分园区 12.5 亿元、晋江分园区 20.93 亿元、安溪分园区 2.1 亿元。[①] 此外，政府还可以通过与当地银行协商，推出针对电子信息产业的优惠贷款政策，同时发展供应链金融，打造针对电子信息产业的专属金融体系，提高其供应链竞争优势。同时，还可以吸引更多的风险投资和私募资金进入电子信息产业，以扩展资金来源渠道。

## 四　泉州电子信息产业未来发展展望

### （一）聚焦技术与创新融合

在新兴科技产业的推动下，泉州电子信息产业正逐渐崭露头角，展现出极大的发展潜力。泉州电子信息产业在积累了丰富的产业优势和经验的基础上，积极强化自主创新能力，实现与新技术和新科技的深度对接。以南威软件为首的电子信息企业，正努力实现在这一领域的全面布局，以期形成泉州电子信息领域的新增量。

随着半导体产业的快速增长，泉州电子信息产业已经展现出强大的增长势头，进一步揭示了产业发展的巨大潜力和广阔前景。为此，泉州市电子信息产业发展小组已将“推动泉州电子信息产业跑出‘加速度’”定为下阶

---

① 《泉州电子信息产业：引入金融活水　赋能实体经济》，《民生导报》，https：//baijiahao.baidu.com/s？id=1745023522392137672&wfr=spider&for=pc，2022 年 9 月 26 日。

段的发展重点，致力于实现电子信息产业三年倍增的发展目标。[①]

未来泉州电子信息产业发展首先要注重培养创新能力。在日新月异的科技环境中，持续创新是泉州电子信息产业保持竞争力、实现快速发展的核心要素。企业需要积极参与到全球创新网络中，通过主动吸收和运用全球优质资源，不断推动科技创新，拓宽国际合作空间，并以此加速自身发展。充分发挥火炬电子、阳光中科等龙头企业的示范引领作用，发展电子元器件、光伏上下游产业链等项目，加快推进火炬电子、阳光中科、利豪电子等重点企业项目建设，增强产业发展后劲。此外，泉州电子信息产业的发展还要注重技术和产业的深度融合。新科技的引入和应用，将帮助企业实现生产和运营的数字化，提高企业的运营效率和市场反应速度，最终推动企业的快速发展。因此，企业需要以开放的态度，积极引进新技术、新思想，加速与新业态的深度对接，助力企业的快速发展。

未来的泉州电子信息产业，必将在创新和技术的双重驱动下实现快速发展，成为泉州市经济发展的重要引擎。

### （二）加强政策驱动与金融合作

在数字化和信息化日益深入的当今时代，泉州电子信息产业以其巨大的发展潜力和优势，正面临着空前的机遇。政策的有力推动和金融服务的持续提升，为这一产业提供了强大的动力，让其在飞速发展的同时，更好地满足新兴企业的各种需求。

首先，政策的支持无疑是电子信息产业发展的重要驱动力。泉州已出台了一系列的政策文件，有专项资金等支持措施，着力推动电子信息产业的持续发展。这些举措的实施，将助力泉州电子信息产业在激烈的市场竞争中占据有利地位，实现长期稳健发展。

其次，深化政银企合作是推动泉州电子信息产业发展的核心趋势。政府

---

① 《营造产业生态推动倍增发展》，《泉州晚报》，https：//szb. qzwb. com/qzwb/html/2022-10/08/content_ 618394. htm，2022 年 10 月 8 日。

正在加强与各级产业基金的合作，为电子信息企业构建专业高效的沟通桥梁。同时，继续深化与政策性银行的战略合作，以满足电子信息产业龙头企业的长期融资需求，助力产业发展。

更重要的是，针对电子信息新兴产业的投贷联动业务，有力地避免了新兴企业股权过早过度稀释的问题，极大地保护了创新创业的积极性。这也表明泉州电子信息产业的发展，不仅着眼于当前，更注重长远，积极探索创新融资路径。

展望未来，泉州电子信息产业将持续提升金融服务实体能力，全面优化电子信息产业金融生态，充分激发金融赋能经济高质量发展的积极作用。通过金融的力量，赋予电子信息产业新的活力，让泉州的电子信息产业在新的发展阶段，取得更为显著的成就。不仅如此，泉州电子信息产业还将依托政策优势和金融力量，为社会提供更多的高质量的电子信息产品和服务，成为推动泉州经济发展的重要动力。

### （三）深化园区建设与发展

电子信息产业作为泉州重点发力的战略性新兴产业，目前已形成一定规模的特色产业集群。要在充分发挥泉州软件园、数字福建（安溪）产业园等园区的资源载体优势的同时，围绕泉州传统产业数字化转型需求，面向关键基础软件、工业软件、应用软件、新兴平台软件和嵌入式软件等领域，加大产业链项目招商力度，推动产业结构优化升级。

近年来，泉州市加大园区建设的软硬件投入，通过建设政府引导型园区和市场主导型园区，加快推进产业园区高质量发展。目前，全市电子信息产业园区建设超10个，面积超3000亩，总投资超180亿元①。泉州市正在通过政府引导和市场主导两种模式来积极推动电子信息产业园区的建设。对于政府引导型园区，泉州市依靠县级国企的“规划-建设-运营”一体化优势，

① 《福建泉州多重发力激发电子信息产业新动能》，中国经济网，http：//city. ce. cn/news/202210/13/t20221013_ 7350334. shtml，2022年10月13日。

建设了一批标准化小微园，如晋江集成电路小微工业园、安溪芯园、泉州芯谷南安科创中心、鲤城高新区科创中心和石狮光子技术微产业园。其中，鲤城高新区科创中心、泉州软件园二期、晋江集成电路小微工业园、安溪芯园和惠安人工智能产业园等被纳入泉州市工业（产业）园区试点项目。对于市场主导型园区，泉州市正在借助联东 U 谷、世纪金源、上海均和、中南高科等市场化主体经营优势，探索园区载体建设新方式。最典型的例子是联东 U 谷南安半导体科技产业港项目，该项目总占地面积约 199 亩，计划总投资超过 12 亿元。

此外，泉州市通过各种新模式，如机构招商、大会招商、线上招商和专家招商，已经成功吸引了一批延链补链扩链的优质项目入驻。如晋江集成电路小微工业园拟入驻企业 21 家，安溪芯园拟入驻企业 15 家，联东 U 谷南安半导体科技产业港拟入驻企业 30 家①。这一策略凸显了产业园区品牌效应的重要性，对于进一步推动项目招商和产业发展起到了重要作用。

尽管园区建设已经取得了很大的进展，但未来仍需以项目为先，扩大有效投资，保障产业园区基础设施建设，并推动重点项目加速发展。首先，泉州电子需要进一步加大园区基础设施建设的投入。作为产业集群的物理载体，园区的硬件设施对于产业发展的重要性不言而喻，为了深化电子信息产业的发展，未来仍需加强硬件环境建设，大力吸引一流的产业项目入驻。以数字福建（安溪）产业园为基础，加快建设泉州先进计算中心等新算力基础设施，积极构建智能计算和存储兼备的大数据园区及大数据产业集聚区，推进特色大数据中心发展。其次，泉州市政府需要着力推动重点项目的发展，进一步强化产业园区的品牌效应，提升产业集聚效应，并带动产业链的延伸和优化。最后，泉州市政府需要尽快推进园区载体建设的新方式探索，例如，借助联东 U 谷、世纪金源、上海均和、中南高科等市场化主体经营优势，以及采用新的招商模式，如机构招商、大会招商、线上招商和专家招

---

① 《泉州电子信息产业奠定“芯”优势》，闽南网，https：//baijiahao. baidu. com/s？ id = 1751424666706534860&wfr = spider&for = pc，2022 年 12 月 6 日。

商，以期引入更多的优质项目。

总之，在数字化时代，泉州电子信息产业园区面临着巨大的机遇和挑战。当下泉州需要利用好这些机遇，积极主动应对这些挑战，以此推动泉州电子信息产业园区的高质量发展。

### （四）智能化发展与数字化建设并重

在全球经济一体化、信息化快速发展的背景下，泉州电子信息产业面临着科技进步的压力和变革的机遇。新兴科技的飞速发展，如人工智能、大数据和物联网等，正在推动电子信息产业进入一个更新换代的加速阶段。同时，这些技术对泉州电子信息产业产生了深远的影响，改变了原有的商业模式，提升了生产效率，推动了产业转型升级。

在这样的大背景下，泉州电子信息产业的发展重点包括人工智能和电子信息技术的深度研发、高端智能装备制造、产业创新孵化等多个方面。比如，依托泉州装备制造研究所、福建（泉州）先进制造技术研究院、泉州华中科技大学智能制造研究院等优势科研单位，聚焦人机协同、自然交互、多机协同控制的新一代机器人及核心零部件的研发制造①。

对于未来的发展，泉州电子信息产业将持续推动智能化、数字化转型，积极探索与电信运营商、互联网企业等各类企业的合作，建设各细分领域数据云平台，完善云计算服务体系。同时，重点推动工业智能控制软件、工艺过程分析模拟和优化软件、供应链管理软件的研发与推广应用，以进一步提升基础工业软件及相关服务供给能力。

此外，泉州电子信息产业也将重点发展数字化制造和智能制造，实现产业转型升级。加快推进通达、科立讯、宝锋等重点企业项目建设，通过推动对讲机产业向数字化发展，融合物联网、大数据拓宽应用领域，实现由传统制造商向系统整体解决方案商转变。

---

① 《〈泉州市电子信息产业发展行动方案（征求意见稿）〉反馈意见采纳情况》，泉州市人民政府，http：//www. quanzhou. gov. cn/zfb/xxgk/zfxxgkzl/ztzl/bdtgwh/ghjh/cygh/202211/t20221125_2805722. htm，2022 年 3 月 10 日。

同时，泉州电子信息产业将继续发挥通达、天地星、飞通等龙头企业的示范引领作用，拓展智能终端及对讲机上下游产业链项目，壮大产业规模。引导科技企业孵化器和众创空间等双创载体将人工智能作为优先引进和支持领域，推进人工智能科技成果转移转化，孵化培育人工智能创新创业企业。

### （五）加大人才引进与培养

在信息时代，泉州电子信息产业面临着历史性的转变和挑战。技术的快速发展和行业需求的日益复杂化，使得电子信息产品的研发周期日益缩短，市场需求变化日趋迅速。传统的技术研发和市场营销模式已难以满足市场的高速变化和细分化趋势。

为应对这种挑战，泉州电子信息产业应加大对相关人才的引进和培养，充分发挥泉州本地人才引进政策优势，完善人才评价激励机制，以吸引更多高水平的人才和团队加入。此外，依托泉州装备制造研究所、福建（泉州）先进制造技术研究院、泉州华中科技大学智能制造研究院等本地优势科研单位的带动作用，重点发展人机协同、自然交互、多机协同控制等技术领域，推动关键产品和核心零部件的研发和制造，以期满足电子信息产业的发展需求。

此外，泉州将进一步聚焦人工智能、智能装备等重点产业领域，实施重大项目攻关“揭榜挂帅”机制，通过技术榜单确定重大科技项目，联合本地企业和国内外知名高校、研究机构，共同解决“卡脖子”技术难题。

面向未来，泉州电子信息产业必须坚持以人才为核心，把握科技潮流，加大技术研发和人才培养力度，积极拓展和优化电子信息产业链，以期在竞争激烈的市场环境中找到新的成长动力，推动产业的健康和持续发展。

# B.11
# 2023年泉州食品饮料行业发展报告

王志龙　杨宏云*

**摘　要：** 本报告以不同时期经济发展水平为参照，回溯新中国70多年食品工业的发展历程，介绍泉州食品饮料行业的发展概况，在此基础上，从行业发展规模和资本状况等多个维度，对截至2022年泉州地区食品饮料行业的发展现状进行简要分析，提出行业面临融资难、品牌知名度较低、创新不足、发展不平衡、企业传承难度大等问题。本报告在数字化转型、可持续发展和发展聚焦等方面，对泉州食品饮料行业提出建议并进行展望。

**关键词：** 闽商　食品饮料行业　可持续发展　泉州

## 一　泉州食品饮料行业发展回顾

中国食品饮料行业经历了从满足国民温饱到促进人民膳食结构改善，逐步向健康型、品质型消费产业转变的发展过程，现在已成为推动中国经济增长和拉动内需的重要产业之一。泉州地区食品饮料行业的发展，既是中国食品饮料行业发展的产物，具备行业发展的共性特征，同时，其自身的发展也具有一定的区域特性，遵循自身的发展规律。

---

* 王志龙，福州大学经济与管理学院硕士研究生，主要研究领域为东南亚经济；杨宏云，福州大学副教授，硕士生导师，主要研究领域为闽商文化与企业管理研究、服务营销。

## （一）新中国食品工业的发展

新中国成立以来，我国食品工业大致经历了四个发展阶段。

1. 1949~1978年，计划经济时期

新中国成立伊始，我国以发展重工业为主，但温饱问题亟须得到解决，发展食品工业、保障食品供应刻不容缓。①

因此，在新中国成立初期，国家财政资金虽然不充裕，但政府仍对食品工业进行了大规模的投资。1952~1978 年，食品工业的年均固定资产投资额增长了 9 倍之多，总体呈现递增的趋势（见图 1）。

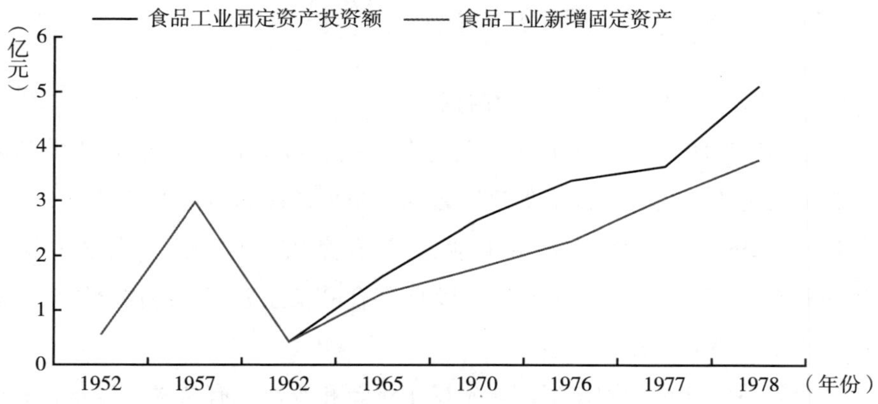


**图 1　1952~1978 年中国食品工业固定资产投资额和新增固定资产**

数据来源：《中国食品工业统计年鉴（1983）》。

1949~1957 年，我国食品工业总产值的年均增速达 13.2%。此后，受当时国内政治环境影响，食品工业发展较为波折。总体上看，我国 1978 年食品工业总产值达 471.7 亿元，比 1952 年增长了 469.86%，占全国工业总产值的 11.1%（见图 2）。同时，在满足国内基本食品需求的基础上，我国的食品开始出口到苏联、东欧和中国港澳等国家和地区。

① 吴林海、李壮、牛亮云：《新中国 70 年食品工业发展的阶段历程、主要成就与基本经验》，《江苏社会科学》2019 年第 5 期。

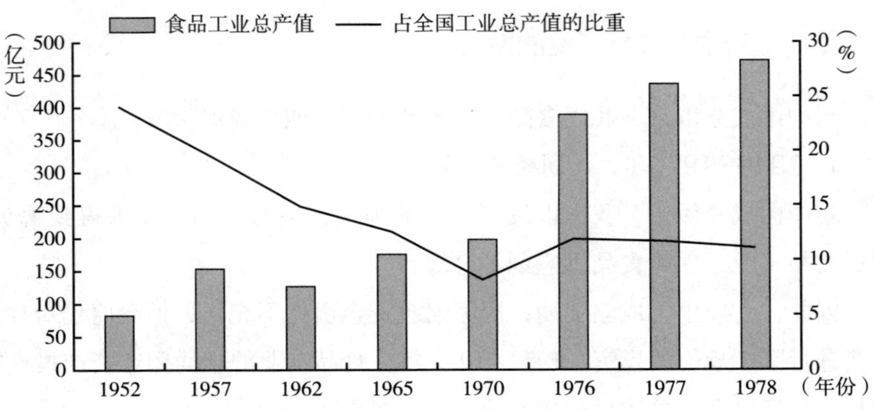


**图2　1952~1978年中国食品工业总产值以及占比情况**

数据来源：《中国食品工业年鉴（1983）》。

2. 1979~1992年，经济转轨时期

1978年12月，自十一届三中全会召开后，我国进入改革开放的新时期。食品工业围绕提高产能、促进改善人民膳食结构的目标展开。

1979~1992年，我国食品工业总产值突破1000亿元大关，达到2979.95亿元，年均增速高达16%，1992年食品工业总产值约占全国工业总产值的11%（见图3）。

这个阶段大部分的固定资产投资用于更新和改造现有技术与设备，具体情况见图4。值得注意的是，饮料制造业的投资逐渐占到全部食品工业投资的一半，1992年约为74.55亿元，饮料企业数量达到12462个。①

随着食品工业的发展，国内食品数量和种类开始丰富起来，乳制品等新兴品类逐渐进入人民的生活，国民的膳食结构开始产生变化。

同时，为引导食品工业健康有序发展，维护人民的健康安全，卫生部组织相关研讨，试行《食品卫生法》，起草制定了《食品卫生法实施条例》，规范食品工业的不良行为。

① 数据来源：《中国食品工业年鉴（1993）》。

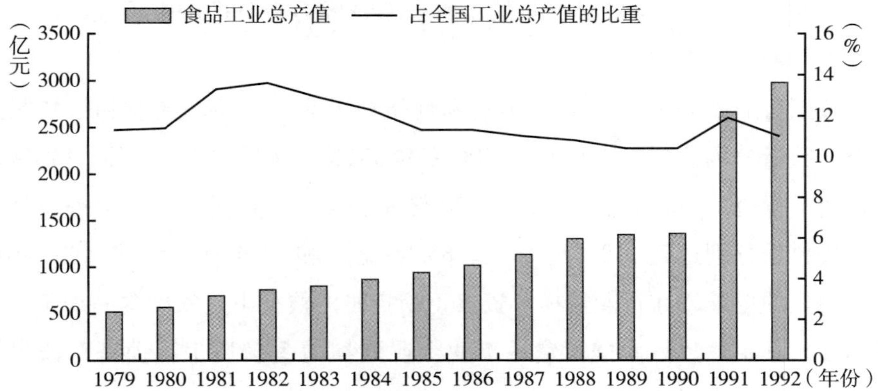


**图 3　1979~1992 年中国食品工业总产值及占比情况**

数据来源：历年《中国食品工业年鉴》。

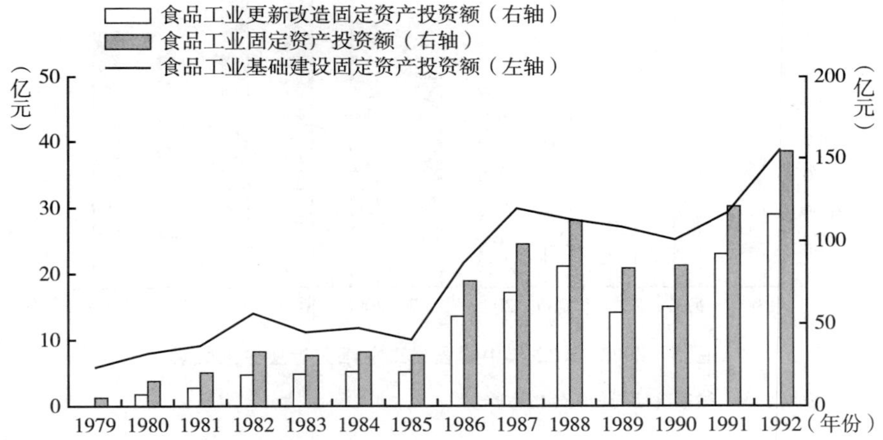


**图 4　1979~1992 年中国食品工业投资情况**

数据来源：历年《中国食品工业年鉴》。

### 3. 1993~2012年：市场经济体制时期

1992 年，党的十四大召开，我国市场经济体制改革不断深化，食品工业步入发展快车道。1996 年，食品工业总产值突破 5000 亿元大关。尤其是加入 WTO 后的 2002~2007 年，我国食品工业总产值的年均增速高达 29%。即使在 2008 年全球金融危机后至 2012 年期间，我国食品工业总产值占比仍保持在9%左右，并维持着10%的年增长率，成为当时推动中国经济增长和拉动内需的核心产业之一。[①]

按照行业细分来看，2012年农副食品加工业、食品制造业和饮料制造业企业数量分别达到22356家、7306家和5311家（见图5），同期分别新增固定资产投资5180.40亿元、2116.70亿元和1797.50亿元，其中来自外商的直接投资分别达到了86.70亿元、86.80亿元和63.40亿元，与1993年相比有明显的增长。在行业规模和资本不断扩张的情况下，农副食品加工业发展迅猛，其企业数量占据了食品工业企业数量的50%以上，销售产值也快速增加，2012年达到了5万亿元（见图6）。

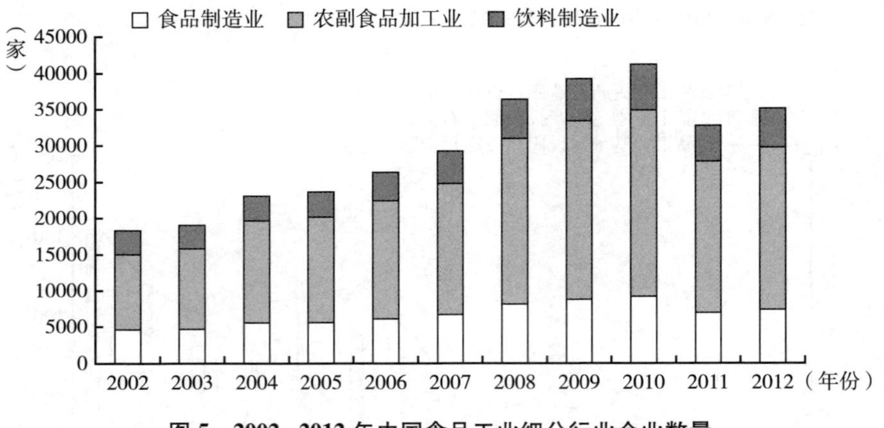


**图5　2002~2012年中国食品工业细分行业企业数量**

数据来源：国家统计局相关年度数据。

进入21世纪以来，我国更加重视食品工业的发展。食品领域于2000年首次获得国家重大科技专项资助。此外，大中型食品企业也逐渐加大科技研发投入，2012年R&D经费达到322亿元。[②] 随着食品工业的发展，新产品不断涌现，如精制食用植物油、冷冻饮品和包装饮用水等。到2012年时，深加

① 吴林海、李壮、牛亮云：《新中国70年食品工业发展的阶段历程、主要成就与基本经验》，《江苏社会科学》2019年第5期。

② 戴小枫、张德权、武桐等：《中国食品工业发展回顾与展望》，《农学学报》2018年第1期。

工产品占比上升，形成了4个大类、22个中类、57个小类共计数万种食品，产品结构向多元化方向发展，有效满足了国人对食品消费的多样性需求。

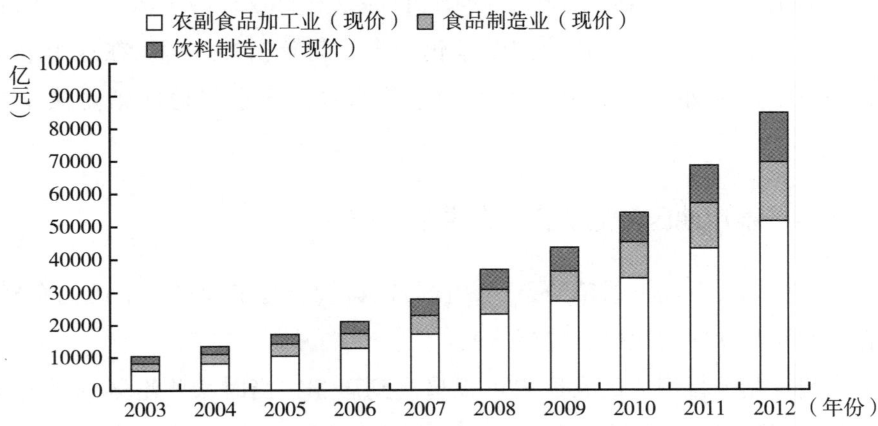


**图6 2003~2012年中国食品工业细分行业规模以上工业企业销售产值**

数据来源：国家统计局相关年度数据。

4. 2013年至今：社会主义市场经济发展的新阶段

2013年，党的十八届三中全会明确了市场在资源配置中的作用，并进一步强调了非公有制经济的重要性。伴随着非公有制经济的发展，食品工业优势增强，进而不断发展壮大。党的十九大以来，生态发展、绿色发展以及满足人民对美好生活的追求成为社会主义建设的目标，食品工业粗放式的规模扩张难以为继，需要迈向绿色可持续发展。

一直以来，食品饮料行业较为粗放式的发展，消耗了大量的能源，也造成一定的环境污染，这种发展方式与中国实现碳达峰、碳中和目标不匹配。食品饮料行业向创新、绿色、可持续发展转型势在必行。

进入发展新阶段，居民可支配收入显著增长，人民对肉类、干鲜瓜果类和蛋类的消费量逐渐增加，食品消费由生存型消费加速向健康型、品质型消费转变，这也推动食品饮料行业加快转型升级。

近几年，食品科技不断创新。2021年，食品制造业实现产品创新的企业占比高达38%，研发人员近5.14万人，拥有有效发明专利18262项，R&D支

出高达 156.63 亿元，R&D 项目达到 13248 项，新产品销售收入 294.44 亿元，比 2013 年增长了 168%，食品创新已然成为行业增长的新动能。①

总的来说，新中国成立 70 多年来，食品饮料行业经历了从解决人民温饱问题、推动经济发展到加速向健康化和多元化转型的过程。在这个过程中，民营企业和外资企业成为发展的重要力量。而泉州地区则是典型的例证。

### （二）泉州地区食品饮料行业发展历史

作为中国民营经济重镇的泉州，食品饮料行业起步较早，市场化充分，并在中国食品饮料行业扮演重要角色。

泉州食品饮料行业的发展史可以追溯到唐朝，当时泉州地区的手工制糖、制茶开始兴起；宋代泉州出现了酿酒业；清朝康熙年间推出了铁观音茶。这些历史塑造了泉州食品饮料行业的底蕴。1949 年，泉州食品饮料企业仅有 31 家，规模不大。②

随着新中国的成立，泉州食品饮料行业迅速崛起。泉州的传统食品如糖果、罐头、蜜饯等风行一时。泉州也成为福建省重要的盐产区，盐的产量占据全省的 1/3。此外，泉州安溪茶厂是当时全国最大的精制乌龙茶厂。③ 改革开放后，随着海外资本的注入以及外来加工业的带动，泉州民营经济迅速崛起。泉州食品饮料产业也得益于市场活力，实现了跃升式发展。

20 世纪 80 年代至 90 年代初，达利食品集团负责人许世辉，利用泉州国营企业的设备和技术，创立了“惠安美利食品厂”，开始了后来达利食品集团的创业之路。当时任职食品推销员的蔡金垵，在天津商场目睹儿童因为虾条与母亲哭闹的情景，选择以深加工休闲食品为主攻方向，注册了食品品牌——盼盼。此后，亲亲、金冠食品、雅客食品等一大批民营企业如雨后春笋般集聚式发展，泉州形成了以休闲食品板块为主的行业格局。

① 数据来源：国家统计局。

② 杨犟：《舌尖上泉州的 70 年变化》，《泉州商报》2019 年 6 月 17 日，第 7 版。

③ 杨犟：《舌尖上泉州的 70 年变化》，《泉州商报》2019 年 6 月 17 日，第 7 版。

到20世纪90年代末期，泉州食品饮料产业不断扩张，行业品类愈发丰富。家庭作坊式的食品厂逐渐被淘汰，企业生产开始向机械化、规模化迈进，企业发展模式也开始转向集团化、产供销协同一体化、经营规范化。市场拓展网络化的格局逐渐形成，行业开始向中高端发力。[①]

在泉州食品饮料行业发展史中，2004年11月18日是一个重要时间点。当时，泉州食品饮料企业集体亮相央视广告招标会，并有4家企业中标。这标志着以“泉州造”为印记的食品饮料品牌开始登上全国竞争的舞台，并逐步为广大消费者所认识和接受。泉州食品饮料企业正式迈上品牌化、标准化运作的道路，进入跨越式发展的时代。此后，除了积极进军全国市场外，泉州食品饮料企业也开始走向海外，产品出口到69个国家和地区。[②]

随着中国经济的蓬勃发展，泉州食品饮料企业不断发展壮大。2015年，泉州泛食品饮料企业有1200多家，从业人员80多万人，规模以上企业产值480亿元，产业规模与产值均居全省前列。[③] 泉州食品饮料产业正式迈入千亿产业阵营，呈集群式发展，泉州地区也发展壮大为全国三大食品工业生产基地之一。2018年，泉州食品饮料企业超过1400家，规模以上企业达到238家，其中，130多家企业的销售额超过1亿元，6家企业的销售额超过10亿元，达利集团销售额超过百亿元，成为中国食品饮料领军企业。泉州食品饮料产业的整体销售额达到1168.23亿元，全行业总产值达1373亿元，实现了稳中有进的发展。[④]

为鼓励行业继续做大做强，泉州“十四五”规划特别制定了《泉州市食品饮料产业高质量发展实施方案（2022~2025年）》。方案强调泉州市重点发展休闲食品、饮料制造、精制茶加工、水产品深加工、粮油系列加工、预制菜生产、

---

① 《泉州食品业的前世、今生、未来》，腾讯网，https：//mp. weixin. qq. com/s/y6ZMQKbYc85uShoDX9G5JA，2014年12月9日。

② 《泉州食品业的前世、今生、未来》，腾讯网，https：//mp. weixin. qq. com/s/y6ZMQKbYc85uShoDX9G5JA，2014年12月9日。

③ 《泛饮料食品产业：泉州跨境电商的地域特色优势之路》，雨果跨境网，https：//www. cifnews. com/article/22215，2016年9月12日。

④ 杨犟：《舌尖上泉州的70年变化》，《泉州商报》2019年6月17日，第7版。

果蔬精深加工、功能食品开发、“老字号”和地理标志农产品产业化等食品饮料产业领域九大板块。其中，方案提出，到2025年全市食品饮料产业总产值力争超过2000亿元，规模以上食品生产加工企业达350家，形成休闲食品、茶叶、水产品、粮油、肉制品5个全产业链产值超百亿元的产业集群。[①]

新中国成立70多年来，泉州食品饮料企业实现了从小作坊式生产向机械化、规模化生产的转变，同时也注重品牌建设和全国市场的拓展。泉州的食品饮料行业逐渐壮大并成为泉州高质量发展的重要支撑。

## 二　泉州食品饮料行业发展现状与存在的问题

随着消费升级和人民生活水平的提高，泉州市食品饮料行业也经历了深刻的转变和发展，从传统的低端加工制造向多元化、高端化迈进，但行业发展也存在一定的困难。

### （一）发展现状

#### 1. 行业规模不断扩大，产品种类不断丰富

泉州市食品饮料行业快速发展，呈现多元化和高端化的发展趋势。2017~2021年，行业规模从1008.19亿元增长至1413.58亿元，增幅约40%。其中，酒、饮料和精制茶制造业营业收入的增长较为明显，这也表明泉州市食品饮料行业的发展呈现明显的多元化趋势，以酒、饮料和精制茶制造业为代表的高端产品逐渐成为行业的新亮点。[②] 但受新冠疫情影响，2022年，食品饮料行业整体增速略有放缓。[③]

---

① 《泉州到2025年力争食品饮料产业总产值超2000亿元》，泉州市人民政府，http：//www.quanzhou.gov.cn/zfb/xxgk/zfxxgkzl/qzdt/qzyw/202211/t20221111_2798190.htm，2022年11月11日。

② 数据来源：历年《泉州市统计年鉴》。

③ 主要依据泉州市“十三五”和“十四五”规划中重点产业划分，按食品饮料或健康食品规模以上企业的营收收入估算整个食品饮料行业的规模，与实际情况并不完全一致。此外，本文大部分数据的处理参照泉州市的政府报告或统计年鉴，以官方公布为主。

在这种增长势头下，泉州市食品饮料行业通过多品牌和系列化布局，针对消费升级的需求，陆续推出了众多具有市场潜力的新品类和更优质、更多元的产品。例如，亲亲食品热销的蒟蒻果冻，雅客食品的 V9 维生素糖果和贪吃熊果汁果心剥皮软糖等产品，闽南水产多年深耕的鱼糜制品系列，爱乡亲的鲜焗芝士面包等。整个食品饮料行业的产品种类日渐丰富，逐步从以休闲食品为主走向全面发展，[①] 以满足多样化消费需求。

**2. 企业竞争日趋激烈，招商引资大有可为**

泉州市食品饮料企业数量不断增加，2021 年，从事食品饮料的企业数量达到了 304 家，相较 2017 年，增长了 18%。与此同时，泉州市食品饮料行业产值保持 6%的增速。但是从 2018 年开始，增加值的可比增长开始下降。2020 年，情况有所好转，但与行业内企业数量的增速相比有明显的差距。2022 年，随着泉州市不断推进招商引资项目落地，整个食品饮料行业累计签约 132 个项目，投资总额 369. 84 亿元，行业发展整体向好。[②]

在泉州市食品饮料行业中，国有资本占比一直不高，约为 5%左右，个人资本是最主要的投资来源。2021 年，行业中个人资本占比达 25%。港澳台资本和外商资本占比在 2017~2021 年呈上升趋势，2021 年，港澳台资本占比达 30%。法人资本虽然在此期间发生了波动，但一直维持在 30%左右的占比（见图 7）。行业投资主体的变化，使整个行业的风险相对而言有所降低。这一定程度上反映了泉州充分利用自身的优势引进外来资本、优化资本与产业结构的成效显著。虽然食品饮料企业的资本活动受到疫情冲击，但随着疫情后经济复苏，需求重启，在泉州市政府对食品饮料行业发展的支持下，行业吸引了更多的投资。2022 年，泉州市食品饮料行业投资实现大幅增长，同比增长 29. 9%，比全市的固定资产投资增速高出 8 个百分点，高于全市平均水平。[③]

---

① 张剑峰：《泉州食品开拓新“赛道”》，《泉州商报》2023 年 4 月 23 日，第 9 版。

② 陈凌鹭：《市食品饮料与生物医药产业发展小组——“链式招商”培育发展新优势》，《泉州晚报》2022 年 12 月 31 日，第 4 版。

③ 数据来源：泉州市 2022 年 12 月统计月报。

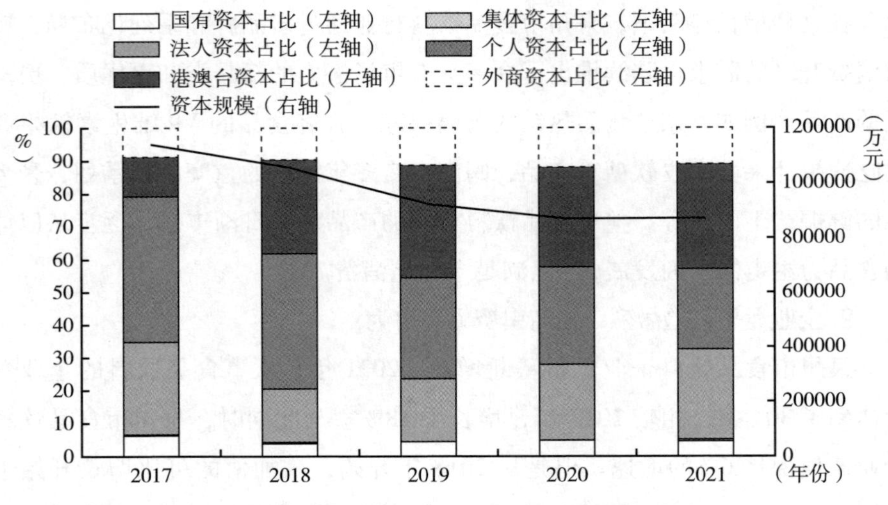


**图 7　2017~2021 年泉州市食品饮料行业资本状况**

数据来源：历年《泉州市统计年鉴》。

泉州食品饮料行业虽有新企业和新项目在进行建设，但行业产值增速并未同步增长，反而有所减缓。这主要是疫情导致消费需求萎靡，同时，新企业数量的快速增加，使整个食品饮料行业“内卷”，量增价跌，影响了总产值的增加。

3. 适应互联网经济的大发展，食品饮料企业进入全面创新阶段

近年来，泉州市食品饮料企业不断在技术研发、产品质量、品牌形象、营销策略等方面创新和探索，进入适应互联网经济的转型升级发展阶段。

2019~2022 年，全行业不断加大新产品开发，2019 年投入研发费用 7.7 亿元，2021 年，增加到 12.26 亿元，以创新引领行业发展。以大型民营企业阿一波食品为例，在深耕农业绿色加工的同时，通过“传统+新概念”模式，推出了低卡即食的银耳羹产品。2022 年上半年，仅半年时间该产品就创下了近亿元的销售额，成为行业研发与创新的新典范。①

2022 年 1~4 月，泉州市食品饮料行业的工业投资同比大幅增长 87.2%，

① 王宇静：《开拓市场需求、解决产销痛点，创新科技型企业——用新技术撬动食品产业新市场》，《泉州晚报》2022 年 7 月 11 日，第 7 版。

全年行业固定投资更是增加了29.9%，用于推进生产线技术改造，降低生产成本，巩固产业链优势，并以安记食品、巧妈妈等“专精特新”企业为龙头，引导中小企业采用新技术、新工艺、新材料实施产品升级换代和品类创新。[①]

除此之外，一些食品饮料企业逐渐把数字化技术与生产相结合进行创新。以盼盼晋江为例，基于综合面包车间的生产全流程，其以5G和物联网技术打造智慧工厂，实现了从和面到入库的全生产环节数据采集，并与MES等平台进行对接，通过生产看板一目了然。新技术的创新实践大幅提高了生产效率，保持了产品品质的稳定。这种创新性自主开发的编码系统，使盼盼在休闲食品行业率先实现了产品可追溯。

在关注技术研发和创新的同时，达利集团等食品饮料企业把ESG理念贯彻到企业的经营中，并完善了举报流程，以加强企业自查自纠，建立品质管理体系；并积极推进绿色制造，管理能源消耗，优化管理流程；制定供应商评估体系，力求产品可回溯；拓宽消费者沟通渠道，以实现企业的全面可持续发展。

近年来，随着电商的迅速发展，泉州食品饮料企业纷纷调整营销策略，拓宽营销渠道。在传统线下渠道，一方面，加强对经销商和消费者的服务意识；另一方面，促进现代与传统相结合，如力诚食品将鳕鱼肠与非遗泉州结合，不断拓宽消费场景。[②] 在线上渠道，灵活制定产品营销规划，如盼盼食品开启了工厂生产性实时直播，让消费者切身感受生产环节，增加消费体验，加强消费者的品牌信任；另外，加强与各电商平台的合作，针对消费者举办特色趣味活动。力诚食品在线上推出“泉州世遗三日游”抽奖等活动，以吸引消费者，并推出特别定制款或活动限量款，增加消费者黏性。

---

① 《泉州工业投资总量超千亿　稳居全省第二》，泉州市人民政府，http：//www.quanzhou.gov.cn/zfb/xxgk/zfxxgkzl/qzdt/qzyw/202302/t20230227_2850938.htm，2023年2月25日。

② 《“泉诚”高能！力诚十七周年庆携手世遗泉州，以城市之名诚就品牌新高度》，《新闻晨报》，https：//baijiahao.baidu.com/s? id=1771840158148477722&wfr=spider&for=pc，2023年7月19日。

在品牌形象建设上，力诚食品等一批企业积极开展新模式，构建品牌新势能，通过“用户利益+城市发展+孩子成长”等活动，将消费者、非遗泉州与家庭连接起来。[①] 而力绿食品、友臣食品和盼盼等企业，通过积极赞助冬奥会、马拉松比赛和山地自行车比赛等体育赛事，以新媒体营销为舞台，借助运动员代言和与头部主播合作，整合体育营销，加强消费者的深度体验，提升了品牌的综合影响力。

在深耕国内市场的同时，泉州市的食品饮料企业不断开拓国际市场。其中泉州石狮市场获批为预包装食品出口试点。截至 2022 年 3 月，泉州石狮服装城已出口预包装食品 2216 批、价值 1.03 亿美元，包括糖果、巧克力、糕点饼干类等 18 类低风险预包装食品。借助 RCEP 的优势，泉州市食品饮料输往菲律宾、泰国、越南等多个国家和地区，形成独具地方特色的出口贸易新业态。[②] 而以盼盼为首的食品饮料企业也在积极践行“一带一路”倡议，拓展海外市场，产品远销 40 多个国家和地区。

当然，泉州食品饮料企业在积极发展、提升自身竞争力的同时不忘回报社会。它们积极参与生态环境保护、精准扶贫、教育事业、抢险救灾等社会公益事业，展现社会责任感，彰显时代担当与作为。

总体而言，近五年来，泉州市的食品饮料行业走势向好，不仅满足了人们的生活需求，也创造了更强劲的企业发展动力。其中，龙头企业发挥引领作用，推动中小企业共同向创新化、绿色化、品牌化和高端化方向迈进。在新发展格局下，泉州市“十四五”规划提出仍将食品饮料行业作为发展的重中之重，倡导要进一步培优做强，力争到 2050 年实现规上工业产值 2000 亿元的规模。[③]

---

① 《“泉诚”高能！力诚十七周年庆携手世遗泉州，以城市之名诚就品牌新高度》，新闻晨报，https：//baijiahao.baidu.com/s？id=1771840158148477722&wfr=spider&for=pc，2023 年 7 月 19 日。

② 《石狮：全国首个预包装食品试点出口超 1 亿美元》，石狮市融媒体中心，https：//mp.weixin.qq.com/s/ZaZPPjTNCjPTenlVx_PTyA，2022 年 3 月 9 日。

③ 《泉州市人民政府关于印发泉州市“十四五”制造业高质量发展专项规划的通知》（泉政文〔2021〕73 号）；泉州市“十三五”规划是食品饮料产业，“十四五”规划进一步将食品饮料产业概括为健康食品产业。

## （二）存在的问题

当然，在审视成绩的同时，我们也需要关注泉州食品饮料行业发展过程中存在的问题，以便及时修正对行业发展的认知，积累经验，推动行业良性发展。

**1. 融资方面仍存在不少困难**

根据泉州市统计局数据，截至 2022 年 9 月，泉州市工商登记民营企业单位数 41.92 万家，食品饮料产业板块民营占比均超过90%。① 且大部分是中小企业，多由个人或家族创立，规模和实力相对较小。其融资来源主要是银行贷款和自有资金等。一方面，这些中小民营企业缺少可质押的抵押品，财务状况和经济行为不够规范。企业经营范围小，抗风险能力较差，不良经济活动现象易发，导致银行对其贷款审核较为严苛。另一方面，这些企业通常由个人或家族创建，向外寻求担保困难，缺少稳定的自有资金来源。这些都给中小企业融资带来了困难，制约其扩张和发展。②

**2. 大量中小企业品牌知名度不高**

根据“2022 年中国品牌力指数”，在各个品类中，唯有达利集团的“和其正”“乐虎”“达利园”茶饮料入榜。泉州市食品饮料企业以中小企业为主，除惠泉啤酒、蜡笔小新和雅客等企业知名度相对较高外，大多数中小企业的品牌影响力有限。虽然一些品牌的产品质量和口感等并不输给其他国内著名品牌，但因市场份额较小或者受地域市场的限制，未能获得足够的关注和认可，如力诚食品、巧妈妈、正港食品和富邦食品等。这影响了企业的市场表现，同时也限缩了企业的品牌溢价能力。

**3. 企业创新不足，收入和盈利能力下滑**

根据笔者调研，许多企业研发投入缺口较大，产品创新能力不足。大量

① 傅恒、陈小芬、吕振震：《优化营商环境　做强民营经济》，《东南早报》2023 年 1 月 7 日，第 4 版。

② 《政府工作报告鼓励龙头企业带动小微企业稳就业促发展》，人民政协网，http：//www.rmzxb.com.cn/c/2021-03-06/2802435.shtml，2021 年 3 月 6 日。

食品企业产品以复制创新为主。而且，食品饮料行业的专利保护难度较高，导致企业创新意愿不足，产品同质化较为明显，企业盈利空间收缩。近几年的新冠疫情以及全球经济放缓，更是抑制了企业创新研发的动力。如达利食品集团近几年在产品创新和技术研发等方面保持优势，并取得不俗的成绩。但受疫情影响，企业产品的创新投入有所降低，企业收入和盈利下滑明显。2022 年，全年收入同比减少 10.5%，其中休闲食品收入下滑 9.2%，即饮饮料收入同比下滑 22.3%。根据达利集团财报，其收入大部分仍然来自知名品牌系列，如达利园、可比克、好吃点、豆本豆、美焙辰和乐虎等。新品类包括凉茶、茶 U 系列和其他茶饮料，2022 年销售收入大幅下滑 32.3%，至 15.24 亿元，占比不足 10%。[①]

4. 发展不平衡

首先，因地理区位及资源分布差异，泉州食品饮料行业发展存在明显的区域不平衡。沿海县市通常更集中于水产品和海鲜的加工业，休闲食品类较多；内陆地区则更注重农产品加工业，如安溪茶叶较为知名，德化则鲜有食品饮料企业，这导致区域产业分布结构不平衡。在产品结构上，泉州市的食品饮料行业以休闲食品和加工水产品为主。其他品类虽然存在，但市场份额相对较少，且市场竞争过于集中，产品多样性和创新度不足。其次是企业规模的差异。泉州市既有大型食品饮料企业，也有大量中小企业。大型企业通常具有更多的资源和市场份额，能够更好地实施创新和市场拓展，而中小企业则面临规模限制和竞争压力，发展转型困难。最后则是基础设施和技术差异。在泉州地区偏远县市，现代化的物流和供应链网络的缺陷，制约了食品饮料企业的生产能力和市场拓展能力。

5. 企业传承难度大

改革开放 40 多年来，民营经济在中国经济中的地位举足轻重。泉州是民营经济大市，也不可避免地面临企业传承问题。其中，以民营企业为主

① 《达利年报“交卷”：营收净利双下滑》，快消八谈，https://baijiahao.baidu.com/s?id=1762015837884720688&wfr=spider&for=pc，2023 年 4 月 2 日。

的泉州食品饮料企业，经过几十年的发展，大部分面临传承、创新、再创业等新老交替问题，且冲击叠加。一方面，根据全国工商联数据，明确表示愿意接班的二代占总样本的40%，年轻一代中超过50%选择再创业；另一方面，即便二代愿意接班，也同样存在能力不足、回避家庭矛盾、回避元老矛盾等问题。即便不选择二代接班，而选择职业经理人等作为继任者，依然存在委托代理问题。[①] 例如，达利集团对二代接班早有规划，但也经过了一番波折才稳定大局。

新形势下，创一代如何交班？下一代如何接棒？这不仅关系企业命运，更关乎泉州民营经济的未来，也影响或者制约企业的发展长大，这是民营企业在长期发展中必须面对的风险。

## 三　泉州食品饮料行业发展建议与未来展望

### （一）发展建议

#### 1. 加强资金支持

在泉州民营经济中，食品饮料行业的贡献巨大，且有较好的发展基础和优势。泉州市政府或食品饮料行业协会应采取各种举措，以解决问题的决心深入调研了解食品饮料中小企业的资金困境，鼓励和支持优势企业进一步做大做强。首先，应加强与当地银行的协商沟通，推出针对中小民营企业的优惠贷款政策，或者设置一定规模的食品饮料专项贷款以支持其扩大规模；其次，可采取负面清单方式，梳理银行对食品饮料行业中小民营企业贷款审核的限制政策，以更灵活的担保方式支持其发展；再次，也可针对泉州市中小食品饮料企业，打造专属的供应链金融体系，提高食品饮料产业的供应链竞争优势。如 2022 年 7 月，蚂蚁集团与泉州市食品行业协会共同启动“泉州优品数字化工程”金融助微计划，爱乡亲、回头客、喜多多、有零有食等

---

① 黄文珍：《企业传承基础源于两代人的互信》，《泉州晚报》2023 年 2 月 23 日，第 8 版。

多家企业都积极参与，反映了企业的迫切需求。[①] 最后，鼓励银行或民间投资机构进行风险投资，支持食品饮料行业发展。

2. 提升品牌知名度

消费者需求升级要求企业强化品牌意识，提高品牌知名度，品牌化反过来可驱动企业提升产品和服务质量。因此，泉州食品饮料行业必须摆脱安于现状、忽视品牌建设的落后理念，以品牌化驱动企业转型升级。同时，借助新媒体传播的时空跨界效应，积极加强品牌宣传，塑造消费者偏好，使中小企业突破区域限制，面向全国乃至全球发展。

这方面，可参考借鉴力诚食品将企业品牌与群众参与度高的体育赛事（如厦门马拉松赛事）或者热门电影等娱乐活动绑定，增加品牌曝光度的策略；[②] 也可以通过加强在第三方自媒体平台如抖音、小红书、哔哩哔哩等进行软广投入等方式，线上线下同步运营，提高产品知名度。最后，必须注重产品质量和口碑营销，提高消费者对产品的信任度。

3. 强化企业创新能力

为满足人民对美好生活的追求以及企业可持续发展的需要，食品饮料行业亟须进行创新以适应时代之需。为此，企业不仅要加大科研投入，提高技术研发水平，更需要与高校、科研机构建立紧密合作关系，引入新的管理和创新思路，共同开展新产品研究，推动技术创新和产品创新。同时，企业需要结合消费者的偏好，对产品包装、功能用途、消费场景等进行创新，把握消费新潮流，如“健康、无糖、低热量”，保持产品的独特性与吸引力。创新发展离不开人才的支持，企业应加大对创新人才的引进，并积极对存量人员进行培训，结合消费痛点，把握市场趋势，有针对性地研发新的食品饮料，让创新成为驱动泉州食品饮料行业发展的关键动力。

---

① 刘倩：《第六届数字中国建设峰会在福州开幕　泉企“数实融合”成果精彩亮相》，《泉州晚报》2023 年 4 月 28 日，第 11 版。

② 《福建力诚食品亮相 2023 年中国品牌博览会》，闽南网，https：//baijiahao.baidu.com/s?id=1765670417860402573&wfr=spider&for=pc，2023 年 5 月 12 日。

4. 积极打造现代产业园区，促进行业均衡、共同发展

为克服行业、地区发展不均衡问题，泉州市政府可以设立专门的食品饮料产业园区，集合同类企业的生产能力，形成产业集群效应；也可引导不同园区的食品饮料企业以生态联盟方式建立产业链上下游的合作，形成产业互补、优势互补，降本增效；同时，为提升产业园区集聚效应，可政企联合在相同或不同产业园区打造共享科研平台，促进科研创新和资源共享。此外，政企合作为产业园区配备现代化的生产设施、配套设施和基础设施，包括物流仓储、展示中心、培训中心等，实现集约化功能，进而提升企业的产销能力、人才建设能力和品牌形象，提高泉州市食品饮料行业的整体竞争力。①

5. 协助推动企业传承和创新

政府可以推出相关政策，鼓励民营企业进行合理的传承规划，并与学术研究结构合作，提供培训和指导，帮助企业缓解传承接班的困惑。如 2022 年泉州市开办的企业家传承与创新研修班，帮助新生代企业家在“交接班”中不断提高自身素质，实现企业文化传承和治理能力现代化，促进民营企业代际传承与转型升级协同推进。同时，企业也应积极转型升级，提升管理决策的科学性，给予二代接班人充分信任，允许其试错，调动接班者意愿。最后，在政府人才政策支持下，企业应积极主动吸引人才，引入现代经理人制度，以实现现代企业管理，摆脱家族治理的思维惯性。

## （二）未来展望

1. 数字化转型蕴含新的增长潜力

数字转型时代，泉州食品饮料行业面临前所未有的机遇和挑战。一方面，科技的飞速发展和消费者需求的不断变化，使得食品饮料产品生命周期越来越短。一款新品从研发设计、生产、销售到退市的周期从数

① 《泉州市人民政府办公室关于加快工业（产业）园区标准化建设推动制造业高质量发展的通知》（泉政办〔2020〕22 号）。

月缩短到数周。另一方面，消费者的需求使食品饮料消费正逐渐走向多样化和细分化，传统的生产模式和营销方式难以满足市场消费需求的快速转变。

因而，泉州食品饮料企业未来必须将数字化、智能化融入生产制造中，推动食品制造从传统手工制造转型升级，以科技提升产业竞争力。通过引入先进的生产设备和数字化管理系统，实现生产过程的自动化，同时高效集成多个生产环节，完成从产品创新到生产的快速迭代和优化；将数字化与营销结合，借助数字化工具和渠道，更好地了解消费者需求、预测市场趋势，并通过个性化定制的营销策略、精准的推广手段吸引目标客户；通过数字化转型进一步优化供应链管理体系，实现供应链各个环节的信息化、协同化和智能化，以提高供应链的可靠性和灵活性。

数字化既是泉州食品饮料企业需要加速努力的方向，适时的数字化转型也将为泉州食品饮料企业发展增添助力，盼盼的5G智慧工厂即是例证。

**2. 将绿色、可持续发展纳入绩效考核**

近年来，环境与气候问题都是全球关注的重点问题。食品饮料行业作为传统的高耗能、高排放产业，在生产过程中广泛使用原材料、能源和水等资源。但资源的有效利用率不足，生产包装过程中也会产生大量污染，从而对自然资源产生负面影响，并导致原材料等资源的价格上涨。此外，消费者对产品环保的要求，包括对企业的要求，也日益严苛，这逐渐影响到品牌的定位。[①] 在绿色环保、可持续发展趋势下，泉州食品饮料行业势必要朝着此方向加快转变，实现企业全面可持续发展。

首先，企业需要加快实施“绿色数字技改”专项行动，推广新能源技术和数字化技术，以提高对原材料的利用率，减少能耗，推动食品饮料行业迈入低碳时代。如2022年食品饮料龙头企业盼盼食品加速进行数字化低碳转型，通过一系列数字化改造，不仅生产效率提升了30%以上，也成功实

① 《可持续性是2023年食品饮料行业首要趋势》，腾讯网，https：//mp. weixin. qq. com/s/Hbl4q9ckOtxbTz9PCYulRA，2023年6月17日。

现绿色数字技改，降低了企业碳排放。未来泉州食品饮料行业要以盼盼食品等龙头企业为引领，推动其他企业加快绿色数字技改。[①] 其次，企业需要坚持使用更可持续包装。当前，60%~70%的消费者愿意为那些采用可持续包装的品牌支付更多的钱。[②] 因此，泉州食品饮料企业未来在不降低产品质量的前提下，持续转向使用可堆肥的纸张和纸板材料作为包装替代品，减少塑料和能源的使用，并加强更容易回收的单一材料使用，降低能耗。最后，企业应加快推动 ESG 体系建构，确立食品饮料行业的 ESG 评价标准，以推动可持续发展与经济、社会和环境的协调发展。

3. 强化产业链，以“链主”为集群龙头，打造现代产业体系

建设现代化产业体系，需要保持并增强产业体系完备和配套能力强的优势。巩固传统优势领域，加快补齐短板，不断提高产业体系完整性、协同性与共享性。

一直以来，泉州食品饮料行业以“链主”带动集群、以集群壮大“链主”的战略效应未能得到充分彰显。未来，泉州食品饮料行业应努力实施以“链主”带动打造千亿产业集群的计划，并按照现代产业体系积极构建食品饮料行业产业协同平台和模式，实现产业合作共治；构建产业协同机制，激发产业创新动能；聚合产业创新要素，打造协同创新载体和服务。

发挥达利食品集团、盼盼食品等知名企业的“链主”作用，在泉州形成区域产业集群中心和共享平台，进而通过集群产生技术与研发的扩散效应，引导食品饮料企业采用新技术、新工艺、新材料实施产品升级换代。[③] 在这个过程中，努力将福海粮油、蜡笔小新以及巧妈妈等培育成新“链主”，进而带动整个食品饮料行业的良性发展；同时，可着力万亿

---

① 《“泉州制造”迈向低碳时代》，新浪财经，https：//finance. sina. com. cn/jjxw/2023-03-03/doc-imyipvnx7647535. shtml，2023 年 3 月 3 日。

② 《可持续性是 2023 年食品饮料行业首要趋势》，腾讯网，https：//mp. weixin. qq. com/s/Hbl4q9ckOtxbTz9PCYulRA，2023 年 6 月 17 日。

③ 《泉州市人民政府办公室关于加快工业（产业）园区标准化建设　推动制造业高质量发展的通知》（泉政办〔2020〕22 号）。

赛道的预制菜产业，利用阿一波、伍氏企业打下的基础，培育一批具有特色优势的领军企业与科技小巨人企业，并统筹产业发展布局，紧扣建链、延链、补链、强链核心，培育食品饮料的新增长点；此外，积极探索食品饮料与生物医药产业高质量协同发展，确立泉州未来食品饮料行业发展的新优势。

# B.12
# 2023年泉州物流产业发展报告

黄美仪　谢雨晗　李梅芳*

**摘　要：** 物流业是延伸产业链、打造供应链的重要支撑，在推动经济高质量发展、促进行业转型升级中发挥着基础性、战略性作用。改革开放至今，泉州物流行业经历了蹒跚学步、行业创立到带动发展三个阶段。本报告从物流市场规模、交通基础设施、物流运输方式、物流信息化水平等方面，梳理了泉州物流行业发展现状以及存在的问题。展望2023年，本报告在把握行业发展趋势的基础上，分别从推进综合交通运输体系建设、推动物流业制造业深度融合、提升物流数字化智慧化、助力更高水平对外开放、加大专业人才引进和培训力度五个方面，对泉州物流业提出发展建议。

**关键词：** 闽商　物流业　高质量发展　泉州

## 一　泉州物流行业发展历程

在宋元时期，泉州港是当时世界最繁忙的港口之一，地理优势是其对外贸易的重要前提，安溪铁观音、德化瓷器、安溪青阳铁器等则是泉州成为万国商埠的重要支撑。优越的地理位置和丰富的手工业品使泉州成为古代中国与东南亚、南亚、中东等地区的重要贸易通道。改革开放以来，泉州物流行业实现了从无到有，从蹒跚学步到部分超越，助力泉州成为海丝重要门户。

---

* 黄美仪，福州大学经济与管理学院硕士研究生；谢雨晗，福州大学经济与管理学院硕士研究生；李梅芳，福州大学教授、博士生导师，主要研究领域为创新与科技管理。

## （一）改革开放初期的蹒跚学步阶段（1978~2001）

在改革开放的大背景下，泉州市物流业开始逐步发展。在这一时期，泉州市加大了对交通基础设施的投资，现代化的港口、公路和铁路的建设大幅度提高了物流运输的效率和便利性。1978 年，泉州市成立了第一家物流企业，标志着泉州市物流业进入新的发展阶段。此后，泉州物流企业数量与日俱增，大多从事货物代理和船舶租赁买卖业务。到 20 世纪 90 年代末，泉州市的物流企业数量超过 50 家，且物流企业经营范围扩大至货运代理、仓储、配送等。

## （二）加入 WTO 后的行业形成阶段（2001~2013）

2001 年，中国加入世界贸易组织（WTO），泉州市的物流业迎来了新的发展机遇。在这一时期，泉州市物流业发展主要集中在快递物流和仓储物流。随着电子商务的兴起，快递物流成为泉州市物流业的重要组成部分，同时泉州市还建设了一批现代化的仓储设施，提高了物流仓储的效率和服务水平。泉州市的物流企业数量迅速增加，到 2005 年已超过 100 家。此后，泉州市的物流业务范围逐渐扩大到国内物流、国际物流、供应链管理等。2013 年，泉州市货物运输量达 17800.46 万吨，货物周转量达 1275.52 亿吨公里，① 物流企业数量超过 200 家，3A 级以上物流企业总数达 31 家，位居全省第三。

## （三）经济新常态下的发展阶段（2014至今）

2014 年，中国经济进入了新常态，泉州市物流业继续保持稳定发展。在这一时期，泉州市积极推动物流业的转型升级，加大对物流基础设施建设的投入，提升物流服务水平。随着泉州市物流综合交通运输体系的进一步完善，制造业与物流业的融合发展取得了较好成果，快递业务量迅速增长，2020 年快递业务量超过 17 亿件，首次跻身全国前十。2022 年，泉州市货物

① 数据来自《2013 年泉州市国民经济和社会发展统计公报》。

运输总量达 36540.26 万吨，A 级物流企业数量超过 100 家，3A 级以上物流企业 106 家，5A 级物流企业 3 家。

## 二 泉州物流行业发展现状

随着泉州制造业的蓬勃发展，目前已形成纺织服装、机械装备等 9 个千亿元产业集群，是我国最重要的民营制造业城市之一，制造业对泉州经济发展的影响日益增加。物流业作为制造业发展的重要需求保障和供应链服务体系的关键环节，在泉州社会经济发展中的地位愈发突出。近年来，泉州市政府愈发重视物流业的发展，先后出台了《泉州市现代物流业转型升级路线图》《泉州市“十四五”制造业高质量发展专项规划》等政策文件，充分发挥政策文件的战略导向作用，不断提升泉州市物流业的核心竞争力，为泉州物流业的高质量发展提供了有力支撑。

### （一）物流产业稳步增长

#### 1. 物流市场规模不断壮大

2022 年，泉州市物流产业规模稳步扩大，物流市场主体持续壮大。交通运输、仓储和邮政业增加值为 424.39 亿元，同比增长 1.0%，固定资产投资 170.85 亿元，比上年增长 4.4 个百分点，整体运行态势良好。[①] 在物流市场主体方面，泉州物流管理服务水平持续提升，涌现出一批专业化、社会化物流企业。2022 年福建省 A 级物流企业名单显示，泉州市 A 级以上物流企业达到 108 家，约占全省的 21.95%，[②] 推动泉州物流业的标准化管理和服务质量逐步提升。

#### 2. 现代综合交通运输体系初步形成

交通体系是支撑贸易运行与发展的大动脉，泉州之所以能够成为宋元时

① 《2022 年泉州市国民经济和社会发展统计公报［1］》，泉州市统计局，http：//tjj.quanzhou.gov.cn/tjzl/tjgb/202304/t20230411_2867924.htm，2023 年 3 月 30 日。

② 《福建省 A 级物流企业名单（截止至 2022 年 8 月）》，福建省商务厅，https：//swt.fujian.gov.cn/xxgk/jgzn/jgcs/sctxjsc/gzdt_386/202209/t20220907_5988987.htm，2022 年 9 月 7 日。

期中国的世界海洋贸易中心，极大地受益于其水陆联运交通网络的飞跃式发展。宋元时期泉州的运输网络由一系列航标、码头、道路、桥梁组合构成，贯通南北的沿海大通道，有效衔接海外贸易经济体系中“产—运—销”的核心环节，推动当时泉州的海外贸易得到了极大的发展。具体而言，宋元时期泉州的水路交通系统基于河流和海湾分布，由渡口、码头和航标等一系列各具功能的设施构成。陆路交通系统则贯穿于山间、平原和河谷，横跨江河，由一系列桥梁、道路、关隘和停靠站组成。水陆联运交通系统在自然地理枢纽接驳或交汇于城乡聚落，共同形成了高效的货物运输以及人流集散网络。

宋元泉州的运输网络支撑着10~14世纪世界海洋贸易的繁荣，也为现代综合交通运输体系的建设奠定了一定的基础。经过多年的建设与发展，泉州涵盖公路、铁路、水运、航空等多种运输方式，加快建设综合立体交通网络，着力构建安全、高效、便捷、经济、绿色的现代化综合交通体系。

（1）交通基础设施日益完善

2022年，泉州深入开展“聚城畅通”、攻坚重大交通建设项目等专项行动，不断完善交通基础设施。2022年，泉州公路通车总里程已达18877公里，较上年增加375公里，基本形成“一环两纵三横+联络线”的高速公路主骨架；泉州铁路运营里程达4.2万公里，兴泉铁路全线贯通运营。在水运方面，截至2022年，泉州市域内港口已建成投产码头泊位90个，其中万吨级及以上泊位26个，开放码头泊位39个，[①] 泉州港形成“一港三区六作业区一作业点”的总体发展格局。在航空方面，泉州不断加快推进机场改扩建工程，完成晋江国际机场飞行区扩建、机场扩容工程，新增机场容量达4亿人次。

（2）晋江陆地港助力构建国家物流枢纽

2018年，国家发展改革委与交通运输部联合印发《国家物流枢纽布局

---

① 《关于市政协十三届一次会议第20222183号提案的答复》，泉州市交通运输局，http：//jtj.quanzhou.gov.cn/zfxxgkzl/xxgkml/qtyzdgkdzfxx/202207/t20220718_ 2751824.htm，2022年7月6日。

和建设规划》，将国家物流枢纽划分为港口型、陆港型、空港型、商贸服务型、生产服务型、陆上边境口岸型。泉州依托雄厚的产业基础和区位优势，着力构建信息互联、高效管理和运作协同的多式联运综合货运枢纽，争取进入国家物流枢纽年度建设名单。2022 年，晋江陆地港助力泉州成功入选“2022 年国家物流枢纽建设名单”。由此可见，晋江陆地港在构建国家枢纽网络、引导物流资源集聚方面扮演了重要角色。

晋江陆地港依据“政府支持、规划先行、市场运作、企业主体”原则，由福建陆地港集团有限责任公司负责开发和运营。福建陆地港集团有限责任公司创始于 2009 年，是一家以临港园区建设、跨境综合物流、外贸供应链为主营业务的服务型企业，也是泉州首家 5A 级现代物流企业。

福建陆地港集团创始人李锦仪拥有晋江传统企业家的典型特质——眼光敏锐、敢闯敢拼。2006 年福建省政府规划建设四个陆地港，由民营企业投资运行，对此许多民营企业不敢轻易尝试，一方面我国陆地港项目尚处于发展阶段，并没有可借鉴的成功模板；另一方面投资金额巨大，面临的风险较大。李锦仪敏锐地洞察到泉州行业发展前景，把握住这次新机遇，主动搭建平台。在李锦仪团队的带领下，晋江陆地港开创了民营企业创建公共服务平台的典范，成为全国第二大陆地港。晋江陆地港汇聚了国际邮件互换局、国际陆港保税物流、国际快件、跨境电商、中欧班列、虚拟空港等全业态监管模式，已形成了跨境服务口岸与国际陆港口岸双口岸并行的服务体系。

面对外贸环境的复杂性和疫情的影响，晋江陆地港不断创新通关模式，搭建产业链供应链服务平台，拓展物流供应链金融业务，重启跨境电商业务，以更好地满足国际贸易多元化的需求，实现了与省内外邮路口岸、铁路口岸、空港与海港之间的无缝衔接。2021 年，晋江陆地港服务了 2000 家贸易企业，平台贸易额超 60 亿美元，跨境服务口岸累计报关单量达 1262. 75 万件。① 在未来发展战略中，晋江陆地港将积极发挥泉州商贸服务型国家物

① 《福建晋江陆地港汇集海陆空铁邮多式联运资源　拓宽现代化跨境物流通道》，中国经济网，http：//m. ce. cn/bwzg/202211/03/t20221103_ 38207545. shtml，2022 年 11 月 3 日。

流枢纽核心园区的带动作用，持续深化外贸综合服务平台和物流平台的服务功能，促进枢纽设施设备共建共享共用，推进泉州枢纽建设成为“21 世纪海上丝绸之路”重要的物流门户枢纽。

## （二）物流运输方式不断优化

从物流运输方式来看，泉州主要以公路和水运为主。2022 年全年货物运输总量 36540. 26 万吨，较上年提高 5. 5 个百分点；铁路完成货物运输量 890. 84 万吨，比上年增长 3. 0%；公路完成货运量 17012. 50 万吨，受疫情影响较大，比上年下降 2. 1%；水运完成货运量 18631. 28 万吨，增长 13. 3%（见表 1）。为了加快推进与相关国家的贸易合作，泉州正式开通中欧班列，其运行成效日益凸显。此外，泉州港口物流和临空物流的运输能力与效率不断增强。从物流专业化角度来看，泉州快递物流发展迅猛，制造业与快递物流之间的融合发展不断加深，仓储物流和智慧物流的信息化水平持续提升。

**表 1　2022 年泉州各种运输方式完成货物运输量情况**

| 指标 | 单位 | 绝对数 | 比上年增长(%) |
|---|---|---|---|
| 货物运输总量 | 万吨 | 36540. 26 | 5. 5 |
| 铁路 | 万吨 | 890. 84 | 3. 0 |
| 公路 | 万吨 | 17012. 50 | -2. 1 |
| 水运 | 万吨 | 18631. 28 | 13. 3 |
| 民航 | 万吨 | 5. 64 | -22. 9 |
| 公路货物运输周转量 | 亿吨公里 | 142. 61 | 1. 3 |
| 水运货物运输周转量 | 亿吨公里 | 3165. 27 | 13. 0 |

数据来源：泉州市统计局。

### 1. 中欧班列常态化运行

泉州是海上丝绸之路的起点，也是民营经济大市和福建省主要货源生产地，先后获批国家商贸型物流城市、国家跨境电商综合试验区。近年来，泉州对外贸易的迅速发展，推动泉州与俄罗斯、欧盟、东南亚等国家及地区建立国际化经贸合作模式，积极构建全球化产业生态圈。为了响应国家“一带一路”倡议和融入双循环新发展格局，泉州于 2022 年 1 月 18 日首次开通“泉州—莫斯科”中欧班列，有效缓解了疫情带来的国际海运物流成本高昂的压力，拓宽了国际物流新通道，扩大了与周边国家的经贸往来。

泉州开通中欧班列一年多以来，已取得明显成效。截至 2022 年 12 月底，出口俄罗斯的货物已达 14 列、1388 个标准箱，货重 7495.77 吨、货值 1.78 亿元。① 从出口货物种类来看，主要出口商品为鞋服、纸尿裤、陶瓷制品、铅制易拉盖等，货物产地以本市为主，辐射省内福州、厦门、漳州地区以及浙江、广东、上海等周边省市。从开行整体线路来看，泉州中欧班列共开通三条出境通道，具体包括：（1）1 月 18 日开辟东线：从满洲里口岸出境至莫斯科，总行程约 1.1 万公里，需要 18~20 天；（2）5 月 14 日开辟西线：经由霍尔果斯口岸到莫斯科，总行程约 9500 公里，需要 15~18 天；（3）8 月 12 日开辟经阿拉山口口岸出境至莫斯科的中欧班列，行程和运行时间与霍尔果斯线路相近。

### 2. 港口物流服务不断增强

泉州是中国古代海上丝绸之路的起点，更是 21 世纪海上丝绸之路重要节点城市，依托沿海区位优势和“一带一路”建设契机，对外贸易蓬勃发展。泉州港作为对外开放的重要门户和跨境贸易的核心环节，乘着“海丝”东风发展得欣欣向荣。近年来，泉州市政府加大了对港口基础设施建设的资金投入，增强了泉州港的运输能力，2022 年泉州港集装箱吞吐量达 209.14 万标准箱，首次入围全球百大集装箱港口。②

随着国际贸易往来日益密切，泉州港发展也日趋成熟。2022 年，泉州市已开通“一带一路”外贸航线近 20 条，航线直达中国香港、中国台湾、

---

① 《兴泉铁路开行首趟泉州中欧班列》，东南早报，https：//szb.qzwb.com/dnzb/html/2023-03/01/content_ 640618.htm，2023 年 3 月 1 日。

② 《2022 年泉州市国民经济和社会发展统计公报［1］》，泉州市统计局，http：//tjj.quanzhou.gov.cn/tjzl/tjgb/202304/t20230411_ 2867924.htm，2023 年 3 月 30 日。

菲律宾、新加坡、马来西亚、日本、中东等地区和国家，这为泉州港口物流的发展奠定了良好的基础。[①] 泉州综合保税区的成立为泉州港的增值业务拓宽了渠道，例如，可以增加国际配送、国际中转、转口贸易以及保税加工等业务。目前泉州市专业交易市场发展多样化、专业化，其拥有东南亚地区最大的石材生产交易市场、福建省唯一的国家级粮食市场以及全球性的运动鞋原辅材料交易集散中心等多个交易市场，泉州市的石材交易、鞋纺交易领域在全国乃至全世界都有很大的影响力。在此基础上，泉州市港口物流的发展具有广阔的前景。

近年来，泉州市愈发重视水运产业的发展，出台了一系列政策措施优化营商环境，水运产业集群不断壮大，截至 2022 年底，拥有 20 万载重吨以上的水运企业 4 家。[②] 2022 年，安通控股在泉州市注册运力规模超百万载重吨，运营的内贸集装箱船运力规模居全国第三位，兴通海运股份有限公司运营的内贸危化品船运力规模居全国第一位；这意味着泉州市以内贸集装箱、危化品、大宗散货为主的海洋运输格局基本成型，这为泉州港口物流的发展壮大奠定了良好的基础。

（1）安通控股股份有限公司业务分析

安通控股总部在福建省泉州市，2016 年 11 月于上海证券交易所上市，从昔日服务功能单一的集装箱海运企业一举转型为多式联运综合物流服务企业，成为国内多式联运的代表性企业。

作为改革开放同龄人郭东泽、郭东圣兄弟俩出生于泉州石狮市的一个渔村，从小受航海文化熏陶的两人在 20 世纪 90 年代初期开始创业，主要从事货物代理行业。在积累了一定资金后，二人于 2002 年成立泉州安盛船务有限公司，主营船舶运营管理业务；2003 年成立泉州安通物流有限公司，主

① 《泉州—中东外贸集装箱航线首航　开启“丝路海运”新征程》，泉州市人民政府，http：//www. quanzhou. gov. cn/zfb/xxgk/zfxxgkzl/qzdt/qzyw/202305/t20230526 _ 2885139. htm，2023 年 5 月 26 日。

② 《泉州船舶总运力突破 500 万载重吨》，泉州网，https：//www. qzwb. com/gb/content/2023-01/14/content_ 7180372. htm，2023 年 1 月 14 日。

营集装箱多式联运物流服务；经过多年发展，两家企业均成为福建省物流行业的龙头企业，并于2016年在上海交易所主板借壳上市成功，成为安通控股的全资子公司。2022年安通控股集装箱吞吐量达1358.19万标准箱，比上年增长3.59%，营业收入达91.76亿元，同比增长17.73%，安通控股成为内贸集装箱物流企业前三名的企业。

安通控股是国内较早涉及多式联运的物流企业，于2013年开通首条东南亚航线并在昆明设立首个铁路网点，开始布局多式联运业务；2016年成为国内第一家以多式联运为主营业务上市的企业；2017年启动多式联运物流基地战略；2018年运营的“陆海河联动、内外贸融合”网络化多式联运项目入选国家第三批多式联运示范工程。此后，安通控股重点围绕“一带一路”建设，将其“海运+公路”模式拓展至“海运+公路+铁路”多式联运模式，并加快多式联运物流基地的建设，以取得更大的经营优势。

截至2022年底，安通控股已拥有丰富的多式联运资源。在公路板块，累计与全国近2000家集卡运输供应商开展深度合作，实现“点对点”公路运输服务。在铁路板块，已设立铁路网点15个，铁路直发业务线超329条，海铁线路477条，涉及业务铁路站点832个，铁路服务覆盖32个省级行政区273个城市。在海运板块，国内海运网点94个，涉及业务口岸138个，主营国内航线干线31条，基本覆盖国内主要干线港口，国际海运主要与中联航运以联营合作的方式布局外贸业务，且首次进入全球集装箱船舶企业综合运力前20名。①

（2）兴通海运股份有限公司业务分析

兴通海运成立于1997年，总部位于福建省泉州市，创始人为陈兴明。自成立以来，兴通海运一直在内贸化学品航运特许经营赛道上奋勇争先，逐步成为内贸散装液体化学品航运龙头，并于2022年3月在上海证券交易所挂牌上市。多年来，陈兴明始终秉承“爱拼才会赢”的泉商精神，紧抓泉

① 《安通控股股份有限公司2022年年度报告》，安通控股股份有限公司，http://static.sse.com.cn/disclosure/listedinfo/announcement/c/new/2023-04-25/603209_20230425_SZFF.pdf，2023年4月25日。

港区开发建设的历史机遇，引领兴通海运成为全国闻名的散装液体化学品航运企业。

20世纪50年代初，陈兴明出生于泉港区的一个农民家庭，13岁时因贫失学，此后开始跟着父辈出海捕鱼维持家庭生计。改革开放以后，陈兴明抓住机遇开始发展内海养殖，后从事船舶买卖生意。20世纪90年代初，福建炼油厂在泉港区开发建设，陈兴明用赔偿款于1992年创建了肖厝湄洲湾海上交通队，专门从事港口服务，这为其后来发展航运事业打下了坚实的基础。随着改革开放的不断深化，陈兴明再次抓住机遇，于1997年注册成立兴通船务公司，主营国内沿海成品油运输业务。经过20多年的发展壮大，兴通海运已成为内贸散装液体化学品航运业的代表性企业。

2022年，兴通海运营业收入达78476.74万元，同比增长38.44%；沿海省际散装液体危险货物运输总量为814.56万吨，同比增长32.34%。目前，兴通海运的总运力达23.97万载重吨，拥有国内运营船舶20艘、国际运营船舶6艘。在市场占有率上，省际液体化学品运力规模占市场总运力的约12.10%，液体化学品占市场运输总量的约13.37%，居国内领先地位。在运营航线上，拥有多条运输航线，已覆盖华北、华东和华南地区的众多港口。①

3. 航空物流服务日趋完善

泉州是海上丝绸之路的重要节点城市，具有独特的地理位置优势，加上国家政策支持和市场需求的增加，泉州航空货运业的发展日新月异。近几年来，泉州市政府发布和实施了众多纲领性文件，不断提升泉州晋江国际机场的核心竞争力，为泉州航空货运的发展奠定了良好的基础。目前，泉州航空货运已经形成了以泉州晋江国际机场为中心的航空货运网络，涵盖了国内外多个城市和地区。

泉州晋江国际机场位于泉州晋江市，是福建省三大国际机场之一。晋江

① 《兴通海运股份有限公司2022年年度报告》，兴通海运股份有限公司网站，http：//static.cninfo. com. cn/finalpage/2023-04-18/1216439262. PDF，2023年4月24日。

机场初建于1955年，在此后的30多年均为军用机场。随着改革开放的深入，泉州对外发展的需求愈发强烈，晋江机场成为“走出去”的关键通道，在1993年改扩建为军民合用机场，并在1996年顺利通航，2012年晋江机场Ⅰ类航空口岸正式对外开放，2014年更名为“泉州晋江国际机场”，目前为4D级机场。①

为更好地服务“一带一路”建设，机场持续加密国内主要城市骨干航班，不断开辟东亚、南亚等国际航线航点，目前国内外航点已达100个以上。此外，机场班次持续加密、新开多条货运航线，航线主要往返北京、杭州、深圳、无锡、南通、天津等地。2022年，泉州晋江国际机场货运吞吐量达到5.64万余吨，新开通了由顺丰航空执飞的泉州至北京的全货机航线，解决了原本飞往北京的货物需要通过其他机场转机的难点，更好地实现了“泉州货，泉州走”。② 泉州晋江国际机场整合陆、空、邮通路货运资源，拓展综合保税、跨境电商等平台经济，着力打造为东南亚航空货运枢纽。

4. 快递物流发展迅猛

2008年以前，泉州快递业处于起步阶段，快递服务业以国有企业为主。因政策不明朗，民营快递企业处于“名不正、言不顺”的地位，在曲折探索中求生存。2008年以后，泉州快递业迅速发展，主要依托电商行业的兴起、泉州制造业的特色优势以及国家不断出台与快递相关的政策法规，泉州快递市场高位运行，行业规范健康发展，营商环境持续改善。2015年，基于良好的快递业发展基础，泉州获评首批“中国快递示范城市”，并明确泉州快递行业发展方向是成为全国的标杆。2016年以后，泉州快递行业改变了以往的粗放式发展模式，以提质增效作为快递业的发展目标。在快递行业监管方面，泉州构建了邮政业安全监管信息平台，全市各邮政快递企业设立

---

① 《“晋江经验”引领下的泉州晋江国际机场改革发展之路（图）》，中国民航网，http：//caacnews.com.cn/1/5/201808/t20180815_1253923.html，2018年8月15日。

② 《需求稳步回升　复苏步伐加快　泉州晋江国际机场客货运航班量持续提升》，泉州市发改委，http：//fgw.quanzhou.gov.cn/zwgk/gzdt/202305/t20230526_2885398.htm，2023年5月26日。

94 台安检机，监管力度不断加强。在快递市场主体方面，共有 13 家快递品牌在泉州设立区域总部，快递业集聚效应显著，服务质量和服务能力持续提升。2022 年泉州快递业保通、保供、保稳，在全省持续领跑，在多个领域发挥了示范作用。

（1）快递物流规模

近年来，快递物流是泉州民营经济的亮点之一，无论是快递业务收入还是业务量，泉州快递物流在全省均处于领先地位。

在快递业务收入方面，2022 年泉州快递业务收入累计完成 125. 28 亿元，占全省的比重为 35. 31%；其中，同城、异地、国际/港澳台快递业务收入分别占快递业务收入的 5. 54%、65. 08%和 7. 07%（见图 1）。

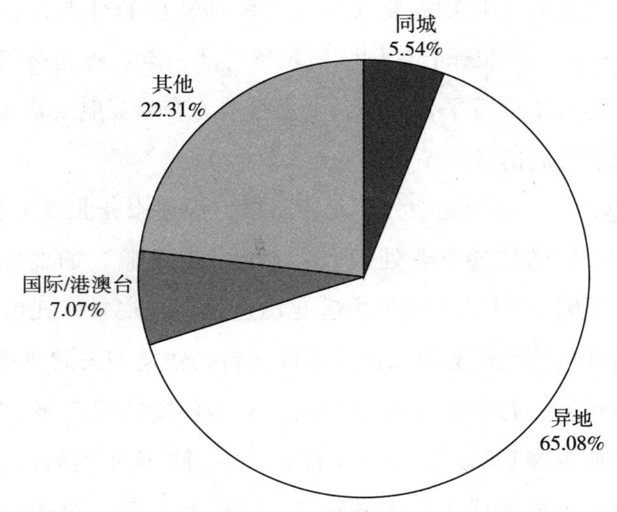


**图 1　2022 年泉州快递业务收入结构**

数据来源：泉州市统计局。

在快递业务量方面，2022 年泉州快递业务量累计完成 210753. 41 万件，占全省的比重为 49. 43%，连续两年排名全国城市十强（见图 2）。具体来看，2022 年上半年，泉州受新冠疫情的影响，持续承压；2022 年下半年，泉州快递行业业务量整体呈现上升趋势。从业务结构看，泉州同城快递业务增长速度加快。同城业务量累计完成 19744.45 万件，同比增长 9.08%；异地业务量累计完成 189558.02 万件，同比下降 3.76%；国际/港澳台业务量累计完成 1450.95 万件，同比下降 7.13%。

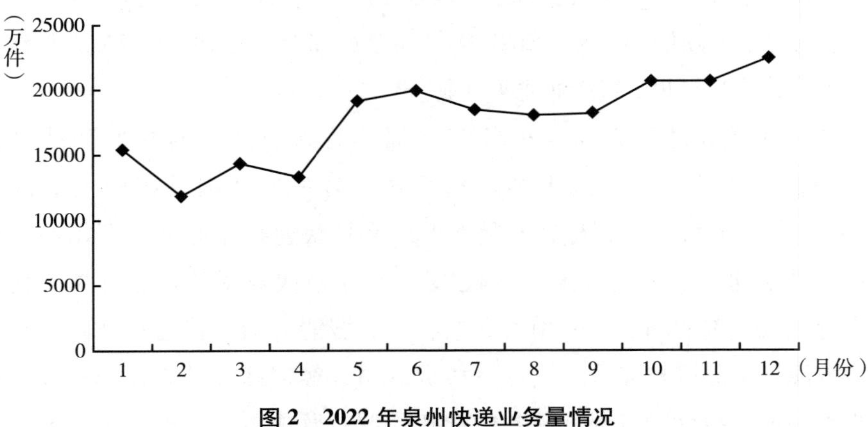


**图 2　2022 年泉州快递业务量情况**

数据来源：泉州市统计局。

（2）快递物流典型企业德邦

2022 年，泉州快递业务量延续了两年全国第 10 的发展速度，持续推进“快递进厂”和“快递进村”工程。在“快递进村”方面，泉州山区县已形成“党建+寄递”“邮快合作”等农村寄递模式，邮政速递、德邦、京东、顺丰等 4 家直营快递企业进村服务实现 100%覆盖；[①] 在“快递进厂”方面，泉州已涌现出中通天仓、顺丰特步总仓等 13 个仓配一体化项目，德邦、顺丰和中通等快递企业提供入厂物流、订单末端配送、区域性供应链服务等个性化服务，推动快递物流与制造业深度融合。从服务泉州“快递进村”和“快递进厂”工程的广度和深度来看，德邦快递最值得关注。

德邦物流股份有限公司（前身为“崔氏货运公司”）成立于 1996 年，以

① 《爱拼敢赢　奋楫扬帆　乘风破浪　泉州邮政快递业绽放高质量发展新魅力》，中华人民共和国国家邮政局，https://www.spb.gov.cn/gjyzj/2022ffsn/202210/14aab77d4daa4a5085528c91581494a9.shtml，2022 年 10 月 14 日。

客户为中心持续创新商业模式，凭借其坚实的网络基础、完善的服务流程、成熟的运作模式、强大的人才储备，成为国内公路快运与快递领域的龙头企业。此外，依托泉州发达的制造业，2016 年德邦在泉州晋江市成立了子公司福建德邦物流有限公司（以下简称“福建德邦”），深入服务泉州制造业、电商、农村等多个领域的发展。2022 年，福建德邦荣获福建省“4A 级物流企业”称号，成为泉州市级产业龙头企业。

在“快递进村”方面，2020 年，福建德邦启动“村村通”战略布局。一方面是考虑到下沉市场增量巨大，另一方面则是积极响应国家“快递下乡”的号召。福建德邦持续升级乡村快递物流体系，开始在省内试点大件快递乡镇可到可派。① 福建德邦为了解决农村快递派件量少而难以维持运营成本的问题，采用大数据、人工智能等新一代通信技术，整合运力资源，引导网点充分利用好乡村货运站、客运站等基础设施，并对网点给予补助，帮助网点提升服务质量和降低运营成本。此外，为了推动工业品下乡和农产品上行，福建德邦优化了零单产品的计价模式，提升了市场渗透率。

在“快递进厂”方面，2018 年，福建德邦推出“服装全链通”服务，为鞋服企业提供“代理生产商—总仓—分仓—门店—客户”的全链条服务，对不同客户的业务需求提供定制化服务。目前，福建德邦与安踏、361°等企业均建立了合作关系。福建德邦“服装全链通”服务不仅可以帮助企业解决货品从生产、入仓、分拣直至配送至最终用户的整个供应链过程，而且利用大数据技术，协助企业更好地规划物流导向。以安踏为例，安踏的加工厂分布在全国各地，货品代加工完成后需要运输至安踏总仓，福建德邦则为其承担了该链条的业务。福建德邦利用全国城市门店覆盖率达到 95.7%的优势，对人员、车辆进行统一部署，大大降低了安踏的物流成本。

5. 仓储物流信息化水平持续提升

泉州是海西经济区的重要工业城市，制造业规模庞大，已形成纺织服

① 《响应政府快递进村号召：德邦快递福建试点乡镇可到可派》，中国快递协会，http：//www.cea.org.cn/content/details_ 10_ 20304.html，2020 年 5 月 29 日。

装、鞋业、建材家居、食品饮料等九大千亿产业集群。依托制造业的显著优势，泉州仓储物流发展迅猛，呈现企业自营仓储和第三方仓储并行的发展格局，并在5G+智能仓储项目建设上不断取得新进展。

泉州隆汉物流有限公司（下称“隆汉物流”）隆汉仓储基地位于泉州市泉港区，是福建中石化的中央仓，经营品种包括米面油、酒水饮料、小食品、日用品等，每周要完成两配、多配、日配模式下的收货、分拣、发货、配送流程。随着业务量增长，分拣效率低、流转速度慢、仓储利用率低等问题不断出现，制约了隆汉物流的进一步发展。

为此，隆汉物流积极探索新型智能仓储运营模型，2022 年，投资近 2500 万元与中国联通泉州市分公司共同打造了泉港隆汉 5G 智能仓储项目，其本质是提供基于 5G 技术的智能仓储解决方案，旨在利用 5G 技术实现仓储设备的智能化管理和数据的实时传输，提高仓储效率和管理水平。该项目包括 5G 网络技术、智能化仓储设备和智能化管理系统。

泉港隆汉 5G 智能仓储项目投用后，可以提高拆零商品存储量和出入库能力，节省空间占用，提升物流运作水平，预计隆汉物流可实现 SKU 经营总数翻倍、年存储配送商品价值总额翻两番。

6. 智慧物流彰显新活力

泉州高度重视物流信息化建设，鼓励物流企业高效整合配置有形资源和无形资源，创新物流运作模式，拓展物流价值链。泉州物流企业积极推广应用物联网、云计算、大数据等新一代信息技术。泉州省级分拨中心均配备全自动化分拣设备，智能投递终端、智能签收扫描仪、AGV 机器人等设备大量应用；菜鸟网络晋江园区、中乔体育智慧物流园、顺丰创新产业园等物流园区通过数字化赋能实现仓库全流程信息化管理和可视化管控。在网络货运方面，闽运兴物流打造“龙易配”智慧物流交易平台，传化公路港搭建“陆鲸”干线物流 O2O 平台，天地汇开创我国公路物流业态下的“物流淘宝”平台模式，安通物流构建集装箱物流运营与服务系统，庄佳物流以企业联盟和会员制形式构建物流信息平台。泉州网络货运平台的有序建设，可以有效整合车源货源信息资源，优化运力资源配置，提升运输组织效率。

### （三）物流业发展中存在的问题

近年来，随着泉州市经济的繁荣发展，物流业在转型升级方面取得了不错的成绩，但在迈向高质量发展阶段仍存在一些问题。为推进泉州市物流业的发展壮大，需要更加深刻地认识发展中存在的问题，从而为泉州市物流业的高质量发展提供有力支撑。

#### 1. 综合交通运输体系有待优化

尽管泉州的综合交通网络逐步改善，但仍存在一些问题。如公路和铁路的规模和质量还需要进一步提升，泉州的港口运输和航空运输发展较慢，无法满足泉州市的经济发展需要。目前，泉州市域内港口的规模和机构未能较好地适应千亿产业集群发展需要，泉州港口等级低，万吨级泊位数量较少，难以适应船舶大型化、标准化发展趋势，且港口运营吞吐能力有限，容易导致货物堆积和处理时间延长。泉州市航空运输网络相对较薄弱，航线覆盖范围和频次有限，航空货运运力相对较小，难以满足大规模物流运输的需求。

#### 2. 物流业制造业融合水平较低

尽管以福建德邦、顺丰等为代表的快递品牌企业，初步形成了各自服务泉州制造业企业的商业模式，特别是在全程供应链服务、仓储配送一体化服务、代收货款服务、区域供应链整合等方面已取得一定成效。然而，受泉州现代物流业发展水平的约束，这种融合路径和模式大多处于“幼年期”，并没有形成显著的优势和特色，泉州物流业与制造业的融合水平需要进一步提高。

从制造业角度看，泉州制造业企业的物流需求分散在各个部门和企业，没有转化为社会化的需求，物流运作成本高、效率低。现阶段，两业融合的主动权更多地掌握在制造业手里。由于对市场主体认识不够，很多生产企业对流程再造带来的成本及效益了解不足。从物流业角度看，泉州市具有引领带动作用的龙头企业较少，本土物流企业大部分是由功能单一的仓储企业、运输企业转型而来，经营规模较小，专业化物流供给能力不足，物流服务与制造业的需求仍有较大差距，难以做到为制造业企业提供长期优质服务。

3. 物流数字化、智慧化水平不高

尽管泉州物流业在数字化方面取得了一定的进展，但与国内一些发达城市相比仍然存在一定的差距。从政府层面看，物流公共信息平台不能充分运用大数据、云计算等信息技术，企业数据与平台数据交换不够通畅，平台应用功能较少，难以及时向社会和企业推送相应的物流供应/需求信息。从物流信息技术应用层面看，物流信息标准不全，信息规范化不足，物流信息平台的建设和数据共享仍然有待进一步完善。从企业层面看，大部分中小物流企业信息化水平仍很低，物流服务供给与需求信息资源不对称，物流运作效率偏低，物流成本偏高。

4. 物流国际化水平较低

泉州国际物流资源整合能力较弱，与泉州市强大的制造业和高速增长的国际贸易相比，物流业国际化进展滞后于泉州生产制造业开拓国际市场发展的进程，尚未形成与之匹配的全球物流和供应链体系，进出口所需的物流服务很大程度依赖国外跨国物流企业，国际航空货运网络、国际快递网络、跨境仓配体系的建设还处于起步阶段，本土国际物流企业规模偏小，缺乏规模优势，尚未形成完整的物流产业链。

5. 人才培育和引进不足

目前，泉州物流人才数量、质量、结构仍需要优化，在物流业发展过程中面临着以下问题。一是人才培养不足，尽管泉州市高校开设了物流相关专业，但大多停留在传授传统知识层面，高校培养的人才与物流企业实际需要的人才仍然存在一定的差距；二是人才流动性差，泉州物流业对高素质人才的需求与其他发达城市相似，但在吸引和留住高质量人才方面仍需努力；三是缺乏经验丰富的高端人才，泉州物流业在升级和转型的过程中，对具备行业经验和专业知识的高素质人才需求较大，但供给方面存在不足。

## 三　泉州物流行业发展展望

总体来看，面对各种困难与挑战，2022 年泉州物流行业延续稳中有进的运行态势。在新的一年里，随着全市经济秩序的逐步回归正轨，上下一心全力拼经济、谋发展，企业生产活动有序开展，稳经济一揽子政策和接续政策措施的落地显效，将有力地促进全市物流运行保持稳定向好。为了充分发挥泉州区位优势、物流资源优势，将泉州打造为海丝重要门户、国家物流枢纽、闽台融合重要通道，本报告提出如下对策及建议。

## （一）推进综合交通运输体系建设

区域协调发展、乡村振兴、产业集聚推动泉州交通呈现基础设施效能提升趋势。“十四五”时期是泉州交通持续提质增效、全面建设交通强国先行区的黄金期，要求泉州交通立足新发展阶段，从打造高能级枢纽体系、构建内外畅达快速网、搭建一体融合干线网和优化提升普惠基础网四个方面搭建高质量综合立体交通网。推进泉州商贸服务型国家物流枢纽和国家综合货运枢纽补链强链建设工程，系统整合物流基础设施，推动各种运输方式无缝衔接，充分发挥物流枢纽资源集聚效应，提高物流整体运行效率。加快推进5G网络、区块链、大数据、云计算等新技术与物流设施深度融合，实现运输服务、交通管理智能化。

## （二）推动物流业制造业深度融合

推动物流业制造业深度融合，是建设现代化经济体系和推动高质量发展的现实需要。一是强化主体战略合作。泉州拥有九大千亿产业集群，为物流业的发展提供了巨大的市场需求，要求物流业从商品储存、运输配送等传统服务向供应链、产业链服务发展，以更好地适应智能制造的发展趋势。二是持续创新物流业制造业融合发展模式。为制造企业打造入厂物流、区域性供应链服务、仓配一体化等“量身定制”模式，深度嵌入制造企业生产链条、深耕企业售前与售后服务等增值业务，拓宽供应链金融服务。三是深化信息资源融合。鼓励物流、制造龙头企业搭建物流工业互联网平台，通过平台化的智能调度、资源集聚、全链协同，为工业企业提供高效的一揽子物流供应链服务。

## （三）提升物流数字化、智慧化

新一轮科技革命正加速演进，要求加快现代物流业态升级与技术创新，数智化将是物流发展的必然趋势。一是加快物流设施智慧化。加快数字技术在物流领域的应用，分类推动传统基础设施改造与升级，布局建设一批智慧多式联运站、智慧口岸、智慧港口、智慧园区、智慧仓储等物流设施。二是加快物流设备数字化。推广 AGV 机器人、智能分拣系统、自动存储系统、无人分类码库等智能装备的应用，加快普及信息系统与叉车、托盘、货架等仓库设施相匹配的技术。三是促进物流企业数字化转型。实施“上云用数赋智”行动，大力发展“互联网+”仓储交易、“互联网+”车货匹配、“互联网+”运输协同，推动物流企业全流程数字化转型。四是构建智慧物流新生态。支持即时物流、网络货运等平台经济健康发展，推动物流资源共享，促进政府相关信息公开，建立数字规则体系，打造开放、安全、协同共享的物流数字生态。

## （四）助力更高水平对外开放

今后一段时期，我国对外贸易规模将持续增长，货物贸易第一大国的地位将进一步巩固，推进高水平对外开放，离不开国际物流服务的保驾护航。一是在政策、资金等方面支持本土有实力的物流企业强强联合，共同开发沿边国家物流尤其是共建“一带一路”国家（地区）物流市场，联合、参股或重组境外有潜力的物流企业，打造全球性有竞争力的物流企业。二是持续优化通关模式。提高申报无纸化率，高质量推进“提前申报”“两段准入”“两步申报”等多项业务改革，提升通关便利化水平。三是提高跨境物流能力。完善泉州综合保税跨境电商功能区，加快跨境物流快速通道建设，保障高附加值产品和战略物资进出口安全。四是积极探索开行中欧班列新线路。加强与周边国家的物流信息战略合作，充分利用泉州中欧班列新航线，将泉州鞋服、工艺陶瓷等优质产品通过国际班列运抵各国，助力泉州打造 21 世纪海上丝绸之路先行区。

### （五）加大专业人才引进和培训力度

未来，鼓励全市有条件的高校在物流管理本科教育基础上，增设供应链管理专业，设立物流专业硕士、博士点，加快建立较为完善的物流人才教育培训体系。依托泉州市高层次人才政策，积极引进国内外高端物流管理人才，持续创新现代物流职业教育体系体制和机制，泉州市相关物流协会要积极联系高校、物流企业联合开展物流职业岗位培训，通过理论与实践相结合，完善物流人才培养体系。鼓励本土物流企业学习京东、阿里巴巴等国内企业物流人才培养经验，不断完善人才培训体系，与本地高校或者省内乃至全国各大高校展开全面合作，全力为企业、为社会培育高质量物流人才。

# 附　录　2022年闽商大事记

王佳宁*

## 一　企业上市与复牌

1. 1月11日，厦门唯科模塑科技股份有限公司成功登录创业板。唯科科技成立于2005年，主要从事精密注塑模具的研发、设计、制造和销售业务，并依托在精密注塑模具设计、加工、装配以及检测等方面积累的技术和经验向下游延伸，逐步将业务拓展至注塑件以及健康产品的生产和销售业务，已发展成为“模塑一体化”规模生产企业。

2. 1月11日，福建省招标股份有限公司IPO上市仪式在福州市举行，标志着该公司正式登陆深圳交易所创业板。招标股份有限公司设立于2016年12月8日，系福建省招标采购集团有限公司整合原相关的工程技术服务类设立的股份制企业，目前已实现全过程工程技术服务产业链。

3. 1月28日，和特能源（福建）股份有限公司在“新三板”挂牌。公司成立于2018年，总部位于福清元洪投资区，是一家以燃煤为主要原材料的主营工业园区热电联产和污泥耦合发电的企业，公司及子公司和特新能源、和特供热主要从事蒸汽的生产、运输和供应、电力的生产和销售。

4. 2月25日，福建远翔新材料股份有限公司首发上市获得通过，公司计划在创业板挂牌，保荐人为九州证券。远翔新材于2006年10月成立，总部位于南平邵武市，主营业务是沉淀法二氧化硅的研发、生产和销售。

---

* 王佳宁，福州大学闽商文化研究院、福建省闽商文化发展基金会研究助理。

5. 3月24日，泉州企业兴通海运股份有限公司敲钟上市，正式成为上交所主板上市公司。兴通股份始创于1997年，总部位于福建省泉州市，公司主要从事国内沿海散装液体化学品、成品油的水上运输业务。

6. 3月31日，分拆在闽系房企力高地产的物业服务板块——力高健康生活有限公司在香港联合交易所主板成功挂牌上市。力高健康生活有限公司成立于2008年，已成为全国知名的综合物业管理服务提供商。

7. 4月21日，厦门嘉戎技术股份有限公司以“云敲锣”的方式在深交所创业板正式上市。嘉戎技术成立于2005年，总部位于厦门火炬高新区，是一家以膜分离装备、高性能膜组件等产品的研发制造与应用技术为核心，为市场提供高浓度污废水处理及清洁生产综合解决方案的国家高新技术企业。

8. 6月2日，闽商张清森创立的深圳市绿联科技股份有限公司向深交所递交招股书，拟在创业板上市，保荐机构为华泰联合证券。绿联科技主营3C消费电子产品（电脑、通信和消费性电子三大产品），主要涵盖传输类、音视频类、充电类、移动周边类、存储类五大系列。

9. 6月17日，赛维时代成功过会，即将登陆创业板。赛维时代科技股份有限公司是一家出口跨境品牌电商，为闽籍企业家陈文平兄弟创建，此次IPO拟募集资金6.22亿元。

10. 9月9日，盛丰物流向美国证券交易委员会提交IPO文件，拟在纳斯达克资本市场上市。盛丰物流于2001年创建于福州福兴经济开发区，是一家专注于国内货物仓储、公路运输、市区配送的国家5A级综合物流企业。

11. 9月16日，中国证监会官网发布批复，同意华厦眼科首次公开发行股票并在创业板上市的注册申请。华厦眼科成立于2004年，起步于福建，是一家专注于眼科专科医疗服务的大型民营医疗连锁集团。

12. 9月22日，八马茶业披露新的招股书，拟于深交所主板上市。八马茶业成立于1997年，是中国最大的铁观音生产商和销售商之一。此前，八马茶业曾于2021年4月申报创业板上市，但最终在2022年5月10日撤单。

13. 11月9日，多想云控股有限公司正式在港交所挂牌交易。多想云为一家整合营销解决方案服务提供商，大部分客户来自快消品、鞋服及房地产行业，创始人刘建辉为三明籍闽商。

14. 11月10日，有研半导体硅材料股份公司成功在科创板上市，董事长方永义为福清籍闽商。有研硅成立于2001年6月，目前主要从事硅及其他半导体材料、设备的研究、开发、生产与经营，提供相关技术开发、技术转让和技术咨询服务，现有山东德州和北京顺义两处国内一流的半导体硅材料生产基地。

15. 11月21日，锐捷网络股份有限公司在深圳证券交易所创业板上市。锐捷网络是福建省电子信息集团成员企业星网锐捷旗下子公司，成立于2003年，主营业务为网络设备、网络安全产品及云桌面解决方案的研发、设计和销售。

16. 12月15日，福建国航远洋运输（集团）股份有限公司在北交所敲钟上市。国航远洋成立于2001年4月，是一家主要从事国际远洋、国内沿海和长江中下游航线干散货运输业务的大型航运企业。

## 二 企业投融资、合作

1. 1月3日，鸿星尔克新疆于田服装生产基地正式落成并投入生产。该生产基地将实现120条生产线全面投产，落实4000个就业岗位。

2. 2月17日，朴朴超市近日完成新一轮融资，由IDG资本及老股东领投。

3. 2月23日，*ST实达公告显示，公司本次权益变动使实达集团控股股东变更为福建省数晟投资合伙企业，实际控制人变更为福建省人民政府国有资产监督管理委员会。本次权益变动后，福建数晟直接持有实达集团5.45亿股股份，占总股本25%，成为*ST实达的第一大股东。

4. 4月27日，蠡湖股份发布公告，泉州国资企业——泉州水务鼎晟股权投资合伙企业（有限合伙）将成为蠡湖股份第一大股东，标志着上市公司鑫湖股份从民营企业变成国企控股的混合所有制企业。

5. 5月9日，龙净环保、紫金矿业双双发布公告，紫金矿业拟以约17.3亿元通过协议转让方式取得龙净环保15.02%的股权。同时，紫金矿业将通过直接持股和受托方式合计拥有龙净环保25.04%股份表决权，以及控制董事会过半数，成为龙净环保第一大股东。此前龙净环保因资金占用被停牌警示。

6. 5月13日，福晟国际发布公告，拟引入顺安集团重组。顺安集团将提供2000万美元现金，通过各种认购、减持操作后，持有福晟国际75%股权，成为福晟国际控股股东。

7. 5月23日，贵人鸟发布公告称，5月25日起公司股票简称由“ST贵人”变更为“贵人鸟”，公司避免了退市风险。贵人鸟于2020年5月被实施退市风险警示；2021年7月贵人鸟重整计划执行完毕。

8. 7月1日，上海杉杉锂电材料科技有限公司发生工商变更，新增比亚迪股份有限公司、宁德新能源科技有限公司、宁德时代全资子公司宁波梅山保税港区问鼎投资有限公司、中国石油集团昆仑资本有限公司为股东。杉杉锂电成立于2014年，由杉杉科技控股，从事锂电材料开发等。

9. 7月30日，成都市与宁德时代签署战略合作框架协议。根据合作协议，宁德时代未来将在成都设立西南运营总部和成都研究院，助力成都绿色低碳产业建圈强链，打造支撑全国锂电产业高质量发展重要创新策源地和国内领先的互联互通组合换电示范城市。

10. 8月5日，中国华融资产管理股份有限公司发布消息称，近日，中国华融与阳光龙净集团有限公司签署《纾困重组框架协议》，并召开纾困战略合作会议。

11. 8月8日消息，字节跳动旗下医疗品牌小荷健康已经实现了对私立妇儿医院美中宜和的100%控股，并购金额约为100亿元。

12. 8月9日，宁德时代与宇通客车在河南郑州签署十年战略合作框架协议。双方将共享优势资源，携手推进新材料、新体系、新技术的创新开发与应用，共同制定商用车电池技术标准，持续引领商用车领域技术发展。同时，双方还将聚焦海外市场，实现“车电联合出海”的战略目标。

13. 8 月 31 日，世茂集团披露与华润置地附属公司订立项目股权、债权转让协议，此次转让涉及 4 个项目公司部分股权，交易总价 33.165 亿元。据悉，本次转让为公司降负债的一个举措。

14. 9 月 23 日，新华都公告称，新华都科技股份有限公司（原“新华都购物广场股份有限公司”）于近日完成了工商变更登记和《公司章程》备案手续，并取得了厦门市市场监督管理局换发的《营业执照》。公司证券简称“新华都”，证券代码“002264”保持不变。此前新华都已完成 1.7 亿元定增，用于支持转型互联网销售及电商运营服务。

15. 12 月 5 日，贵人鸟发布公告，宣布全资子公司金鹤米程莱农业（上海）有限公司以 3.73 亿元现金购买黑龙江和美泰富农业发展股份有限公司固定资产、土地使用权、在建工程，全资子公司齐齐哈尔金鹤农业发展有限公司以 0 元收购和美泰富持有的全部知识产权。

## 三　跨国动向

1. 2 月 23 日，紫金矿业公告，公司与加拿大艾芬豪矿业公司及刚果（金）政府合作的卡莫阿铜业有限公司公布卡莫阿-卡库拉铜矿产能提升计划，拟提升至年产铜 45 万吨以上，成为全球第四大产铜矿山。

2. 4 月 15 日，福建企业宁德时代公告称，拟通过子公司在印度尼西亚投资近 40 亿美元（约合人民币 250 亿）建设动力电池产业链项目。合资建设项目分为六个子项目，包括红土镍矿开发、火法冶炼、湿法冶炼、电池回收、电池正极材料和电池制造。

3. 7 月 14 日，恒申控股集团旗下福建恒申工程塑料有限责任公司与德国 Feddersen 集团旗下 AKRO-PLASTIC GmbH 股权交割仪式在德国下齐森与中国福州同步举行。恒申控股集团是一家集化纤、化工及新材料为一体的先进制造业企业集团，是全球最大的己内酰胺生产商。

4. 7 月 21 日，宁德时代与福特宣布签订合作谅解备忘录，双方建立全球战略合作关系，合作内容涵盖中国、欧洲和北美的动力电池供应。

5. 8月12日，宁德时代发布公告称，拟在匈牙利德布勒森市投资建设匈牙利时代新能源电池产业基地项目，项目总投资不超过73.4亿欧元。这是宁德时代到目前为止最大单笔境外投资项目，也是继德国工厂之后在欧洲建设的第二座工厂。

6. 10月18日，宁德时代宣布，与美国公用事业和分布式光伏+储能开发运营商 Primergy Solar LLC 达成协议，为 Gemini 光伏+储能项目独家供应电池。Gemini 项目位于内华达州拉斯维加斯附近，总投资达12亿美元。

7. 10月9日，“福品销全球”系列活动首站正式启航。作为新冠疫情以来福建省首次组织的赴境外“福品销全球”拓市场之旅，共24家企业赴港参加香港消费电子展、品质生活时尚产品展和香港秋季电子产品展、香港国际秋季灯饰展。

8. 10月13日消息，知情人士称，字节跳动已开始与唱片公司展开谈判，希望在全球范围内扩展其流媒体音乐服务，以便与 Spotify 等行业领导者竞争。字节跳动希望最终将其音乐服务整合到 TikTok 中，成为世界各地分发音乐的一个主要平台。

9. 11月28日，慕尼黑国际体育用品博览会（ISPO Munich）在德国慕尼黑展览中心举办，福建省商务厅组织福建省天成集团、建发集团、尚飞制衣、森地客体育、阿帕索运动、锐力体育、太阳海制衣等59家外贸企业共87人参展。

10. 12月13日消息，中国运动鞋服制造商安踏体育考虑将推动旗下芬兰体育用品公司 Amer Sports 上市，预计募资超10亿美元。

## 四　财富、品牌榜单

1. 1月10日，胡润研究院首次发布《2021胡润中国民营企业可持续发展百强榜》，列出了“胡润中国500强民营企业”中最符合联合国17个可持续发展目标的百家中国民企。福建企业恒安集团、宁德时代、达利食品、安踏集团、三棵树和永辉超市上榜。

2. 1月19日，胡润研究院发布《2021胡润中国500强》，列出了中国500强非国有企业，按照企业市值或估值进行排名。总部在福建省的企业有14家，分别是宁德时代、安踏体育、三安光电、福耀玻璃、亿联网络、瑞芯微、宏发股份、法拉电子、三棵树、达利食品、安井食品、永辉超市、恒安国际、火炬电子；闽商创立企业有字节跳动、美团、信义光能、信义玻璃、微医、敏华控股、中骏集团等。

3. 2月28日，德勤发布研究报告《2022全球零售力量》，基于2020财年（2020年7月1日至2021年6月30日）的公开数据进行排名，统计出全球250强零售榜单。闽企永辉超市上榜，排名第84位。

4. 3月17日，胡润研究院发布《2022胡润全球富豪榜》，上榜企业家财富计算截止日期为2022年1月14日。字节跳动张一鸣以3400亿元财富成为中国第二富豪，世界排名第23位，蝉联福建首富。此外榜单千名以内的闽商还有曾毓群（24），黄世霖（63），王兴（104），李平（213），丁世忠（312），丁世家（317），陈发树（356），李贤义（356），许荣茂（371），许世辉（412）黄毅（434），黄如论、黄涛父子（622），林秀成、林志强父子（622），洪杰（670），黄敏利、许慧卿夫妇（737），林宏修（772），赵丰刚（874），曹德旺（900），黄朝阳（952），吴凯（952）。

5. 4月5日，《福布斯》杂志公布2022年亿万富豪榜，此次榜单使用2022年3月11日的股价和汇率计算净资产。闽籍企业家张一鸣以500亿美元财富排在第25位。此外进入榜单前100名的闽商还有宁德时代曾毓群和黄世霖。

6. 4月24日，农业农村部管理干部学院、阿里研究院联合发布《“数商兴农”——从阿里平台看农产品电商高质量发展》。报告显示，福建是农产品电商销售和消费大省。安溪县登顶“农产品数字化百强县”榜首，福建省共有9个县（市、区）上榜。福建商家在阿里巴巴全平台的优势产品有安溪铁观音、武夷山大红袍、福鼎白茶、龙海绿植、南靖花卉、古田银耳等。

7. 5月5日，品牌价值评估机构GYbrand发布2022年度《中国最具价值品牌500强》研究报告，主要评估依据是品牌价值，根据品牌业绩、品牌强度、品牌贡献等综合计算。入选福建品牌有兴业银行、宁德时代、安踏、紫金矿业、建发股份、福耀玻璃、片仔癀、特步、九牧、厦门国贸、达利食品、恒安国际、三安光电、厦门象屿、361°、永辉超市、圣农发展、东南卫视、盼盼食品、亿联网络、天马微电子。

8. 5月12日，《福布斯》发布"2022全球企业2000强"。兴业银行、宁德时代、紫金矿业、建发股份、阳光城、安踏体育、厦门国贸、厦门象屿、兴业证券、漳州片仔癀药业、厦门信达等多家福建企业上榜。榜单采用截至4月22日之前的12个月的财务数据，计算公司销售、利润、资产和市价四个方面的指标，并以此对企业排名。

9. 6月9日，《福布斯》发布2022年马来西亚富豪榜，祖籍福建福州的郭鹤年连续22年蝉联马来西亚首富位置，身价110亿美元。此外进入前十的还有丰隆集团的郭令灿（第2），IOI集团的李耀祖、李耀升兄弟（第6），云顶集团的林国泰（第9）。

10. 6月24日，凯度消费者指数发布《2022年品牌足迹》中国市场报告，恒安集团旗下心相印品牌以3.94亿消费者触及数、60.2%渗透率，入围2021年"中国区消费者首选前十品牌"。

11. 7月4日，英国《银行家》杂志在其官网发布了一年一度的"全球银行1000强"榜单。榜单按照一级资本总额排名，兴业银行位居全球银行第16位，较去年上升3位。

12. 7月7日，中国连锁经营协会发布"2021年中国便利店百强"榜单。见福（12）、万嘉（26）、易太（57）、汇宁（58）、六意（61）、文献（62）、新南丰（74）7家福建本土品牌上榜。

13. 7月12日，《财富》杂志发布2022年中国500强排行榜。上榜闽商及福建企业有厦门建发（15）、厦门国贸（27）、厦门象屿（28）、美团、紫金矿业（53）、兴业银行（56）、美团（68）、中升集团（73）、宁德时代（105）、厦门信达（127）、旭辉集团（128）、永辉超市（152）、三钢闽光（220）、安踏体育（259）、盛屯矿业（278）、阳光城（296）、金辉集团（314）、宝龙地产（315）、中骏集团（330）、正荣地产（337）、厦门钨业（378）、禹州集团（426）、弘阳地产（436）、厦门国际港务（447）、信义玻璃（453）、福耀玻璃（478）。

14. 8月3日，《财富》杂志发布2022世界500强排行榜。福建5家企业上榜，分别是厦门建发（77）、厦门国贸（106）、厦门象屿（160）、兴业银行（208）、紫金矿业（407）。

15. 8月10日，中国轻工业百强企业高质量发展高峰论坛在北京举行。榜单主要对轻工企业2021年度的营业收入、利润总额、营业收入利润率、税收占利税比重、研发投入及营业收入增速六项指标综合评价，安踏体育、达利食品、特步集团、九牧集团、奥佳华5家闽企进入百强。

16. 8月18日，福布斯中国发布2022中国最佳CEO榜，宁德时代曾毓群等上榜。最佳CEO评选参考上市公司连续三年的市值、区间股价涨跌幅、净利润及增长率、ROE等基础财务指标。

17. 8月25日，凯度发布2022年度凯度BrandZ最具价值中国品牌100强。闽籍企业家创办的企业抖音（4）、美团（5）、片仔癀（33）、今日头条（40）、安踏（62）、云南白药（66）入选。

18. 9月2日，2022年太原能源低碳发展论坛期间，中国能源经济研究院发布了“2022新能源企业竞争力白皮书”“2022全球新能源企业500强排行榜”。宁德时代新能源科技股份有限公司名列榜首。

19. 9月2日，由工信部指导、中国电子信息行业联合会编制的《2022年电子信息企业竞争力指数报告及前百家企业名单》发布，福建省电子信息（集团）有限责任公司、厦门宏发电声股份有限公司和新大陆科技集团有限公司三家福建企业入围榜单。

20. 9月6日，竞争力智库、中国发展改革报社和北京中新城市规划设计研究院等机构在北京联合发布《2021乡镇综合竞争力报告》，福建晋江市陈埭镇（21）、漳州市龙海区角美镇（31）、晋江市池店镇（47）、南安市水头镇（83）入选“2021中国乡镇竞争力百强”。

21. 9月7日，全国工商联公布“2022中国民营企业500强”榜单，宁德时代新能源科技股份有限公司、福建大东海实业集团有限公司、永辉超市股份有限公司等15家福建企业入围。

22. 9月8日，福布斯发布2022新加坡富豪榜。闽籍黄志祥与黄志达兄弟（远东机构、信和集团）位列第二，郭令明（5）、邱氏家族（8）、黄祖耀（9）、郭氏兄弟（10）进入前十。

23. 9月26日，福建省工商联发布“2022福建省民营企业100强”等榜单。青拓集团有限公司位居福建省民营企业100强榜首，科华数据股份有限公司位居创新型民营企业100强榜首。据统计，2021年，福建省民营经济增加值3.38万亿元，增长9.6%；民营经济占全省经济总量的比重达69.3%；私营企业和个体工商户662万家，占福建省市场主体总数的90%以上，吸纳了80%以上的就业，贡献了70%以上的税收。

24. 10月11日，福布斯发布2022全球最佳雇主榜，闽商创办的企业字节跳动（320）、安踏（622）上榜。

25. 11月1日，在厦门首个“营商环境日”和第三个“厦门企业家日”，“2022厦门市民营企业100强”正式发布，盛屯矿业集团股份有限公司、均和（厦门）控股有限公司、福信集团有限公司位居三甲。

26. 11月2日，由中国互联网协会主办的中国互联网企业综合实力指数（2022）发布会在厦门举办。会上公布了中国互联网综合实力百强企业名单，共有5家福建企业入选，分别为美图公司、四三九九网络股份有限公司、厦门吉比特网络技术股份有限公司、福建博思软件股份有限公司和福建网龙计算机网络信息技术有限公司。

27. 11月8日，胡润研究院发布“胡润百富榜”，上榜企业家财富计算的截止日期为2022年9月15日。张一鸣（2）、曾毓群（3）、王兴（26）、黄世霖（26）、李平（83）等闽商进入榜单。

28. 11月10日，《福布斯》发布2022中国内地富豪榜。9位闽商上榜，分别为张一鸣（2）、曾毓群（3）、黄世霖（17）、王兴（30）、裴振华（35）、许世辉（46）、丁世忠（56）、李平（58）、丁世家（60）。

29. 11 月 18 日，中国中小城市发展指数研究课题组、国信中小城市指数研究院发布《2022 年中国中小城市高质量发展指数研究成果》和 2022 年中国千强镇名单。晋江市陈埭镇（28）、漳州市龙海区角美镇（40）、晋江市池店镇（55）和南安市水头镇（99）进入前 100。

30. 11 月 25 日，中国信息通信研究院发布了《中国县域工业经济发展报告（2022）》，福建 7 地入选 2022 年“中国工业百强县”，分别为晋江市（4）、南安市（11）、惠安县（16）、福清市（26）、石狮市（44）、闽侯县（53）、安溪县（82）。

31. 11 月 27 日，中国企业评价协会在中国企业家博鳌论坛（线上）发布了 2022 新型实体企业 100 强榜单。宁德时代（27）、福耀玻璃（29）和九牧集团（50）三家福建企业上榜。

32. 12 月 7 日，2022 福建企业 100 强发布大会在莆田举行，会上发布了 2022 福建企业 100 强、2022 福建制造业企业 100 强、2022 福建服务业企业 100 强、2022 福建战略性新兴产业企业 100 强。

33. 12 月 18 日，2022 环球首发胡润中国食品行业百强榜发布，按照企业市值或估值进行排名。福建有 4 家企业上榜，分别为安井、达利、圣农、金达威。

34. 12 月 26 日，2022 厦门企业 100 强系列榜单新闻发布会召开。榜单以 2021 年度企业营业收入设定入围基准，入围门槛突破 18 亿元，创下历史新高。其中，建发集团、国贸控股、象屿集团名列前三名，52 家民营企业榜上有名。

## 五 闽商荣誉、奖项

1. 2 月 21 日，中央广播电视总台举办第二届“中国品牌强国盛典”，宁德时代和安踏获选十大“国品之光”品牌。

2. 4 月 8 日，财富中文网发布了“2022 年中国最具影响力的 50 位商界领袖”，5 位闽商入选，分别为张一鸣、曾毓群、曹德旺、王兴、丁世忠。

3. 4月11日，界面新闻发布2022年中国慈善企业家榜，其中入榜闽商包括王兴、丁世忠、曾毓群、张一鸣、许健康、陈国鹰、曹德旺、林中、许荣茂、许世辉。榜单以在中国大陆运营或者主要业务在中国大陆地区的民营企业的企业家为主要考察对象，以企业家及其管理企业及该企业高管2021年度的现金捐赠及股权捐赠（折现）为统计范围。

4. 5月30日，由民政部指导、《公益时报》社编制的第十九届（2022）中国慈善榜正式发布，世纪金源集团创始人黄如论、世纪金源集团总裁黄涛家族荣获“慈善事业特别贡献”，福耀玻璃工业集团股份有限公司副董事长、河仁慈善基金会发起人曹晖，金光纸业（中国）投资有限公司总裁、黄奕聪慈善基金会名誉理事长黄志源，安踏集团荣誉董事长丁和木、安踏集团董事局副主席丁世家、安踏集团董事局主席丁世忠荣获“年度慈善家”。此外，旭辉集团股份有限公司获评“年度慈善企业”，河仁慈善基金会获评“年度榜样基金会（非公募）”，特步集团有限公司获评“年度慈善榜样”，安踏茁壮成长公益计划获评“中国慈善项目奖”。

5. 6月17日，福建省人民政府发布《关于表彰福建省非公有制经济优秀建设者的决定》，授予丁思泉等100位非公有制经济人士“福建省非公有制经济优秀建设者”荣誉称号。

6. 9月16日，由中国企业联合会、中国企业家协会主办的2022年全国企业家活动日暨中国企业家年会在内蒙古自治区包头市举行，王冬竹、邓忠华、励民、何文波、陈志平、林向武、林国镜、林济宝、赵东、黄长庚、黄志强、蔡金垵、滕达13位福建企业家获“全国优秀企业家”称号。

7. 11月16日，胡润研究院发布《2022胡润慈善榜》，9位闽商或家族入选，分别为王兴（2）、丁世忠家族（4）、侯昌财（5）、曾毓群（6）、张一鸣（13）、林松华（23）、李贤义（24）、洪肇明家族（26）、黄如论黄涛家族（33）。

8. 12月1日，中国社会企业与影响力投资论坛向光年会闭幕式上，2022向光奖揭晓。安踏集团丁和木、丁世家、丁世忠父子获“2022向光奖·年度向善企业家TOP10”奖项。

9. 12月21日，由福建省民政厅组织的首届“福建慈善奖”评选表彰活动公布拟表彰名单，共有爱心慈善楷模奖9个、优秀慈善项目（慈善信托）奖20个、爱心捐赠企业（机构）奖17个、爱心捐赠个人奖17个、优秀慈善组织奖15个。曹德旺、丁和木、傅光明、陈建龙等闽商入选。

10. 12月23日，由中国纺织工业联合会主办、中国纺织工业企业管理协会承办的2021~2022年度全国优秀纺织企业家评审结果出炉。福建向兴（中国）集团总裁黄再兴荣获“2021~2022年度全国优秀纺织企业家”称号。

## 六 企业公益慈善

1. 1月11日，福建省工商联（总商会）十一届六次执委会议和福建省光彩事业促进会五届四次理事会议在福州以视频会议形式召开。据会议公布，2021年，民营企业通过福建省光彩会捐赠4500.45万元，实施光彩公益项目38个。一年来，闽商在改善民生、推进乡村振兴、实现共同富裕进程中贡献良多，曹德旺、张一鸣等闽商，安踏集团、源昌集团等闽企，相继为民生事业注入百亿资金。

2. 1月12日，达利集团在泉州惠安举行爱心敬老金发放仪式。2022年达利集团继续拿出1000万元作为爱心敬老金，发放给惠安部分村镇60岁以上没有退休金的老年朋友，惠及当地老年人9000多人。

3. 1月16日，安踏集团王文默、王明珠伉俪向晋江市慈善总会捐赠善款港币1亿元，其中通过晋江市慈善总会定向捐赠新塘街道“爱在心淌”教育慈善基金会人民币2000万元。

4. 1月20日，华侨冰雪博物馆落成典礼暨“共筑梦想同赴未来——华侨华人与冬奥主题展”开幕式在北京中国华侨历史博物馆举行。融侨集团通过林文镜慈善基金会捐资人民币2000万元鼎力援建华侨冰雪博物馆，并作为捐赠企业代表受邀出席此次典礼。

5. 2月5日，福州市长乐区2022年春节企业家大会召开。会上举办了

捐赠仪式。一批长乐爱心企业纷纷用实际行动践行社会责任，回馈家乡建设。其中，大东海实业集团向长乐区松下镇教育事业和乡村振兴事业捐赠1500万元。

6. 2月23日，福建天守集团向长汀县幸福院项目捐赠100万元，用于策武镇南坑村、四都镇溪口村两个幸福院项目建设。

7. 3月3日，兴业银行在福州、香港两地同步举行“兴暖香江，同兴抗疫”线上捐款仪式，通过香港分行向“全港社区抗疫连线”捐赠1000万元港币驰援抗疫一线，将专项用于千栋旧楼消毒清洁、万户基层福袋派送，全力支持香港基层社区、民众抗疫防疫工作。

8. 3月11日，晋江市英林中心小学新校区项目正式开工，该项目由劲霸男装有限公司全资捐建，总投资超2亿元。

9. 3月13日起，泉州市新一轮新冠疫情出现，美岭、恒安、安踏、七匹狼、特步、九牧、361°、乔丹体育、鸿星尔克、匹克等企业纷纷捐款捐物助力疫情防控。据不完全统计，累计捐款捐物超过1.5亿元。

10. 3月17日，闽商钢铁企业镔鑫钢铁集团向连云港市赣榆区红十字会捐款300万元，助力港城抗疫工作。

11. 4月4日，从福建福州出发的31辆援沪防疫物资车辆，满载着福建驰援上海的生活物资运抵指定物资交接点。此批福建援沪物资由福建省人民政府、三明市人民政府共同捐赠，福建企业永辉超市组织调运，物资总重770吨，价值1000万元，分成10万个物资包。每个物资包内含面包、拌面、罐头、银耳、紫菜、鲜笋、抽纸、萝卜干、方便面9种福建本地产商品。

12. 5月14日，福耀集团董事局主席曹德旺宣布，福耀科技大学（暂名）正式动工开建。校园位于福州高新区南屿镇流洲岛，首期基建面积约87万平方米，投资约60亿，预计2023年6月竣工。

13. 6月11日，厦门源昌集团捐建的泉州医学高等专科学校南安校区举办开工活动，正式进入实施建设阶段。去年11月，厦门源昌集团宣布捐资60亿元与泉州市共建高水平大学，这也是福建省单笔最大捐赠之一。

14. 6月18日，在福建工程学院校友会电子电气与物理学院分会成立大会上，莆田籍闽商宋慰云代表索仕图集团有限责任公司向学院捐赠三创基金100万元。

15. 6月18日，第七届世界闽商大会闽商发展高峰论坛期间，三棵树涂料股份有限公司、香缤集团有限公司、永荣控股集团有限公司、九牧厨卫股份有限公司分别出资1亿元，与省光彩事业促进会签约设立“共同富裕”光彩基金；深圳信义控股集团有限公司李贤义、李圣泼父子出资1亿元，与省光彩事业促进会签约设立“共同富裕”光彩基金；福建天马科技集团股份有限公司出资1000万元，与福建省温暖工程促进会签约设立“同心·天马民办职业教育基金”。

16. 7月14日，福建省第十七届运动会暨第十一届老年人体育健身大会赞助签约仪式在南平召开，圣农集团向大会捐赠600万元。

17. 7月30日，鸿星尔克宣布向福建省残疾人福利基金会捐赠1亿元的款物，用于帮助困难残疾群体。

18. 8月22日，福建省慈善总会第四次会员代表大会在福建会堂举行。近十年来，国有企业和民营企业扶贫捐赠稳步增长，捐赠额分别达到2440.5万元和1.6亿元以上。

19. 8月23日，2022年南安市“慈善一日捐”活动动员大会在南安举行，源昌集团捐赠2.507亿元用于支持南安教育事业发展。

20. 9月5日，四川省甘孜州泸定县磨西镇发生6.8级地震。宁德时代向甘孜州捐款500万元，助力当地开展受灾人员救助以及灾后的恢复重建工作。

21. 9月9日，安踏集团和敏基金会“和敏助学”与“和敏健康援助”捐赠发布，基金会将在5年投入1亿元实施这两个公益项目。

22. 10月21日，陈永建先生捐资兴办公益事业立碑表彰揭碑仪式在晋江市养正中学种胜体育馆前举行。

23. 10月22日，福州出现新一轮新冠疫情。春伦集团、永辉超市、春晖科技、盛辉物流、劲霸集团等闽企驰援抗疫，捐资捐物。

## 七　商会动态

1. 1月12日，《民政部关于表彰全国先进社会组织的决定》正式发布，授予281个社会团体、民办非企业单位和基金会“全国先进社会组织”称号。河南省福建商会、山西省福建商会、福州市仙游商会、漳州市家居商会等单位获评。

2. 1月20日，三明市福州商会召开三届一次会员代表大会，选举产生新一届理（监）事会班子成员，林念峰连任会长。

3. 2月24日消息，近期，中（西）南片区泉籍商会联谊会在广西贵港举行。来自广西、广东、湖南、云南、重庆等省区30多位泉籍商会代表出席活动。

4. 3月12日，福州市政和商会第二届理（监）事会就职典礼在福州举行。会上，福州开达科技有限公司董事长吴世建当选商会会长，福建海丝城商业管理有限公司董事长马绍宁当选监事长。

5. 4月9日，印尼中华总商会在雅加达举行会员大会，选举张锦雄为第六届总主席，任期至2027年。印尼中华总商会成立于2001年，总部位于雅加达，目前在印尼全国5个省设有分会。

6. 4月15日，福州市创意产业研究会成立大会暨第一届会员代表大会在福州举行。中适文化传媒有限公司总经理张建新当选会长。

7. 4月29日，新罗区漳平商会第二届换届大会顺利召开。福建径坊建造工程有限公司龙岩分公司总经理陈永平当选会长，龙岩市康太家具制造有限公司董事长林鸿辉当选监事长。

8. 5月7日，福州市文化产业商会成立大会暨第一届第一次会员代表大会在西湖宾馆召开。海峡西岸（北京）文化传媒集团有限公司董事长郑斌彪当选商会首任会长。

9. 5月16日，明溪县福清商会举行成立大会。会议审议通过了明溪县福清商会第一届理事会成员名单，明溪芳草大药房董事长施发辉当选会长。

10. 5月18日，陕西省闽商商会第二届一次会员代表大会在西安世纪金源大饭店隆重召开。陕西鑫业钢结构工程有限公司董事长朱梅元当选第二届会长。

11. 5月25日，朝阳市福建商会第一届会员代表大会在辽宁省朝阳市凤凰国际酒店成功召开。大会选举产生了以陈建云为会长的首届领导班子。

12. 5月27日，漳州市漳平商会二届一次会员大会暨理监事会就职典礼隆重召开。漳州市盛通设计咨询有限公司总经理陈文旭当选新一任会长。

13. 5月28日，福州市福安商会第一届第一次会员代表大会在福州悦华酒店召开。福州捷得宝石有限公司董事长王少荣当选第一届理事会会长，福建上华消防科技有限公司董事长陈小路任监事会监事长，海峡乡村杂志社总编辑吴振宇任副会长兼秘书长。福州市福安商会的成立，标志着省内各县（市）在榕异地商会实现全覆盖。

14. 5月29日，宁波泉州商会换届大会在宁波威斯汀酒店隆重举行。会上选举产生了宁波泉州商会第五届理事会和监事会，瑞刚石材集团有限公司董事长曾昭活当选新一届会长。

15. 6月10日，龙岩市女企业家商会召开第四次会员大会，选举新一届理、监事会领导班子。福建省广龙易众科技有限公司董事长詹碧英当选第四届理事会会长，福建龙岩食里乡餐饮管理有限公司董事长廖秀金当选第四届监事会监事长。

16. 6月17日，广州市福建厦门商会在广州市江韵大酒店召开第一届第一次会员大会，选举产生了第一届理监事会领导班子，蓝海旺企业董事长张海燕当选首任会长。

17. 6月19日，澳大利亚福建总商会第四届理事会就职典礼在悉尼Strathfield Golf Club隆重举行。宁德周宁籍闽商林文灯任第四届理事会会长。

18. 6月23日，晋江市伞业行业协会成立。晋江制伞企业主要分布在东石、安海、永和，产业集群集中在东石。目前协会有会员300多家，涵盖制伞业上下游企业及相关服务商。

19. 7月1日，德化县南平商会召开成立大会暨举行首届理监事就职仪式。德化县德博瓷业有限公司总经理余所奔当选首届商会会长，中国平安人寿泉州德化分公司资深业务主任徐清辉为监事长。

20. 7月12日，广西桂平市福建商会成立大会暨首届理监事会就职典礼在桂平市西游童话酒店举行，并向桂平市教育系统捐资10万元支持教育事业发展。

21. 7月16日，南通市宁德企业商会召开成立庆典大会。据不完全统计，截至目前，在南通经商、工作的宁德籍人员已超过5000人，涉及机械设备研发、汽车配件、钢贸、木材、石材等多个行业。

22. 7月16日，福州市装饰工程协会举行第三届第一次会员大会暨换届选举会议。黄建林当选新一届会长，王锡武当选监事长，官善林当选执行会长。

23. 7月20日，龙岩市应急行业协会第一次会员大会召开，福建天眼遥测信息科技有限公司董事长陈绍杰当选第一届理事会会长，龙岩市九龙水泵制造有限公司副总经理张惠春当选监事长。

24. 7月27日，福安市古田商会在福安会展酒店召开成立大会，标志着福安工商联迎来首家所属异地商会。曾信钿当选福安市古田商会第一任会长。

25. 8月1日，三明市将乐企业商会举行第一次会员大会暨理（监）事会成员就职仪式。福建省三明市交通建设有限公司董事长程聪当选会长，三明金谷宾馆总经理戴庆生当选监事长，三明市美亚爱见康综合门诊有限公司董事长傅灵明为执行会长。

26. 8月5日，上杭县官庄畲族乡商会第二届第一次会员大会暨第二届监理事会就职典礼在官庄畲族乡顺利举行。蓝朝文当选第二届理事会会长。

27. 8月9日，漳州市平和县文峰镇商会成立，林铭忠当选文峰镇商会会长。

28. 8月13日，银川福建福州商会在银川喜来登酒店召开第一次会员大会暨成立大会。聚口福（宁夏）食品科技有限公司董事长李桂华当选会长。据不完全统计，目前在宁投资兴业的福建籍企业有6200余家，其中福州籍企业3000余家，主要分布在农业、房地产开发、汽配、酒店餐饮、建筑材料、能源开采、油气站、通讯、民办教育、海产品及茶叶销售等行业。

29. 8月15日，福建省工商联第十二次代表大会在福州召开。大会选举产生了福建省工商联（总商会）新一届领导班子，王光远当选福建省工商联主席、省总商会会长。

30. 9月12日消息，厦门市建阳商会第五届一次会员大会在厦门召开。董文当选新一届厦门市建阳商会会长，李堃和陈桂芝分别任监事长和秘书长。

31. 9月16日，福建省汽车租赁行业协会第二届换届选举暨会员代表大会在福清喜来登酒店召开，选举福州驰通汽车服务有限公司杜新仲为会长。

32. 9月23日，福州市诏安商会第二届第一次会员大会暨第二届理监事就职典礼顺利举行，漳州市早丰食品有限公司董事长郑桂顺当选新一任会长。

33. 10月1日，南安市向阳乡商会第一届理监事会就职仪式隆重召开。会议选举产生商会首届领导班子，广西螺霸王食品科技有限公司董事长姚汉霖当选会长。

34. 10月22日，平和县木业商会成立，黄志艺当选木业商会会长。

35. 10月25日，莆田市龙岩商会召开第二次会员大会，莆田市潮流鞋材有限公司董事长罗志彬当选第二届理事会会长。

36. 10月29日，黑龙江省福建商会隆重举行“以二十大为号角　向新征程再出发”——2022年理事会暨换届选举大会。会议选举吴庆和为新一届会长，杨绍锋为新一届党委书记，吴捷为新一届执行会长，杨秀林为新一届监事会主席，吴光彦为新一届理事长，汤丹妮为新一届秘书长。

37. 10月31日，东莞市福建南安商会在东莞市曼佧特国际大酒店宣告成立，这是南安成立的第74家异地商会。大会选举产生了第一届理监事会领导班子，东莞市南翼实业投资有限公司董事长陈奕泉当选会长。

38. 11月1日，常州市南安商会第四届第一次会员大会暨第四届理监事会就职典礼隆重举行，王谋振连任会长。

39. 11 月 5 日，泉州市永定商会第二届理（监）事会就职典礼在泉州海丝博亚酒店隆重举行，魏荣亮再次当选会长。

40. 11 月 11 日，上杭县女企业家商会召开成立大会暨第一届理监事会就职典礼，福建省我家养老管理服务有限公司董事长蓝群英当选商会第一届理事会会长。

41. 11 月 18 日，杭州市龙岩商会第二届第一次会员大会暨理监事会就职典礼在浙江杭州举行。杭州起帝服饰有限公司董事长张先志当选新一届会长。

42. 11 月 20 日，广东省福建长汀商会第二届理监事就职典礼在深圳举行，深圳市奥尼电子股份有限公司董事长吴世杰当选广东省福建长汀商会第二届会长。

43. 11 月 20 日，厦门市三明商会举行第五次会员大会暨换届庆典。厦门市加州投资管理有限公司总经理黄永和连任新一届会长，厦门中安消防安全工程有限公司董事长王灿江当选监事长。

44. 11 月 23 日，延平区青年民营企业家商会第二届一次会员大会暨就职仪式在延顺利召开。会议选举产生第二届理、监事会成员及商会领导班子，福建省南平市夏道保温安装有限公司董事长郑勇挺担任会长，并表决通过授予叶晟为延平区青年企业家商会荣誉会长的决定。

45. 11 月 27 日，厦门市南平延平商会第四届第一次会员大会暨（理）监事会就职典礼在厦隆重举行。林小钦当选第四届理事会会长。

46. 11 月 28 日，福建省工商联印发《关于认定 2021～2022 年度福建省“四好”商会的通报》，认定全省 282 家工商联所属商会为 2021～2022 年度福建省“四好”商会。

47. 12 月 8 日，厦门市思明区青年企业家商会成立大会暨第一次会员大会隆重召开。厦门快快网络科技有限公司董事长林思弘当选区青年企业家商会第一届理事会会长，来自商贸服务、工业、建筑、金融、软件信息等行业的 130 家企业加入商会大家庭。

48. 12 月 8 日，深圳市福建商会第七届理监事就职典礼在深圳前海华侨城 JW 万豪酒店盛大举行。新一届领导团队成员包括会长施能狮、理事长郑耀南、监事长吴志民、秘书长林炜坚等。

49. 12 月 9 日，厦门市上杭商会第四届第一次会员大会在厦门佰翔五通酒店成功召开，福建省百川建设发展有限公司总经理陈耀文当选新一届会长。

50. 12 月 13 日，中华全国工商业联合会发布《关于认定 2021～2022 年度全国“四好”商会的通报》，福建省 79 家商协会、106 家闽籍异地商会荣获“四好”商会荣誉。

51. 12 月 15 日，上杭县旧县商会隆重举行揭牌仪式。领导团队成员有商会会长罗怀富、执行会长陈淋生、轮值会长翁水发、秘书长谢茶先等。

52. 12 月 17 日，泉州市长汀商会成立庆典在泉州市泰禾洲际酒店隆重召开。泉州市润宇粮油有限公司总经理张福州当选商会第一届会长及理事长，泉州希比电子有限公司总经理吴木木当选商会监事长，兰建发为秘书长。

53. 12 月 18 日，福建省中外企业家联谊会侨界联合会成立大会在福州西湖宾馆举行。李爱兴当选第一届侨联委员会主席，刘增泉、林伦锦任副主席，林斯平任秘书长。

## 八　经营不善、退市

1. 3 月 8 日，有消息称，由于伦敦金属交易所镍价疯涨，福建青拓集团母公司青山实业遭遇国际多头“逼空”，亏损金额或将高达 120 亿美元。

2. 5 月 24 日，拉夏贝尔退市整理期已结束，被上海证券交易所予以摘牌。

3. 5 月 25 日消息，*ST 厦华发布公告称，收到上交所下发的《关于厦门华侨电子股份有限公司股票终止上市的公告》，上交所决定终止公司股票上市。自 2022 年 6 月 2 日起进入退市整理期，退市整理期届满的 5 个交易日内，公司股票将被摘牌。

4. 6月9日消息，浔兴股份透露，旗下子公司跨境电商“价之链”遭亚马逊封店，冻结资金约789.75万元。目前价之链已委托专业机构与亚马逊平台沟通、申诉。

5. 7月3日，世茂集团在港交所公告，公司一笔10亿美元公募债券未能进行本息偿还。该票据为2022年7月3日到期的4.75%利率票据。公司将坚持积极自救，寻求在合理时间范围内与债权人达成最佳解决方案。

6. 8月22日消息，永辉超市关闭福州大本营两家老店引发关注。自2019年门店数达到顶峰后，永辉超市就一直在关店，不到三年时间一共关闭了388家门店。

7. 11月1日，旭辉集团发布消息，今年10月至今，公司无法与境外债权人达成协议，已暂停支付公司境外融资安排项下所有应付本金和利息，截至11月1日，旭辉控股境外债务总额（包括银行贷款、优先票据和可换股债券）约68.5亿美元，暂停支付到期未付的本金和利息总额约4.14亿美元。

8. 11月3日，福建三盛实业有限公司新增注销备案变更，注销原因为决议解散。此前，三盛实业发表声明称高管掏空公司资产，即日起开除原管理层，并把公司前法定代表人林荣滨称作“外部人员”。

## 九　其他动态

1. 1月27日，张一鸣卸任多家字节跳动关联公司法定代表人，包括北京字节跳动网络技术有限公司、上海字跳网络技术有限公司、蜜柚网络科技（上海）有限公司和北京石贝科技有限公司等。

2. 2月22日，安溪籍知名侨领、马来西亚海鸥集团创办人陈凯希逝世，享年85岁。

3. 3月18日，福建省厦门奥德生物科技有限公司新型冠状病毒（2019-nCoV）抗原检测试剂盒（胶体金法）获国家药监局批准上市。这是福建省获批上市的首个新冠病毒抗原检测试剂产品。

4. 3月29日，据福建莆田市鞋业协会消息，“莆田鞋”集体商标已获得国家知识产权局批准成功注册。这是福建省首个以市级行政区划地名命名的鞋业集体商标，标志着莆田鞋产业加快转型升级。

5. 5月20日，福建省闽商文化发展基金会联合福州大学、“闽商蓝皮书”编委会，在福州举办“新时代闽商发展研讨会：晋江经验20年”，围绕“晋江经验”这一中国民营经济发展的典型模式的20年发展历程展开探讨。

6. 6月18日，第七届世界闽商大会、第二十届中国·海峡创新项目成果交易会和第十二届福建省民营企业产业项目洽谈会在福州开幕。本届世界闽商大会主题为“同心向未来，建设新福建”。

7. 7月8日，南安籍闽商、明发集团董事局主席黄焕明因病逝世，享年60岁。

8. 7月8日，纪念“晋江经验”提出20周年企业家座谈会在榕召开。许连捷、曹晖、柯希平、王晶、蔡金钗、尤玉仙、周少雄、李冬敏、吴家莹9位企业家代表先后发言，其中有“晋江经验”的亲历者和见证者，也有8年前致信习近平总书记的企业家。

9. 7月23日，第五届数字中国建设峰会在福建省福州市举办，由新大陆数字技术股份有限公司、华为技术有限公司共同发起倡议成立“数字人民币产业联盟”，并选举新大陆董事长王晶为联盟首届理事长。

10. 8月19日，福建省弘扬“晋江经验”促进民营经济高质量发展大会举行，大会在福州设主会场、在泉州晋江设分会场。

11. 8月31日，福州市十六届人大常委会第四次会议表决通过了《福州市人大常委会关于设立“福州企业家日”》的决定，自今年起，将每年11月1日设立为“福州企业家日”。

12. 10月22日，闽商陆正耀发布消息称库迪咖啡（COTTI COFFEE）首店落地福州IFC。这是陆正耀离开瑞幸咖啡之后的第三次创业。

13. 10月，国务院第七次全国人口普查领导小组办公室编制的《2020中国人口普查分县资料》正式出版，福建省共有5个城市上榜，厦门、福

州为Ⅰ型大城市，莆田、泉州、晋江为Ⅱ型大城市。其中，晋江为全国4个入选大城市的县级市之一。

14. 12月12日，中华全国工商业联合会十三届执行委员会一次会议在北京召开。会议选举产生了新一届全国工商联领导机构和领导班子，闽商丁世忠、张宗真、曾毓群当选第十三届执行委员会副主席。

# 基本子库

# SUB DATABASE

## 中国社会发展数据库（下设 12 个专题子库）

紧扣人口、政治、外交、法律、教育、医疗卫生、资源环境等 12 个社会发展领域的前沿和热点，全面整合专业著作、智库报告、学术资讯、调研数据等类型资源，帮助用户追踪中国社会发展动态、研究社会发展战略与政策、了解社会热点问题、分析社会发展趋势。

## 中国经济发展数据库（下设 12 专题子库）

内容涵盖宏观经济、产业经济、工业经济、农业经济、财政金融、房地产经济、城市经济、商业贸易等12个重点经济领域，为把握经济运行态势、洞察经济发展规律、研判经济发展趋势、进行经济调控决策提供参考和依据。

## 中国行业发展数据库（下设 17 个专题子库）

以中国国民经济行业分类为依据，覆盖金融业、旅游业、交通运输业、能源矿产业、制造业等 100 多个行业，跟踪分析国民经济相关行业市场运行状况和政策导向，汇集行业发展前沿资讯，为投资、从业及各种经济决策提供理论支撑和实践指导。

## 中国区域发展数据库（下设 4 个专题子库）

对中国特定区域内的经济、社会、文化等领域现状与发展情况进行深度分析和预测，涉及省级行政区、城市群、城市、农村等不同维度，研究层级至县及县以下行政区，为学者研究地方经济社会宏观态势、经验模式、发展案例提供支撑，为地方政府决策提供参考。

## 中国文化传媒数据库（下设 18 个专题子库）

内容覆盖文化产业、新闻传播、电影娱乐、文学艺术、群众文化、图书情报等 18 个重点研究领域，聚焦文化传媒领域发展前沿、热点话题、行业实践，服务用户的教学科研、文化投资、企业规划等需要。

## 世界经济与国际关系数据库（下设 6 个专题子库）

整合世界经济、国际政治、世界文化与科技、全球性问题、国际组织与国际法、区域研究 6 大领域研究成果，对世界经济形势、国际形势进行连续性深度分析，对年度热点问题进行专题解读，为研判全球发展趋势提供事实和数据支持。

# 法律声明